KB266933

민주주의 이후의 민주주의

성공회대학교 사회과학연구소 총서 002

민주주의 이후의 민주주의

초판 1쇄 발행 2025년 6월 30일

지은이 강순우 구은정 김경아 김민정 박정연 송재영
펴낸이 강수걸
편집 이혜정 강나래 오해은 이선화 이소영 유정의 한수예
디자인 권문경 조은비
펴낸곳 산지니
등록 2005년 2월 7일 제333-3370000251002005000001호
주소 부산시 해운대구 수영강변대로 140 BCC 626호
전화 051-504-7070 | 팩스 051-507-7543
홈페이지 www.sanzinibook.com
전자우편 sanzini@sanzinibook.com
블로그 sanzinibook.tistory.com

ISBN 979-11-6861-486-4 93340

성공회대학교 사회과학연구소 총서 002

민주주의 이후의 민주주의

Democracy

강순우 정
구은 정
김경 아
김민 정
박정 연
송재 영
지음

산지니

서문

    한국사회의 민주주의를 주제로 성공회대학교 사회과학연구소가 총서 002를 기획하기 시작한 지 벌써 만 2년이 가까워졌다. 저자들이 각자의 연구 관심들을 모으고, 또 글을 쓰고 공유하는 과정을 거쳐 이렇게 책으로 묶여 세상에 나오는 동안 크고 작은 여러 부침들이 있었다. 그러나 각각의 문제의식과 개념적 분석, 그리고 논리적 설득을 위한 글쓰기 과정에 가장 큰 영향을 준 것은 급변하는 현실의 역사 자체였다.

    역사적 경험이란 연구자들에게 언제나 다양한 문제의식이 시작되는 지점이자 사회적 실재로서 분석대상이며, 경쟁하는 개념들 사이에서 실천적 검증의 장이기도 하다. 이런 일반론 위에서 지금의 전 지구적 격변은 마치 '전쟁들의 격전'이라 불러야 할 만큼 자본주의 세계체제의 경제 및 정치질서뿐 아니라 전염병과 기후에 이르기까지 여러 과도적 혼란과 재편 시도로 규정할 만했다.

    '전쟁들의 격전'이란 비단 우크라이나 전쟁이나 가자 전쟁과 같은 군사적 전쟁뿐 아니라 관세 전쟁, 선거 전쟁, 이데올로기 전쟁, 심지어 아시아 민주주의의 성지인 한국에서 벌어진 친위 쿠데타에 이르기까지 다종다기한 전쟁들이 서로 얽히며 역사의 한 단면을 짙게 채색했다는 의미에서 과한 표현은 아니라고 본다.

우리가 주목하는 것은 이렇게 전 지구적으로 다양한 이해대립이 전쟁들로 표출되면서 한국뿐 아니라 전 세계적으로 민주주의, 혹은 서구 자유민주주의라고 하는 절차적이고 형식적인 대의제 민주주의마저 위협받고 있다는 지점이다.

이 민주주의의 위기에 대해 각 저자들은 저마다의 개념과 관점에 따라 때로는 공명하고, 때로는 대립하기도 하는 문제의식들을 가지런하고 일관되게 정리하는 과정을 거치지 않은 채로, 따라서 있는 그대로 각자의 글로 담아냈다.

전체 여섯 편의 글은 크게 두 개의 부분으로 나누어진다. 1부는 "위협받는 민주주의"로 현재 민주주의 한계와 위기 상황을 진단하는 내용으로 구성되어 있다.

김경아는 「급변하는 국제질서와 한국 민주주의의 위기」에서 2024년 말에 한국에서 발생한 윤석열의 친위 군부 쿠데타를, 전 지구적 경제 및 정치질서 재편 과정에서 발생한 여러 정치세력들 사이의 각축과 민주주의의 위기 속에서 트럼프 2기 정부의 출범을 앞두고 트럼프식 국제질서 재편을 저지하려는 한국적 이변으로 보고 이를 국제적 맥락에서 분석한다.

저자는 2차 세계대전 이후 국제경제 및 정치질서가 미국 헤게모니 아래에서, 곧 미국 지배계급의 주도로 규칙과 기준, 질서를 구조화해왔다는 세계체제론의 방법론을 수용한다. 따라서 미국 헤게모니가 1970년대의 미국 제조업의 이윤율 저하와 군비 지출, 인플레이션 등으로 인한 전후 브레튼우즈 체제가 보증한 금본위제 폐지, 페트로 달러를 기초로 한 1980년대 이후의 실물적 축적에서 금융적 축적 국면으로의 전환이 신자유주의적 금융세계화 시대의 선순환 구조를 만들어냈다고 본다.

그러나 금융적 성장 국면은 미국 제조업의 오프쇼어링으로 인한 제조능력 저하와 그에 따른 중국의 부상, 그리고 군사력 쇠퇴 등과 더불어 2008년 미국발 금융위기와 36조 달러에 이르는 부채 위기 같은 금융적 성장의 한계도 노출함에 따라 오바마 이후의 탈세계화, 곧 리쇼어링과 보호무역주의를 통한 역사 발전에 역행하는 미국 제조능력 부흥 및 달러패권 쇠퇴 저지의 기획이 시작되었다.

아들 부시 정권에서 미국 헤게모니의 정점, 곧 일극 패권이 잠시 작동하기는 했으나 제조능력과 군사력, 금융제재와 양적완화 등으로 약해진 달러 패권과 함께 다극적 국제질서로의 전환이 자연스러웠음에도 공화당과 민주당은 공히 트럼프의 등장 이전에는 '네오콘'이라는 계급적 지배질서 속에서 우크라이나 전쟁으로 그 정치적 효력이 다했음을 증명하기까지 여전히 서구 동맹을 이끌고 일극패권국으로서 전 세계에서 이익을 추출하는 정치적 관성을 노출했다.

따라서 트럼프 2기 정부는 탈세계화라는 경제적 역행이 요구하는 다극적 국제질서에 조응하는 현실주의 정치를 수행하는 역사적 아이러니이자 미국 헤게모니의 쇠퇴를 속도조절하려는 미국 내부의 반네오콘 정치세력의 기획을 대표한다.

한국은 미국 헤게모니 아래서 한국전쟁으로 냉전을 정당화하게 해준 동시에, 미국 주도의 동아시아 국제분업질서 속에서 선진국으로 성장했으며, 서구에서 미국 다음으로 많은 50만의 정규군과 재래식 무기 재고량 및 제조능력을 갖춘 국가이다. 나토, 곧 미국에 의한 대러시아 대리전으로서 우크라이나 전쟁의 패색이 짙어지며 전쟁을 지속하려던 바이든 정부에 의해 한국의 무기 지원과 참전, 전비 지원 등이 요구되면서 한반도에서 국지전을 유발하려는 윤석열 정부의 대북 군사 도발이 두 가지 이벤트에 가로막힌다.

하나는 2024년 여름의 북한과 러시아 사이의 군사협력이고, 다른 하나는 11월 미국 대선에서 북한과의 대화를 거듭 강조해온 트럼프의 대통령 당선이다. 윤석열은 트럼프 2기 정부 시작에 앞서 한반도의 국지전 유도를 통한 참전 반대 및 무력 통일 반대 세력 제압을 급히 시도하게 되었으며, 그것이 12월 3일 밤의 친위 쿠데타라는 것이다.

강순우는 혐오정치를 혐오와 포퓰리즘이 만들어낸 이형 민주주의로 정의하며 개념들과 개념적 관계 속에서 현재의 정치 현상을 진단하고 있다. 그는 자신의 글을 이렇게 소개한다. 포퓰리즘의 부정적 인식과는 별개로 포퓰리즘은 정치와 정치인과는 불가분의 관계이다. 문제는 포퓰리즘과 혐오가 결합되면서 드러나는 병리적 정치현상에 있다. 민주주의가 겹겹이 쌓여가는 오늘날, 아이러니하게도 트럼프의 말 한마디가 곧 법이자 지표인 시대가 되었다. 미국을 다시 위대하게 만들려는 그의 신념 앞에는 국제질서와 지속가능, 미래, 인권, 공동체라는 단어는 없다. 방해물 제거를 위해서는 높은 관세 혹은 추방의 다양한 행정명령이 발동된다. 이와 같은 트럼프의 정치 행보를 포퓰리즘으로 바라보는 시각이 많다.

그러나 트럼프의 포퓰리즘은 포퓰리즘만으로는 이해의 한계가 있다. 그는 감정의 틀을 이용하여 지지자를 확보하고, 불법을 앞세워 적을 구체화하며 혐오를 정치수단화했다. 이 글은 다시 돌아온 트럼프, 즉 트럼프 2기를 맞아 세계와 한국 사회를 망라한 현대의 정치현상을 조망한다. 트럼프의 사례에서 보듯이 혐오정치의 중심에는 단연 정치인이 있다. 이들은 민주주의의 주인인 민의 선택으로 정당성을 확보하고, 득표수와 상관없이 최종 목표를 당선에 둔다. 또한 혐오를 도구화하고 후견주의와 지지자만을 국민으로 간주하는 경향성을 보인다. 이 같은 통치형태에서는 독재, 전체주의의 그림자가 드리우며 민주주의의 이형화를 우려하게 된다.

이 글은 민주주의 이형을 경계하며 현대의 정치 흐름에서 포착된 혐오정치를 정치현상으로 이해하는 데 목적이 있다. 이를 위해 혐오정치를 포퓰리즘과 혐오 이론에 근거하여 설명하며 세계정치와 국내 현황을 소개하고 정치적 양극화 배제와 토론, 반박이 허용되는 민주사회를 다시금 강조한다.

송재영은 "대의제는 민주주의인가"라는 사뭇 도발적인 질문을 통해 서구 자유민주주의의 대의제 자체에 대한 비판을 시도한다. 현대의 정당정치로서 대의제는 스스로 민주주의와는 상관없는 정치적 기술이나 방식에 불과하다. 그래서 민주주의란 엘리트 정치인들에 의해 권력 획득에 유리한 자기 정당화나 술책, 선전을 위한 그럴듯한 구호 이상이 아니다.

인민은 역시 자신의 권력을 그들에게 맡길 때, 그들이 자유와 평등, 정의라는 원래 민주주의 이상과 가치를 제대로 실현하리라는 믿음까지는 아니더라도 민주주의라고 선언되는 대의제 정당정치가 적어도 자신들의 열악한 경제적, 사회적 지위를 올려주거나 사회적 소외나 차별로부터 구원해줄 것이라는 기대와는 별 관계가 없다는 것을 알게 되었다.

최근 주권자이지만 허상뿐인 주권의 현실을 알아버린 군중이 극우 포퓰리즘의 온상이 된다. 극우 포퓰리즘은 정치, 경제, 사회적으로 상류층의 위선적 대의정치에 신물 난 소외된 사람들이 민주주의라고 알고 있는 대의제의 반대편으로 향하는 집합적 저항이다.

자신들이 추종하는 극우 정치인들이 바로 자신들의 비참한 노예 상태를 생산한 주역이라는 것을 모른다는 것은 슬픈 사실이다. 그래서 이제 대의제에 대한 불신이 민주주의에 대한 불신으로 이어지게 되는 악순환에 빠진 것이다.

그러나 이것은 민주주의가 아니라 민주주의의 가면을 쓴

대역 민주주의인 대의제 정당정치의 위선과 속임수의 문제이다. 민주주의가 아닌 대의제를 마치 민주주의의 정수인 것처럼 속이고 권력을 획득하고는 귀족정의 현대판인 과두제 권력체제를 유지하는 정당의 정치 계급의 문제이다. 대의제의 위선과 비민주성에 계속 속아 노예화로 갈 것인지, 아니면 저항과 자치정치를 통한 주권자 민주주의의 새로운 장을 열게 될 것인지는 주권자인 시민의 투쟁에 달려 있다.

2부는 "민주주의의 한계를 넘어 또 다른 가능성으로"로 국내외 민주주의 체제가 직면한 문제를 다루되, 더 나은 발전을 위한 제안과 방향을 제시한다.

구은정은 「근대 민주주의의 역설과 랑시에르 민주주의 논의의 함의: 영화 〈콘크리트 유토피아〉를 중심으로」라는 제목하에 영화를 근대사회 대의민주주의의 수립과 현 포스트근대 사회가 봉착한 민주주의의 위기와 엮어 해석했다.

재난 후 황궁아파트 주민들이 기울이는 재건의 노력은 근대 대의민주주의 질서 수립과 비교했다. 이후 내부 분란과 외부인의 침입이 얽혀 초래한 황궁아파트 삶의 붕괴는 현재 대의민주주의 위기의 상징이다. 영화의 마지막에 그려진 황궁아파트 밖에 펼쳐진 다른 삶의 모습에서 글쓴이는 랑시에르 민주주의의 논의와 엮어 새로운 민주주의에 대한 상상력을 읽어낸다.

이런 논의를 위해 글쓴이는 먼저, 제도와 체제로 구상했던 근대 대의민주주의의 두 가지 한계를 포착한다. 첫째, 근대 민주주의 이론은 선거, 참여, 추첨, 경합, 숙의 등 대중의 의견을 모으는 '방법'을 민주주의로 치환했다는 한계가 있다. 반면 모아진 의견이 민주적인지 논의할 이론적 틀이 없다. 둘째, 선거를 중심으로 한 대의민주주의 제도는 탁월성 원칙에 따른 대표 선출이 초래한 엘리티즘으로 귀결되는 한계가 있다. 이 한계는 포스트 근대, 포퓰리즘의 득세와 민주주의의 위기라는 전 세계적 현상을 초래했다.

이런 근대 대의민주주의의 한계를 넘어 다른 민주주의의 가능성을 톺아보기 위해, 글쓴이는 랑시에르(Rancière) 민주주의 이론을 활용한다. 플라톤이 혼란과 경멸로 읽어낸, '통치할 자격의 부재'를 유일한 통치 자격으로 하는 민주주의를 랑시에르는 해방으로 전유한다. 그리고 글쓴이는 통치할 자격이 없는 이들이 모든 이들과 같이 통치에 참여하는 것을, 민주주의의 방향으로 해석한다.

이 글에서는 영화 〈콘크리트 유토피아〉에서 펼쳐진 첫째, 1) 시민과 비시민을 구별 짓고 비시민에 대한 제도적 배제와 2) 능력주의에 따른 차등 분배와 불평등의 정당화가 대의민주주의 과정과 비교·분석된다. 둘째, 3) 배제와 불평등이 초래한 공동체의 붕괴는 근대 대의민주주의의 위기가 초래한 디스토피아적 사회현상임을 논의한다. 셋째, 황궁아파트에 거주할 주민의 자격을 규정한 황궁아파트 공동체와 달리, 마지막 장면에서 묘사된 외부인들의 삶은 자격이 부재한 이들이 자격을 묻지 않고 필요를 나누는 공동체다. 여기서 자격이 부재한 이들이 나누는 열린 터전을 '새로운 민주적 삶'에 대한 상상력으로 해석했다.

이 글은 영화의 콘텐츠적 상상력에 기대, 민주주의를 제도가 아니라 몫을 가지지 못한 데모스(demos)의 정치적 발화, 이들이 몫을 향유하는 실천으로 규명한 랑시에르 민주주의 이론을 적용해, 도래할 민주주의를 조망하는 논의를 전개했다.

박정연의 「한국 민주주의 위기와 토의민주주의」는 87년 체제 이후 한국 민주주의의 특성을 오도넬과 크루아상의 위임민주주의를 통해 강력한 대통령제의 탄생과 대의민주주의의 한계를 민주적 헌정질서의 파괴라는 12.3 윤석열 전 대통령의 비상계엄 선포의 과정으로 설명하고 있다. 위임민주주의의 가장 큰 문제로 선거를 통해 선출된 대통령이 자신의 의지에 따라 국정을 운영하며, 위임은 존재하되 책임성은 부재한, 즉 선거를 통해 권력은 받았지만 권력 행사에 대한 실질적 책임은 지지 않는 것을 들고, 이를 여러 학자의 견해를 통해 설명한다.

이어서 2016년 박근혜 대통령 탄핵과 파면, 2017년 조국 법무부장관 임명과 사퇴 과정, 2024년 윤석열 대통령의 탄핵과 파면 과정에 드러난 심각한 정치적 사회갈등을 해결의 관점에서 하버마스의 토의민주주의를 통해 재조명하고 있다. 시민사회의 공론장의 역할을 강조하는 하버마스의 이론은 소셜미디어, 가짜뉴스, 유튜브 등으로 인해 여론이 제 역할을 못 하고 진짜 정보와 구별할 수 없는 혼란스러운 사회갈등 속에서 토의적인 공론장의 필요성과 포용적이고 다원주의적 사회에 걸맞은 다양한 민주주의가 존재하기 위한 전제로 토의민주주의를 제시하고 있다.

그리고 민주시민교육을 위한 사회적 합의 과정은 보수·진보를 아우르는 민주시민교육 거버넌스를 구성하여, 지역별 공론장을 만들고 민주시민교육의 필요성과 원칙을 합의한 사례로서 의미성을 가진다. 사회통합을 위한 민주시민교육 사회적 합의 과정의 경험은 공론장을 통해 일상의 민주주의를 만들어가는 과정에서 시민들은 공공선을 전제로 상호존중, 대화와 토의에 참여함으로써 자신이 속한 정치 공동체에 소속감, 결속력, 연대감을 만들어갈 수 있음을 보여준다는 것이다. 토의민주주의의 과정이 이념이나 정치적 견해의 차이를 넘어 민주적 삶의 양식을 공고히 하는 일상의 민주주의의 확산이라는 것이다.

나아가 한국인들은 2018년 이후 보수·진보 간의 갈등을 가장 심각한 갈등유형으로 인식하고 있으며, 정치적 견해가 다른 사람들과는 기본적인 사회적 관계를 맺지 않겠다는 생각을 하고 있다. 이 조사의 결과는 정치적 양극화의 심각성을 보여준다. 사회갈등이 심화하고 있는 한국사회의 현실에 대해 붕괴되고 재봉건화된 공론장의 재조명은 시민들의 민주적 잠재력을 바탕으로 연대에 의한 사회통합의 길로 토의민주주의 필요성을 제안한다.

　마지막으로 김민정은 「자본 축적체제를 넘어 탈축적 사회로의 전환 모색: 노동자계급을 중심으로」라는 주제로 다중적, 혹은 복합적 위기가 결합된 오늘날의 자본주의체제에서 노동계급이 핵심 주체로서 다양한 사회운동을 결합시켜나가야 한다고 제안한다.

　마이크 데이비스는 스스로를 '구식 노동계급 사회주의자'로 규정했다. 이러한 전통을 이어받아 이 글은 '신식이자 구식 노동계급 사회주의' 관점으로 생산영역의 공해 발생과 소비영역의 환경 악화와 연결해서 설명하고 사회 전환의 변혁 주체를 논의한다.

　이 글에서는 서로 별개 현상으로 보이는 개별 사안들의 사회구조적인 연결 고리를 설명하면서 모든 것이 연결되어 있다는 사실을 '사회과학적 상상력'을 통해 생산영역의 공해 및 산업재해와 소비영역의 공해 불평등으로 입증한다. 이를 통해 '공해 사슬 구조'라는 분석틀을 제시하면서 공해와 산업재해, 사회적 참사가 서로 연결되어 있다는 점을 설명한다.

　또한 다중적 파국의 시대를 인식하고 해결방안을 둘러싼 흐름에 대한 핵심적인 두 가지를 비판적으로 고찰한다. 첫째로, 좌파 시민사회단체 이데올로그가 중심이 된 '체제전환운동'에서 제시한 문제제기 및 해결 방안에 대한 비판적 논의가 필요하다. 자본주의의 작동 원리와 현상의 여러 층위를 세밀하고 구체적으로 혹은 충분하게 설명하지 못(안)했던 이전 이론과 실천에 대한 평가가 필요하다. 두 번째로, 변혁 주체로

계급정립이라는 관점에서 계급 구성 및 역량을 검토해야 한다. 사회 전환의 계획에서 보다 엄밀하고 과학적인 세력 배치를 위해 세밀한 분석이 필요하다.

현재 한국사회에서 노동계급을 둘러싼 주요 쟁점을 구체적으로 설명하는 작업은 그람시 이론의 현재성과 연결된다는 점에서 고찰할 수 있다. 자본주의의 작동 원리인 잉여가치를 생산하는 담당자로서의 노동계급의 물질적 기반이 자본주의의 무덤을 파는 핵심 주체라는 점은 역사적으로 자본주의가 발전했더라도 자본주의의 핵심 기제이다. 경제위기뿐 아니라 기후위기, 팬데믹 위기 등의 다중적 혹은 복합적 위기가 결합된 자본주의체제라도 자본주의의 기본 원리는 동일하기 때문이다.

다층적 위기 상황에서 노동계급이 핵심 주체로 다양한 사회 운동을 결합시키는 자본주의적 숙명은 당면 과제로 등장했다. 이러한 객관적 상황에서 다양한 사회 운동 주체의 수평적 결합이 아닌 노동계급 중심성 테제는 과거의 잔재가 아니라 현실성을 구현해야 한다는 필연성을 더욱 촉진시킨다. 이런 점에서 그람시의 사상의 핵심인 아래로부터의 노동계급 중심성은 지켜야 할 중요한 핵심 원리이자 마르크스의 유산이다.

2025년은 윤석열 탄핵과 대통령 선거로 한국 정치사의 격변을 생생히 경험하는 동시에 매일 새로운 뉴스 헤드라인을 독점 장식하는 트럼프 2기 정부의 오락가락하는 관세전쟁 및 국제질서 재편과 관련된 기존 동맹의 질서재편, 그리고 중국과 러시아, 북한, 이란 등과 같은 서구 가치 동맹 바깥 세계와의 새로운 관계 모색 등으로 휘몰아치듯한 시간들을 뒤쫓느라 숨찬 시기이기도 했다.

국제 경제 및 정치질서의 블록화, 다극화로의 재편은 관련된 정치세력들의 저항과 국가들 사이의 이합집산 속에서 상당한 전진과 또 상당한 후퇴를 거듭하며, 예측할 수 없는 가운데 민주주의의 위기를 심화시키고 다국적 세계전쟁의 가능성도 높일 수 있다.

트럼프의 보호무역주의로 인한 세계경제질서 재편과정에서는 이를 핑계로 한 대규모 인력 감원과 함께 AI 휴머노이드 로봇이 상용화되어 산업 고도화가 진전될수록 신자유주의적 악순환, 곧 비정규직 확대와 고용 유연화, 그리고 이주노동의 증가와 더불어 탈세계화 역시 미국 지배계급의 이익을 위해 진행되는 한 일자리의 황폐화도 더욱 심화할 것이다.

완전 자동화를 위해 천문학적 자본, 그러니까 지구적 수준에서 가용 가능한 사회적 자원을 AI기술혁신에 몰아넣음에 따른 자본가 계급의 이익 추구에 밀려 세상을 제 손으로 만들고, 움직이는 주체인 노동자로서의 삶, 인간이 인간일 수 있도록 만드는 삶도 불가능해질 가능성을 높이고 있다.

따라서 우리는 절차적 민주주의를 넘어 실질적 민주주의를 달성하는 문제가 우리 사회 전체의 재산인 자본에 대한 통

제, 곧 기술 발전의 방향성 역시 우리 손으로 결정하는 문제
와도 연관되어 있음을 재확인하게 된다.

결국 민주주의의 문제는 지배계급에 집중되어 독점된 공
적 결정권을 다시 공적 삶의 모든 현장으로 되돌려주는 자연
스러운 회복 과정과도 관련되어 있다. 사회 전체의 공적 결정
권한들이 엘리트 자본권력 카르텔에 의해 인위적이고 배타적
인 형태로 상향되고 집중되었던 부자연스러운 구조를 깨부수
는 과정이 시대적으로 요청되는 가운데 세상을 어떻게 만들
어 나갈지는 우리 손에 달린 것이다.

저자들을 대표하여, 김경아 씀

차례

Democracy

1부
위협받는
민주주의

급변하는 국제질서와 한국 민주주의의 위기

김경아

1. 들어가며

2024년 12월 3일에 발생한 윤석열의 친위 쿠데타는 그가 탄핵되면서 최종적으로 실패했지만, 쿠데타의 실패 이후에도 한동안 윤석열의 세력들과 그에 저항하는 세력들 사이의 실재적 각축 속에서 한국 민주주의의 위기를 확인할 수 있었다. 윤석열의 정치적 기반은 보수가 아닌 극우였고, 그에 저항하는 세력들을 정치적으로 대표해온 민주당도 스스로 중도 보수라고 재설정하는 가운데 1987년 이후 형성된 한국 민주주의의 지형이 재정립되고 있음도 확인했다. 그리고 한국사회의 기성정치세력들이 전체적으로 보수 쪽으로 이동하는 가운데, 이러한 현상이 한국만의 상황은 아님을 우리는 지난 몇 년간의 국제질서 변화를 통해서도 감지할 수 있다.

미국의 네오콘 세력이 서구 민주주의의 '가치 동맹'이라는 우아한 이데올로기로 포장한 채 우크라이나 네오나치 군부 독재를 앞세워 나토(NATO)의 대리전으로서 우크라이나 전쟁을 수행하는 동안 유럽 내에서 이 전쟁에 대한 반대와 세계화 반대, 무차별적인 이민자와 난민 수용 반대 등을 표방한 소위 극우 정당들이 각종 선거에서 약진했으며, 우크라이나와 가자 전쟁의 즉각 종전을 주장한 반네오콘의 트럼프가 2024년 미국 대선에서 승리하는 등 무시할 수 없는 정치 지형의 변화가 발생한 것이다.

이 과정에서 미국의 네오콘 세력과 서구 지배세력들에 의해 트럼프를 비롯한 유럽 내의 반네오콘 정치인들에 대한 살해 위협이나 시도, 혹은 사법적 거세 시도, 그리고 선거 결과 뒤집기 시도 등이 이어졌다. 그야말로 형식적이고 절차적인 서구 민주주의마저 서구 지배세력 스스로의 손에 의해 위기 상황을 맞고 있다. 그렇다면 우리는 다음과 같이 질문하지 않을 수 없다. '무엇이 전 지구적인 민주주의의 위기를 만들었는가?'

곧 서구가 아시아 민주주의의 등불이라고 추켜세웠던 한국에서 발생한 친위 쿠데타, 그리고 미국이나 서유럽 지배계급 내에서 상대 정치분파에 대한 극단적인 제압 시도라는 시대역행적 이변이 나타난 원인은 무엇인가?

이 글은 이 같은 질문들에 대해 자본주의 세계체제의 금융 세계화 국면의 쇠퇴, 그로 인한 탈세계화[1]로의 역행적 전환

---

1   탈세계화 논의는 이상환(2020) 참조.

이 있다고 답하고자 한다. 즉 국제경제구조가 구질서에서 신질서로, 그리나 역행적인 방식으로 전환되며, 새로운 국제경제 질서에 맞추어 새로운 국제정치 질서를 구축하려는 지배계급 분파와 그에 저항하는 지배계급 분파 사이의 대립 격화가 현재 위기를 맞은 부르주아 민주주의 위기의 본질적 원인이라는 것이다.

특히 20세기 이후 지속된 미국 헤게모니가 금융세계화 이후 금융 위기 및 제조 공동화의 여러 부작용과 중국의 부상으로 인해 위기를 맞게 되었고, 그 대응 과정에서 중국을 제압하고 미국 헤게모니를 지속시키려는 지배계급 두 분파의 목적은 같지만, 경제적이고 정치적인 해결방식의 차이에 따른 대립의 극단성이 발생 중이다. 두 분파 중 네오콘의 오래되고 익숙한 방식은 실패(우크라이나와 가자 전쟁)였음이 드러났고, 이제 반네오콘 분파인 트럼프의 방식이 작동 중이다.

이 같은 전체적 조망 속에서 이 글은 윤석열의 친위 쿠데타 실패, 나아가 한국 민주주의 위기의 본질적 원인들을 자본주의 세계체제의 역행적 전환과정의 부조응과 조응, 그리고 한반도를 둘러싼 국제질서의 특수성에 대한 분석을 통해 밝히고자 한다. 본문에서는 먼저 금융세계화에서 탈세계화로의 전환을 살펴보고, 이에 따른 미국 지배계급 내 두 분파 각각의 국제경제 및 정치질서 재편 시도, 두 분파의 극단적 이해대립에 따른 부르주아민주주의의 위기 유발, 한반도의 국제경제 및 국제질서 속에서의 특수성과 첨예한 갈등의 순으로 논지를 전개해갈 것이다.

2. 금융세계화에서 탈세계화로의 역행

아리기는 자본주의 세계체제가 헤게모니 국가로의 초국적 자본 이동, 실물적 성장 국면과 이윤율 저하에 따른 금융적 성장 국면으로의 전환, 이 국면에서 새로운 실물적 성장을 이룬 새 헤게모니 국가의 등장으로의 이행의 과정 속에서 점차 자본주의적 생산양식을 더욱 확대하고 발전시켜왔다고 본다(아리기, 2014).

이때 실물적 국면과 금융적 국면, 기업-민족 국면과 세계시민주의-제국적 국면, 헤게모니 이행 등이 단순히 형태적 반복이 아니라 더 큰 범위의 관리체제, 이를테면 제노바 공화국, 네덜란드 연합주, 연합왕국(UK), 미합중국(US)과 같이 '권력의 그릇'도 진화한다고 강조한다. 또한 앞선 자본축적체제를 지양한 정부와 기업 전략 및 구조들, 기업보호비용과 생산비용 및 거래비용 등의 내부화 등 새로운 자본주의적 생산이 요구하는 자본축적체제를 발명해내고 다른 경쟁국과의 각축을 통해 새로운 헤게모니 국가로 나타났다고 주장한다(아리기, 2014; 594~604).

2차대전 이후의 국제경제 및 정치질서는 미국의 헤게모니 아래에 구축되었다. 얄타회담을 통해 이전 헤게모니 국가였던 영국, 2차대전의 실질적 승전국인 소련과 19세기 말에 이미 GDP 1위 국가였고, 전시 경제를 통해 새로운 헤게모니 국가가 된 미국이 전후 국제정치질서를 합의하여 얄타체제가 성립하게 된다.

전후 국제경제질서는 당시 전 세계 GDP와 금 보유량의 거의 절반을 차지했던 미국의 주도에 의해 금태환 달러기축의 고정환율제인 브레튼우즈체제로 확립되면서, 국제통화기구(IMF)나 세계은행(WB)과 같은 미국 주도 금융국제기구가 설립되었고 1947년에는 '관세 및 무역에 관한 일반협정(GATT)'이 발효되었다. 미국 재무부는 IMF와 WB, 그리고 OECD의 실질적 운영자였고, 미국은 세계무역 시스템을 보증하는 화폐가 된 달러를 전 세계에 공급하는 세계의 중앙은행이 된 것이다(김정주, 2009).

전후 사회주의 국가들이 확산되면서 소련은 미국 주도 국제경제질서에 참여하지 않고 독자적인 사회주의 국제경제협력체제인 코메콘(1949~1991)으로 동구권 경제를 분할 운영하게 된다(김우현, 2001; 232~235). 소련이 1991년에 몰락하기까지 정치적으로는 미국에 의한 냉전[2]과 여러 경제적 압박이 진행되었으며, 이 과정에서 1960년대 말에 이르면 미국을 비롯한 서구의 경제도 전후 황금기를 종료하게 된다.

---

2   공민석은 "냉전은 미국 헤게모니 확립의 지정학적 토대가 되기도 했다. 미국의 팽창적인 세계 전략과 미군의 해외배치가 정당화됐고, 동맹국들이 반공주의를 중심으로 결집했다"고 말한다(공민석, 2019; 42).

앞서 본 것처럼 아리기는 자본주의 세계체제는 항상 하나의 헤게모니 국가하에서 발전하며, 헤게모니 국가는 초반의 실물적 성장의 결과 금융적 성장의 국면으로 접어드는 일정한 패턴을 반복한다고 주장한다. 미국 헤게모니 역시 그랬다. 1960년대 이후 일본과 서독의 제조능력은 미국을 능가하기 시작하는 동시에 경제성장이 둔화하기 시작했고 미국의 전후 '상시 군비 경제'의 군사비 지출과 해외 원조도 부담되기 시작했다(업처치, 2018; 65~66).

1971년에 이르면 달러의 과발행으로 더 이상 금태환을 유지할 수 없게 된 미국이 스스로 불태환을 선언하게 된다. 김정주는 이 사건 이후의 국제금융시스템을 브레튼우즈 2체제라고 정의하며, 미국이 제조업 경쟁력을 상실한 대신 달러 헤게모니하에서 금융상품의 '수출 경쟁력'으로 보전하는 불안정성을 내재하고 있어 미국의 통화패권에 대한 회의를 더욱 증폭시킬 것이라고 전망한 바 있다(김정주, 2009).

물론 사우디아라비아와 최근에 종료된 페트로 달러 협정을 통해 기축통화로서의 달러 위상은 유지할 수 있었지만(공민석, 2019; 43), 제조 경쟁력에 기반한 실물적 성장을 다시 회복할 수는 없었다.

1970년대의 석유파동과 스테그플레이션 위기를 겪으며, 1980년대에 레이거노믹스로 표현되는 미국 주도의 신자유주의적 금융세계화라는 금융적 성장 국면이 시작된다(아리기, 2014). 레이거노믹스도 처음에는 공급 중심 경제가 핵심이었다. 큰 정부에 의한 증세와 소비 진작의 케인즈적 유효수요 중심정책에서 벗어나 자원 배분 기능을 다시 민간부문으로, 곧 소비 중심에서 작은정부에 의한 시장 생산 중심으로 경제정책을 재편해서 감세를 통한 정부지출 축소와 복지 및 소비를 줄이고 생산을 진작시킨다는 것이었다.

그러나 1985년에 플라자합의로 일본과 독일에 대한 강제적인 환율인하를 통해 무역 경쟁력을 회복하고 무역적자를 줄이기 위한 노력까지 해보았으나 미국은 제조업 경쟁력의 한계를 넘어서지 못했다. 따라서 1990년대 IT혁신 이후에는 초국적 금융자본 주도하에 연구와 개발 및 마케팅과 같은 고부가가치 영역을 제외한 제조 전반을 동아시아 생산망에 위탁하는 방식으로 1960년대 이후 시작된 오프쇼어링을 확대해나감으로써[3] 본격적인 금융적 성장 국면, 곧 신자유주의적 금융세계화라는 새로운 국제경제질서를 구축하게 된다.

금융세계화의 기조는 하이퍼인플레이션이 진정된 1982년 이후 긴축 경제로부터 금융완화 정책, 곧 채권 및 증권 시장 중심의 금융시스템에서 시작되었다. 세계 무역과 경제에 지속적으로 달러를 공급하되 무역적자와 재정적자라는 이중 적자 누적에도 불구하고 달러의 지위를 통제하기 위해서는 채

---

3   뮐러(2024)에 따르면 미국 반도체 산업의 오프쇼어링은 이미 60년대에 시작되었으며, 80년대에 핵심 제조 기반을 동아시아에 거의 이식완료하기까지 미국 내부의 임금 상승과 노동운동의 저항, 일본과의 경쟁 실패 등 여러 요인들이 작용했다고 한다.

권 및 증권시장을 통해 달러를 재흡수해야 했기 때문이다. 따라서 개도국들이 OECD에 가입하거나 IMF의 구제금융을 받으려면 자국 금융을 보호하기 위한 금융 규제제도들의 폐지가 요구되었으며, G7 국가에 대해서도 플라자합의나 역플라자합의 등을 통한 환율 조정의 외피 아래에서 미국 장기 국채 매입과 금융 개방 확대 요구를 통해 유동자본을 흡수해나갔다(공민석, 2019; 47~49).

1970년대 이후 중국 개방의 효과는 2001년 중국의 WTO 가입 이후 급증하게 된다. 중국을 비롯한 동아시아 제조 공급망, 혹은 미국 주도의 동아시아 국제노동분업체제는 달러 기반 국제결제망과 국제금융시스템을 통해 초국적 자본의 입장에서는 전 세계적 자본주의의 선순환과 안정적인 경제성장을 달성하기 시작했다.

예컨대 미국은 자본과 기술을 수출하고, 외환과 금융시장을 개방해 미국 주도 금융시스템에 통합된 동아시아[4]는 제조를 통해 미국에 판매한 다음 벌어들인 달러로 다시 미국 장기 국채를 매입해나갔다.[5] 미국으로서는 달러의 선순환과 동아

---

4   왜 하필 동아시아였나? 동아시아는 2001년에 클린턴의 적극 지원 아래 WTO에 가입한 중국이라는 저가 노동력 공급지가 있으면서, 한국과 대만 등에 자동차산업과 전자산업 등의 하청 공급망을 1980년대에 일본이 이미 형성해놓았다는 제조입지적 장점이 있었다(오학수, 2016). 물론 미국도 1960년대에 이미 반도체 산업의 저임금 제조분야를 동아시아에 하청했고, 1970년대부터 이미 한국과 대만에 적극적인 반도체 기술 이전을 통해 오프쇼어링을 시작하고 있었다(밀러, 2024).

5   이전 시기에는 당시에 미국의 주요 무역적자 유발국인 일본과 서독, 사우디

시아 저가 상품의 안정적인 소비라는 이중의 선순환을 유지할 수 있었으나, 다른 측면에서는 전 세계적인 공기업의 민영화, 노동유연화와 비정규직 확산이라는 신자유주의적 악순환도 시작된다.

미국 헤게모니 아래에서 만들어진 신자유주의적 금융세계화는 초국적 자본의 국경을 초월한 비정규 노동과 이주노동 등에 의존해 저임금, 저물가, 저환율을 이어나갈 수 있었다. 물론 고부가가치의 연구와 개발, 마케팅과 금융, 법률 서비스, 고숙련 조직 노동 등에서는 고임금이 가능했고, 따라서 노동계급의 고임금, 안정적 고용 노동자와 나머지 영역 저임금, 불안정 고용 노동자들 사이의 분할 지배도 함께 작동할 수 있었다.

중국은 신자유주의적 금융세계화의 최대 수혜국이자 세계의 공장으로서 급성장한다. 2010년에 이르면 중국은 미국에 이어 세계 GDP 순위 2위에 도달했으나 미국의 위안화 절상 요구 및 자본시장 개방은 받아들이지 않았다(공민석, 2019). 미국 제조업의 부가 가치는 2014년에 중국에 1위 자리를 내주었고, 2015년에는 중국이 미국 GDP의 70%에 근접함에 따라 1980년대에 일본이 그랬던 것처럼 미국 내부에서 중국 견제의 목소리가 더욱 높아지게 된다(정준호, 2016; 266~267).

그러나 중국의 급부상은 미국 헤게모니의 쇠퇴의 부차적

아라비아 등이 재무부가 발행한 미국의 장기 국채를 사주었다.

원인이다. 2008년 미국발 금융위기와 그 극복과정을 계기로 금융세계화의 선순환이 더 이상 지속될 수 없다는 사실이 드러났고, 미국 지배계급은 대안을 찾아야 했다(김정주, 2009; 61~73). 제조능력 감퇴로 인한 제조기술 혁신의 부재와 이에 따른 국방제조 능력 쇠퇴,[6] 따라서 국내의 중산층 붕괴, 금융위기 이후 양적완화와 코비드 팬데믹, 그리고 현재에 이르기까지 누적된 미국 부채와 이자 급증으로 인한 달러 패권의 위기가 발생했기 때문이다.

특히 이전의 선순환을 통해 미국은 소비국가로서 상대 수출국가들이 벌어들인 달러로 미국채를 사줌으로써 무역적자와 해외 전쟁 수행 비용의 누적에도 불구하고 지속적인 달러 발행을 이어갈 수 있었다. 미국은 국채판매, 즉 국가부채로 노령연금, 의료서비스와 같은 고정비용을 감당해왔고, 가변적인 국채에 대한 이자비용과 국방비를 통제하지 못하면 중국과 러시아 등의 국가들이 미국채를 더 이상 매입하지 않을 뿐 아니라 투매하는 상황에서 지속불가능한, 곧 금융세계화의 선순환이 이미 종료된 상황에 놓였기 때문이다.

미국 연방정부의 국가부채는 2025년 1월 기준으로 36,220,207.00달러에 도달했다. 2023년 10월 기준으로 GDP대비 국가부채비율은 122.30%에 이르렀으며, 지급해야 할 연간 이자비용이 연간 국방비를 넘었고, 정부 재정적

---

6   이에 대한 자세한 논의는 피사노와 시(2019)의 논의를 참고할 것.

자의 절반을 차지한다.[7] 문제는 재무부가 달러표시 장기 미국채를 발행해서 달러를 조달하려고 해도 이제 더 이상 사줄 국가가 거의 없다는 것이다. 결국 트럼프 2기 정부는 국방비를 포함한 정부의 재정을 대폭 줄이고, 급격한 리쇼어링을 통해 무역적자도 줄여나가지 않으면 안 되는 불가피한 상황에 놓인 것이다.

더구나 러시아와 중국은 탈달러 국제 결제시스템을 구축하고 자국 화폐를 사용한 무역을 확대해가고 있다. 브릭스 플러스는 탈달러 국제통화도 준비 중이다(공민석, 2024; 120~121). 따라서 탈세계화,[8] 곧 미국 중심의 국제 공급망 재편과 달러 패권 확보는 미국의 불가피한 선택이며, 미국 헤게모니의 위기를 돌파할 유일한 해결책이기도 한 것이다.

총체적인 구조 전환 없이 미국 헤게모니 쇠퇴를 막을 수 없으므로 그중에서도 제조 능력 복구를 위해 오바마 정부는 '제조 르네상스', 과학기술 우대(STEM) 교육 정책 등을 시작했었다. 트럼프 1기의 대중 관세 전쟁,[9] 바이든 정부의 디커플링

---

7 미국과 관련한 각종 경제지표는 이 사이트(https://ko.tradingeconomics. com/united-states/government-debt)에서 데이터를 참고했다.

8 금융세계화 이전에도 전 세계 자본주의 무역과 국제노동분업, 혹은 공급망은 존재했고, 탈세계화 시대에도 세계적 수준의 노동분업과 무역은 존재할 것이다. 다만 우리는 금융세계화와 그다음 국면의 질적 구분이 미국 헤게모니의 금융적 국면, 재실물적 국면이라는 측면에서 유의미하다는 판단하에 탈세계화라는 개념을 사용할 수 있을 것이다.

9 구본우(2020)는 미중 관세전쟁을 미국에 의한 지적재산권 체제의 동요로 해석한다.

과 첨단 산업 견제 등과 같은 적극적인 리쇼어링 정책이 시행되고 바이든 정부에서는 보조금 지급을 통한 아시아 첨단 제조업의 미국으로의 공장 이전과 같은 가시적 성과가 나타나기 시작한다.

1980년대에 미국을 이어 GDP 2위에 도달한 일본을 견제하기 위해 미국은 세 가지 방법을 동원했었다. 첫째, 1985년의 플라자합의로 일본의 인위적 엔고 강제, 둘째, 세 차례에 걸친 미일 반도체 협약으로 일본의 첨단 반도체 산업 고사, 셋째, 1990년대에 본격화한 미국 주도의 IT혁신, 혹은 디지털 산업에서 일본의 배제이다. 물론 일본과 더불어 유럽 최대 제조국가였던 서독 역시 플라자합의와 IT혁신에서의 배제를 함께 견뎌야 했다.

특히 일본에 대한 미국의 무역 압력은 반도체뿐 아니라 섬유와 철강, TV와 자동차, 컴퓨터에 이르기까지 전 방위적이었으며, 이를 위해 수퍼 301조로 잘 알려진 종합무역법과 통상법 182조 등이 동원되었다. 한편에서는 자유무역주의를 강제하면서 다른 한편에서는 자국 산업을 보호하는 이중적 무역정책이 지속되었다(한영빈, 2024; 145).

그러나 일본의 역사적 전례를 반복하지 않기로 한 중국은 시진핑 집권 이후 '중국몽'이라는 포부 아래 2015년에 '제조2025'를 제시한 후 이제 미국과 AI혁신의 선두를 다투는 제조 강국으로 성장했으며, 일대일로와 위안화 국제화, 그리고 상하이 협력기구와 브릭스 플러스 등을 통해 일본과 서독을

제압했던 미국에 순순히 제압당하지 않을 국제 경제적 기반도 마련하며 적극적으로 대응하고 있다.[10]

트럼프 2기에는 중국뿐 아니라 동맹국들도 가리지 않고 관세와 무역 분쟁을 확산하며 본격적인 보호무역주의로의 진입과 탈세계화가 진행 중이다. 특히 트럼프 2기의 '미국 우선주의'가 오바마 이후의 리쇼어링이 탈세계화 시작에서 하나의 징조였다면, 이제는 누구도 탈세계화 혹은 미국 주도 자본주의 세계체제의 금융에서 다시 실물적 국면으로의 전환을 부정할 수 없게 만들고 있다.[11]

1995년에 만들어진 WTO체제가 보증해주는 자유무역 기반 위에 중국 등과 전 세계 단일 공급망을 통해 고부가가치 서비스 영역 생산과 소비, 달러표시 국채 판매, 달러 기반 국제금융시스템, 그리고 전 세계의 해상무역로 안정화를 위한 세계경찰국가의 노릇에 이르는 금융세계화의 구조를 형성했던 모든 지점들을 트럼프 2기는 재정비 혹은 전환하고 있다.

트럼프 2기 정부는 2025년 초에 집권하자마자 대만

---

10 이재영(2024)은 특히 미중 사이의 전략 기술 경쟁에 따른 중국의 대응을 '경제안보'의 개념으로 포착해 분석하고 있다.

11 「세계화는 끝나는가?」라는 마틴 업처치의 글에서, 그는 세계화가 미국 헤게모니 아래서 1995년에 정점에 이르렀고, 2008년 금융위기 이후 쇠퇴를 시작했으며, 트럼프의 '경제적 국수주의'와 고립주의를 통해 국제경제 및 정치질서의 재정의 과정을 통해 불확실하고 가변적인 미래로 향하고 있다고 경고한다(업처치, 2018; 56~78). 마크 레빈슨은 세계화의 역사는 자본주의가 성립된 이후 양태를 달리했을 뿐 멈춘 적이 없으며, 따라서 탈세계화라기보다는 네 번째 세계화라고 표현하자고 한다(레빈슨, 2023).

TSMC와 한국의 현대자동차 등 최첨단 제조공장의 미국 이전 압력, 파나마 운하 재점유, 캐나다의 연방주로의 편입, 무역 결재 시 달러 우회에 대한 경고, 미래 북극항로 패권을 위한 그린란드 구입, 무엇보다도 DOGE(Department of Government Efficiency)를 통한 행정부의 방만한 운영 통제와 같이 미국뿐 아니라 전 세계 경제질서를 재편하고 있다. 트럼프 2기는 금융세계화의 선순환이 더 이상 작동하지 않는다는 현실적 판단 위에서 국제경제질서를 탈세계화된 질서로 급격히 재편하는 중이다.

세계화 시대는 미국 등 선진국들의 탈제조 경향으로 특징지어졌으며, 탈세계화 시대는 미국의 제조능력 부흥(허드슨, 2023) 시도로 특징지어진다. 오프쇼어링의 시대에 미국 제조업 경쟁력이 경쟁하는 서독과 일본에 비해 임금 등 생산비용뿐 아니라 제조기술 혁신에서도 불리했던 반면, 최첨단 산업 등의 제조에서 전력 비중이 증가하고 스마트 팩토리와 AI 휴머노이드를 이용한 제조가 가능해지면서 미국은 고임금을 상쇄하는 저전력 비용과 고숙련 문제에 대한 AI기술을 통한 해소의 방법으로 경쟁력을 회복할 가능성이 생긴 것이다. 그러나 이런 기제가 잘 작동되어 중국이나 한국 등이 가진 제조능력을 따라잡고, 뛰어넘을 수 있을지는 불확실하다.

탈세계화시대로 접어들면서 신자유주의적 금융세계화가 만든 저임금, 저물가, 저금리(저달러)에 기초한 값싼 제품들의 과소비와 IT기술 혁신에 따른 버블을 통한 미국 증시로의 달러 환수 및 중국 등 수출 제조국들의 미국채 매입으로 달성하던 달러 환류의 선순환 시대도 막을 내리고 있다.

바이든 정부의 고금리(고달러) 정책은 달러표시 국채 판매를 늘리기 위한 고육책이었으나, 트럼프 2기 정부가 수행 중인 저렴한 에너지 및 전력 공급에 의한 고물가 상쇄, 그리고 저달러 및 AI기술 혁신에 따른 버블을 통한 미국 채권 및 증시로의 달러 환수가 중국의 도전 및 미국 스스로의 제조능력 복구 시도에 따라 달러 환류 불능의 가능성을 높이고 있다. 따라서 탈세계화, 곧 재실물화 시도는 역사의 수레바퀴를 뒤로 돌려 미국 헤게모니 쇠퇴를 지연시키려는 지배계급의 돌파구이나 이로 인한 자본주의 세계체계의 불확실성과 금융위기, 그리고 근원적 모순은 더욱 심화할 가능성 역시 높이고 있다.

3. 네오콘, 혹은 구세력의 저항

신자유주의적 금융세계화의 시기에 초국적 금융자본 분파의 이익은 전 세계적 범위에서 서로 경쟁하면서도 연결되어 이들의 이익은 글로벌리스트 정치가들에 의해 일관되게 장악되었었다(신재길, 2023).

네오콘은 1990년대 이후 공화당과 민주당 두 분파를 가리지 않고, 국무부와 국방부, 그리고 의회 등에 형성된 미국 단극패권의 국제질서를 추구하는 금융세계화 시기의 미국 지배계급 엘리트 세력이다. 미국의 항모 전단 등의 세계 제일의 해군력을 바탕으로 한 세계경찰로서 전 세계의 자본주의적 생산망과 해상교역망의 안전을 보장한다는 명목적 역할을 자임하며 미국 예외주의를 실현해나갔다(Barnett, 2004).

보다 본질적인 미국의 대외 전략은 동유럽과 중동 등에서 인종청소가 동반된 민족 간 국경 갈등을 유발하고, 국지전을 스스로 일으키거나 군사적으로 개입한 데서 확인할 수 있다. 대표적 사례가 보스니아와 코소보 내전 등 2000년을 전후로 한 구소련 주변부의 동유럽 전쟁들과 2001년 쌍둥이 빌딩 테러 이후의 이라크 및 아프가니스탄 침략 전쟁이었다.

미국 예외주의, 혹은 김우현의 표현에 따르면 '우월주의', 혹은 '유일 강대국' 지향의 대외 전략은 유엔이라는 국제 다자간 협의기구 무시로 발현했다. 특히 1994년 보스니아 내전은 미국과 나토 주도 유엔 평화유지군이라는 명목으로 개입했지만, 1999년 코소보 내전에는 유엔 안보리의 위임도 없이 자의적으로 1994년의 위임을 연장해 개입한다고 주장했다(김우현, 2001; 138).

2022년 우크라이나 전쟁 이전에 2014년 크림전쟁처럼 러시아의 나토 동진 경고에도 불구하고, 러시아의 코앞까지 미국 주도하에 나토의 영향력을 지속적으로 확대시킨 것도 네오콘 세력[12]의 주도하에 발생한 동유럽 색깔혁명과 결합된 대러시아 포위와 위협 전략이었다.

이러한 전략들의 배경에는 경제적 이권과 이를 정당화하는 전 세계적 범위의 미디어 조작이 존재했다. 미국 등 서방 방위산업체와 국방부의 군산복합체, 현지의 대리 정치세력이 전쟁 사업과 정권 찬탈을 통한 여러 이권 갈취의 연합체로 작동하는 한편, 미국의 국무부와 USAID, CIA가 해외 각국의 지배계급 동맹의 이익을 관리하는 방식은 미디어와 여론에 대한 현금 지원과 인적 관리 등을 망라한다. 이를 통한 미디어와 여론 조작, 가짜뉴스[13] 살포 및 미국과 서방 가치 정당화가 수행된다.

신자유주의라는 초기 이데올로기의 기능은 주로 자본 활동에 대한 규제들, 예컨대 환경 및 노동 규제, 금융과 산업 사

12　우크라이나의 유로 마이단 혁명을 통한 친러 대통령 축출과 친미 대통령 선출 및 국정 운영 전반에 대표적인 국무부 내 민주당 측 네오콘 인사인 빅토리아 눌런드 전 국무부 차관이 있다. 2022년 봄의 이스탄불 휴전 협정을 방해하고, 미국의 지속적인 군사비 지원을 주도했으나, 2024년 봄에 우크라이나의 패색이 짙어지며 사임했다. 사임 후 인터뷰에서 자신이 우크라이나 등 동유럽에서 수행한 공작들에 관해 스스로 밝힌 바 있다(https://responsiblestatecraft.org/nuland-ukraine-peace-deal/). 그의 남편인 로버트 케이건 역시 네오콘으로서 『워싱턴 포스트』의 편집장이었으나 2024년 대선에서 카말라 후보자에 대한 공식 지지를 거부하는 『워싱턴 포스트』의 입장에 항의하며 사임했다.

13　가장 대표적인 가짜뉴스가 911테러 이후 아들 부시가 악의 축으로 지목한 세 국가 중 하나인 이라크 침공 당시의 침략 근거로 댄 '대량 살상 화학무기'라는 거짓말이었다.

이의 영업 및 무역 등과 관련한 규제들의 폐지와 공기업의 민
영화와 같이 시장의 자유 확대를 정당화하는 것이었다. 그러
나 WTO와 국가 간 FTA가 자리 잡으며 자본뿐 아니라 노동
의 국경 이동이 확대되고, 비정규 및 이주 노동 문제가 확산
되자 신자유주의적 정당화가 더 이상 작동하지 않게 된다.

따라서 초국적 자본뿐 아니라 초국적 이주노동자들에 대
한 견제와 혐오를 관리할 필요가 발생한다. 이 과정에서 비정
규직, 이주 노동자들을 계급 문제가 아닌 다른 인종, 혹은 성
별 등의 소수자성[14]이라는 미국식 정체성 정치로 확대해 이
를 '정치적 올바름(PC)'이라는 절대적 윤리가치로 확산시킨
다. 기존의 서구 자유민주주의의 가치에 더해 소수자와 인권
등의 진보적 개념들을 '정치적 올바름'의 가치로 통합해 금융
세계화의 선순환 구조를 유지하고 정당화하는 이데올로기로
이용하기 시작한 것이다.

이 새로운 이데올로기로 미국 내 좌파를 민주당에 동원하
는 데 성공했으며, 주변부 국가와 적대 국가들뿐만 아니라 서
구 동맹국들에 대한 내정 개입 정당화의 방편으로 활용하기
시작한다. 곧 서구 '가치 동맹'의 내용이자, 트럼프 정부에서
버려졌다가 바이든 정부가 다시 복구한 '규칙 기반 질서'의

---

14 한국사회에서도 기존의 맑스주의자들 중 일부가 포스트모더니즘 철학과
    소수자 개념의 수용을 통해 비정규직 노동문제를 계급문제로부터 소수자
    문제로 담론 전환을 시작했다. 이에 대한 비판은 김경아(2019)를 참조하기
    바란다.

핵심 가치였다.[15]

한편 오바마 정부에 의한 '피봇 투 아시아', 바이든 정부에 의한 나토의 동아시아 확장, 혹은 아시아판 나토의 이름 아래 한미일 군사동맹을 통한 대 중국 견제가 본격화된다. 곧 중국의 경제적 부상에 따른 국제경제질서 재편이 국제정치질서의 변화도 요청하기 시작한 것이다.

이 같은 미국 헤게모니의 위기 앞에서 미국의 네오콘 세력은 1991년 구소련 몰락 이후의 단극 패권 시절에 하던 방식대로 국제질서를 유지해나가려고 했다. 그 대표적 사례가 바이든 정부의 동맹 복구, 곧 서구 가치에 기반한 동맹들을 가신으로 거느린 채 미래에 중국과의 대결을 위해 사전에 제압해야 할 국가인 러시아에 대해 도발하는 우크라이나의 나토 가입 추진이었다(이해영, 2023).

오바마와 바이든의 민주당 네오콘은 탈세계화를 통한 중국 경제 발전 억압의 목표를 수행하면서 여전히 세계화시대의 단극패권적 국제정치 관행을 유지하려고 했다. 그것이 우

---

15 2010년 이후 중동의 자스민 혁명과 동유럽의 색깔혁명, 그리고 홍콩 민주화 시위 등에 미국대외개발처(USAID)의 자금과 미 국무부 및 CIA의 개입과 지원이 작용했다는 사실이 최근의 트럼프 2기 정부에서 밝혀지고 있다. 서구 가치 동맹과 미국이 만드는 일방적 가치 기준을 전 세계에 '민주주의'의 이름으로 투사하기 위해 친미 언론기관과 NGO 지원에 1만 명이 넘은 USAID의 직원과 2023년 기준 연간 500억 달러가 사용된 것이다. 물론 미국 정부의 예산은 일부에 불과하며 조지 소로스의 오픈소사이어티 재단 등과 같은 초국적 금융자본들의 기부금이 주를 차지하며, 따라서 이들의 초국적 이익을 위해 사용되었다.

크라이나 전쟁과 가자 전쟁에서 우크라이나의 네오나치 정부나 이스라엘의 네타냐후 정부에 대한 군사적이고 기술적인 지원, 그리고 국방비 지원이었다.

우크라이나 전쟁의 패색이 짙어지는 가운데, 러시아의 핵 위협에도 불구하고 러시아 본토에 대한 공격의 허용과 휴전이나 종전을 적극 저지하며 군사비를 지원하는 것은 유럽으로 확전되어 3차 세계대전이 발발하더라도 감수하겠다는 미국 민주당 네오콘의 호전성을 재확인시켜주었다. 역행적인 동시에 새로운 국제경제질서로의 전환에도 불구하고, 여전히 이전 국제정치질서, 곧 단극패권을 놓지 않으려는 네오콘식 저항은 우크라이나 전쟁의 패배로 그 효력의 다함을 스스로 입증한 셈이 되었다.

4. 우크라이나 전쟁이라는 변곡점, 혹은 리트머스지

2022년 2월에 시작된 우크라이나 전쟁은 표면적으로는 구소련 해체 이후에 미국 주도의 나토가 러시아와의 약속을 어기고 지속적으로 동진한 끝에 친미 우크라이나 정부가 나토 가입을 공식적으로 표방하면서 발발했다. 그러나 이 전쟁은 2014년 러시아의 크림반도 합병, 곧 돈바스 내전의 연장인 동시에 구소련 시절에 미국이 아프가니스탄 전장으로 끌어들인 것과 동일하게 러시아의 '특수군사작전'을 유도한 결과이기도 하다(이해영, 2023).

2000년에 집권한 이후 푸틴[16]은 집권 초반에는 서방 친화적이며 유럽 중심적인 외교관계를 구축하고자 했으나(백승욱, 2023; 50), 1994년에 나토 정상회의에 의한 동방으로의 확장이 지속되자 우크라이나는 러시아의 실질적이고 전략적 이익 지역이라고 표방하며 여러 번 경고해왔다. 그러나 미국의 네오콘은 우크라이나에 대한 2014년 유로 마이단 혁명과 친러 정권 전복 등을 적극 지시한 주체로서 미 국무부를 통해 러시아에 대한 압박 정책을 지속해갔다.

2014년에 이미 크림반도를 합병한 러시아는 우크라이나 내부의 신나치 아조프 민병대에 의한 돈바스 지역 러시아계 주민 학살과 러시아어 금지 및 투표권 제한 등의 인종청소 위기에 맞서 러시아계 주민 보호를 위한 특수군사작전을 표방하며 우크라이나를 침공했다. 러시아로서는 특수군사작전, 곧 일종의 내전이었던 셈이다. 푸틴은 우크라이나 문제 해결을 위한 두 차례의 민스크협정과 2023년 터키에서의 휴전협정 무산 등에서 나토와 우크라이나의 거짓말[17]과 무기 및 전

---

16 푸틴의 러시아는 2000년 1월의 새 안보전략을 통해 미국의 단극 패권에 대한 대안으로서 다극화 세계질서를 표방한 바 있다(김우현, 2001; 138).

17 독일의 메르켈 전 총리에 의한 민스크협정이 우크라이나로 하여금 러시아와의 전쟁에 대비할 시간을 벌어주었다는 자백(?)뿐 아니라, 전쟁 초기 터키 휴전협정 무산에 미국과 영국의 적극적인 방해, 예컨대 보리스 전 총리가 직접 터키로 가 우크라이나 측 협상단을 협박했다는 사실, 나아가 최근에 미국 측에서는 오히려 우크라이나가 휴전을 원치 않는다는 뉴스를 적극 퍼트리며 러시아와의 종전협상에서 우크라이나를 제외시키는 근거로 사용

비 지원 등이 전쟁 지속의 직접적 원인이라고 주장했다(이해영, 2023; 36~63).

이 전쟁이 미국과 러시아 사이의 유럽 가스시장 장악 등을 두고 벌어진 대리전이라는 경제적 이익 중심의 해석도 있다. 가장 두드러진 사건은 러시아에서 독일로 직접 연결된 노르트스트림2의 폭파일 것이다. 트럼프 1기 시절부터 독일과 러시아의 천연가스 공급망 확대에 대한 직접적인 경고가 있었으며, 바이든은 제 입으로 노르트스트림 가스관을 폭파하겠다고 공공연히 말해왔었기 때문이다.[18]

바이든 정부의 네오콘은 우크라이나 전쟁을 통해 유럽에 대한 러시아의 값싼 원유와 가스 공급이 중지됨으로써 독일과 이탈리아의 에너지 비용부담 상승으로 제조업이 타격받을 뿐만 아니라 천연가스를 통한 비료생산 감소로 농업 역시 타격받을 것을 미리 계산했다. 오직 미국의 에너지 기업만이 전쟁으로 높아진 석유 가격과 러시아산보다 4배나 높은 가격의 액화천연가스 수출 확대로 이익을 봤으며, 미국의 곡물 메이저도 국제 곡물가격 인상의 간접적 이익을 챙기게 되었다(신

한다는 점 등 미국 주도의 서방 세력이 주류언론의 힘을 자신의 프로파간다 확산 통로로 사용하는 사례들은 넘쳐난다.

18 폭파 6개월 전에 이미 폭발물이 설치되었으며, 최근에는 우크라이나가 주도해서 폭파했다고 미국 월스트리트저널이 보도했으나 우크라이나 대통령실 고문은 오히려 러시아의 자작극이라며 즉각 반발했다(이명동, 「우크라, WSJ 러 가스관 '노르트스트림 폭파' 보도에 "터무니없다"」, 〈뉴시스〉, 2024. 8. 16.).

재길, 2023).

미국의 최대 금융자본인 블랙록[19]이 산하 몬산토 등 농업 자본을 통해 우크라이나 흑토지대를 대량 매입했고, 우크라이나 정부가 자원 개발권 등을 미국 자본에 매각했으며, 미국 의회를 통해 우크라이나에 제공되는 전쟁지원금의 상당 부분이 미국 내의 군산복합체를 통해 민주당 관련자들에게 돌아갔다. 트럼프 2기 정부가 USAID[20]의 자료 조사를 통해 최근에 이를 폭로한 바 있다.

젤렌스키는 트럼프 2기가 시작되자 미국이 그동안 1,800억 달러를 지원했으나 자신은 750억 달러밖에 받지 못했다고 자백했다. 바이든은 임기 만료 직전에 큰 아들 헌터의 우크라이나 부정부패 관련 혐의를 포함한 일체의 형사적 피의사실에 대해 미리 사면권을 행사했다.

결국 이 전쟁의 핵심 당사국은 미국이다. 그것이 이 전쟁을 대리전, 혹은 프락치 전쟁이라고 부르는 이유이기도 하다. 미국 정부가 2013년에 우크라이나에서 유로 마이단[21]으로 친러 정부를 전복한 이후 친미 정권을 수립하고, 지속적으로 네

---

19 최근에는 트럼프 2기 정부의 파나마 운하 반환 요구와 관련해, 항구 운항권을 홍콩 회사로부터 인수하기도 했다.

20 트럼프 2기 정부의 USAID 폐쇄 관련한 트럼프의 입장은 다음의 기사를 참조. 김병철, 「트럼프 '전례 없는 수준으로 부패'…'USAID 폐쇄' 방침 재확인」, 〈연합뉴스〉, 2025. 2. 8.

21 우크라이나 유로 마이단(유로 광장) 혁명은 다시 친러 대통령을 교체하기 위해 미국의 네오콘이 지원한 폭동이었다.

오나치 군대를 양성하고, 막대한 무기를 제공하며 결정적으로 바이든 정부가 우크라이나의 나토 가입 의사를 지지해 러시아로 하여금 무력도발을 부추겼고 거의 모든 전쟁 무기와 기술 지원, 전쟁 자금의 대부분을 부담하고 있을 뿐 아니라 러시아와 함께 종전협정의 실질적 당사자이기 때문이다.

분명한 것은 이 전쟁이 미국과 러시아라는 두 강대국 사이의 제국주의적 패권 경쟁의 결과 발발했다는 것이다. 1991년 소련 몰락 이후 러시아는 미국의 지속적인 견제와 2014년 크림전쟁 이후 경제 제재 속에서 미국 주도의 국제금융시스템으로부터 축출되자 브릭스를 통해 탈달러 국제금융시스템을 주도하거나 중국과의 외교 및 군사적 공동 대응으로 패권적 이익 수호에 나섰기 때문이다.

신재길은 이 패권적 이익 중 가장 큰 것이 독일의 러시아산 에너지 매입이었다고 본다. 따라서 엄밀히 말하면, 미국과 러시아 사이의 전쟁이 아니라 미국과 유로, 그중에서도 독일과의 전쟁이라고 보기도 한다. 이 전쟁으로 가장 큰 손실을 본 것은 러시아와 우크라이나지만, 독일이 그다음으로 큰 손실을 봤다는 것이다. 유럽 내 최대 제조강국으로서 독일은 그동안 러시아의 값싼 에너지 제공의 혜택으로 성장해왔기 때문이다(신재길, 2023; 47~49).

이 시점에서 3대 군사력 강국이자 최대 핵보유국인 러시아를 상대로 왜 미국은 우크라이나를 앞세워 전쟁을 도발하고, 3년이 넘는 시간 동안 전쟁을 지속한 것인지 의문이 들지 않을 수 없다. 특히 민주당 네오콘 대외정책의 뿌리를 제공한 오바마 정부는 유럽에서 아시아로, 즉 '피봇(Pivot) 투 아시아'라는 슬로건을 표명한 이후 미국 내에서 미국의 군사력과 외교력을 대중국 정책에 집중하는 듯 보였었다.

그러나 네오콘 내부에서는 관성적으로 지난 1990년대 이후 10년간 그랬던 것처럼 유럽 내에서 러시아를 약화시키고 분열시켜 막대한 경제적 이익을 수탈하고자 했던 세력이 대러시아 적대 정책을 지속했다. 물론 동맹이라는 이름으로 유럽 내의 지배계급 중 동조세력인 EU집행부와 각국 정치엘리트들도 동일한 이익을 공유하고자 했다.

또한 국무부와 국방부의 네오콘은 유럽에서 러시아를 먼저 제압해야 차후에 중국과의 대결에서 승산이 있다고 계산했으며, 독재자 푸틴에 저항하는 민주주의 서방진영의 전사로 포장된 우크라이나 지원으로 동맹들을 규합하는 데 성공했다. 전쟁 초기에 미국의 러쏘포비아[22]에 휘둘린 유럽 좌

---

22 루카치는 20세기 전반기 유럽에서 식민주의를 정당화하기 위한 인종주의적 우생학과 인류학, 니체류의 반이성주의, 퇴폐주의 등이 어떻게 유럽에서 광적인 민족주의의 발흥에 지적 자원이 되었는지 비판한 바 있다(루카치, 1997). 독일이 2차대전 후에 유럽 반유대주의를 유럽 정복의 이데올로기로 차용한 대가를 치른 것과 동일한 방식으로 이 전쟁이 끝나면 유럽의 러쏘포비아는 유럽에 만연한 타민족 혐오주의의 재현으로서 역사적 평가를 받을 것이다. 중국혐오나 반일민족주의 역시 같은 맥락에서 비판받아야 한다. 문제는 이런 민족주의적 혐오들은 단지 자본 간 국제경쟁의 격화가 만들어낸 이데올로기라는 것이다. 물론 한국도 식민 피지배 민족으로서 피해자라며 반일민족주의를 정당화하지만, 식민지에서도 민족주의는 민족자본의 타민족 자본과의 경쟁, 계급적 지배의 경쟁적 분파라는 측면에서 채택되고 강화

파 정부들은 이 전쟁의 진상을 외면하며 네오콘의 의도대로 우크라이나의 편에서 열렬한 지지자가 되어 경제적 손실을 적극적으로 감내하며 'War Party'에 동참했다(이해영, 2023; 72~73).

그러나 우크라이나가 나토의 군사적 지원에 힘입어 연일 승리 중이라는 거짓선전도 더 이상 먹히지 않을 만큼 전세가 기울기 시작한 2024년에는 유럽 시민들의 반전 여론이 강해져갔다. 2차대전 후에 미국이 주도하는 나토에 방위를 맡긴 채 안정적으로 복지를 누려왔던 서유럽[23] 각국뿐만 아니라 러시아의 값싼 에너지에 기댄 채 유럽 경제 성장을 이끌었던 독일의 제조업까지 타격을 받은 것은 우크라이나 전쟁의 예견된 결과이다.

중국과 인도, 브라질 등은 이 전쟁에 대해 중립을 선택하고, 나아가 서방의 경제 제재에 놓인 러시아와 경제교류 확대(상염걸, 2024), 자국 화폐 무역 거래 및 탈달러 국제금융시스템 구축[24] 등의 국제정치적인 밀착으로 발전하게 만든 것은

된다는 점 역시 환기하지 않으면 민족주의 이데올로기의 보편적 위험성이 과소평가될 수 있다.

23 백승욱은 러시아와 함께 독자적인 유럽 안보 체제를 구성하려 했던 유럽의 기획이 중동문제와 유럽을 엮어 미국 주도의 나토에 유럽을 묶어두려는 미국의 기획에 밀리게 되었다고 본다(백승욱, 2023; 51).

24 박지원은 우크라이나 전쟁 이후 서방에 의한 달러화 자산 동결 등 금융제재가 확대되자 러시아의 탈달러 국제통화 시스템 구축 속도 역시 가속하고 있다고 본다(박지원, 2023). 이호건과 김영진(2021)은 러시아의 탈달러화의 원인에 대해 달러기반 국제금융시스템을 국제정치의 무기, 즉 반서방 혹은

바이든 정부가 예상치 못한 결과였다.

우크라이나 전쟁은 또한 서방의 각 정치세력들에게 리트머스 시험지가 되고 있다. 유럽에서는 우크라이나 전쟁을 지지하는 EU와 NATO의 친미 지배계급 분파와 우크라이나 전쟁 지원 반대를 주장하는 각국의 피지배계급 사이에 간극이 생겼다. 유럽 대부분의 좌파는 우크라이나를 지원하자며 지배계급의 정치력에 흡수되어 존재감을 상실하고 있다.[25]

유럽 좌파의 반러·반미 독자 안보 요구의 오래된 역사적 맥락을 이해하더라도(백승욱, 2023; 50), 미국 민주당 네오콘의 '진보' 가치에 이데올로기적으로 동조하는 유럽 좌파의 포스트-맑스주의 담론이 현실의 역사와 피지배계급의 요구와 얼마나 멀리 떨어져 있는지 알 수 있다.

그사이에 우크라이나 난민 지원과 전비 지원 등을 중지하고, 미국이나 유럽연합이 아닌 자국의 이익을 중시하자는 피지배계급의 의사는 전세가 기울수록 응집하는 가운데 기존의

비서구 진영에 대한 금융제재라는 형태로 사용하면서, 미국채 등 달러자산 매도 등을 통한 체제대응전략의 관점에서 분석한다.

25 발리바르가 우크라이나 전쟁에 대한 대책으로 러시아 민중에 의한 푸틴의 제거를 주장하는 것은 87.28%의 지지로 5선 대통령을 만들어준 러시아의 현실을 무시한 좌파의 레토릭으로 받아들일 수 있는 주장이겠으나, 강한 유럽과 나토라는 최후수단 운운에 이르면 그의 현실 인식에 안타까운 마음까지 들게 된다. 지젝 역시 '유럽 단결의 가치'를 강조하며 우크라이나의 편에 확실하게 서라고 주장한다. 좌파의 두 거두는 촘스키가 제안한 빠른 종전 협상 요구에 반대를 표명함으로써 실질적으로는 친미적 유럽 지배계급 분파와 같은 정치적 자장에 속한다는 사실을 다시금 확인하게 된다(이해영, 2023; 20~22).

유럽 극우정치가 이를 대변하며 정치적 영향력을 확대하고 있다. 값싼 러시아산 에너지와 우크라이나의 곡물에 직접적으로 영향을 받는 관련 국가들을 비롯해 전쟁으로 인한 인플레이션까지 더해지며 유럽 국가들의 기존 친미 정부들이 각종 선거에서 대패했다(정빛나, 2024). 무엇보다도 2024년의 미국 대선에서 바이든 정부의 우크라이나 전쟁 지원에 대한 반대와 우크라이나 및 가자 전쟁의 종전을 표명한 트럼프가 대선에서 승리했다.

결론적으로 미국 민주당의 네오콘과 유럽 친미 지배계급이 과거의 관성에 따라 우크라이나 전쟁을 유발하고 지속하려한 것은 탈세계화와 다극화라는 새로운 국면에서는 구체제의 끝자락을 스스로 마무리하는 결정이었으며, 역행적 탈세계화라는 미국 헤게모니의 재실물화 국면에 걸맞지 않은 부조응의 실패를 확인시키는 역사적 의미를 갖는다. 결국 우크라이나 전쟁을 국제질서 개편의 변곡점으로 작용하게 만듦으로써 트럼프 2기를 촉발해 새로운 국제질서의 가능성을 앞당기게 만들어주었다고 봐도 과하지 않은 판단일 것이다.

5. 트럼프 2기의 국제정치질서 재편

우크라이나 전쟁이라는 변곡점을 지나며 우리는 미국 헤게모니의 쇠퇴를 실시간으로 확인하게 되었으며, 현실화되고 있는 중국 헤게모니의 도래 가능성[26]도 무시할 수 없게 되었다. 물론 자본주의적 생산양식이 끝없이 새로운 자본축적 체제와 헤게모니 국가의 등장으로 거듭 자신을 갱신하기만 할지, 다음 생산양식으로 혁명적 이행을 맞을지는 예단할 수 없다.

분명한 것은 세계대전의 결과로 이전 헤게모니 국가였던 영국이 산업과 금융 부문에서 모두 파산한 상태에서 전후 미국의 압도적 우위로 인해 미국으로의 헤게모니 이행이 순조로웠던 반면, 현재 다음 헤게모니 국가가 될 가능성이 높은 중국에 대한 미국의 견제와 저항은 파국적 형태일 가능성도 배제할 수 없는 상황이라는 것이다. 두 국가 모두 핵무력을 갖춘 군사력 강국이며, 러시아라는 변수도 존재하기 때문이다.

따라서 민주당 네오콘 세력은 본격적인 중국 제압 이전에 러시아라는 변수를 통제하려 했다. 그러나 1991년 이후의 오랜 시간 동안 수행된 러시아 분할이나 소모 공작의 집약점이었던 우크라이나 전쟁의 패배로 확인된 것은 미국과 나토의 무능력과 쇠락이었으며, 수만 건의 경제 제재에도 불구하고 러시아 전시경제의 안정적 구조 및 효과적인 선진 무기체계

---

26 공민석(2024)은 중국이 세계화와 자유무역주의를 유지하고, 자국 주도 국제 질서 구축 시도를 지속하고 있으나, 중국의 연평균 성장률 정체와 중국 쇠퇴론의 대두를 통해 드러난 취약성으로 인해 중국 헤게모니로의 이행을 비관적으로 전망한다.

와 전쟁능력이었다. 2024년에 이르면서 러시아가 승리했고 미국과 나토가 패배했다는 사실은 자명해졌다.

트럼프는 공화당 내부의 반네오콘 세력을 대표한다. 곧 지나간 금융세계화시대를 운영하던 국제경제질서 구조가 더 이상 작동되지 않으며, 새로운 국제경제질서로의 전환을 통해 미국이 다시 제조능력을 확보하고, 중국의 급부상을 견제하면서 더 이상 작동하지 않는 단극 패권적 국제정치질서도 다시 개편하겠다는 의지를 그 자신의 언어, 곧 '아메리카를 다시 위대하게(MAGA)'라는 표어를 통해 반복적으로 표명했다.

트럼프 2기 정부는 먼저 세계화시대의 자유무역주의에서 탈세계화시대의 보호무역주의로의 전환을 공고히 하고 있다. 특히 트럼프는 2025년 4월 2일을 미국 '해방의 날'이라며 전 세계를 대상으로 한 상호관세 부과를 선언했다. 미국은 부당하게 제조업을 강탈당했으며, 미국이 그들 국가로부터 제조업을 다시 빼앗아 오는 것이 곧 미국의 '해방'이라는 것이다.[27]

또한 미국의 국가부채와 이자부담을 주변국들에게 전가하기 위한 '마러라고 합의', 곧 미국 100년물 국채 강매[28] 등 달러패권 유지를 위한 정책 및 주요 무역 상대국들에 대한 고관

---

27   최승진, 「'3번째 임기' 야욕 드러낸 트럼프… "미국 해방의 날" 자화자찬」, 〈매일경제〉, 2025. 4. 3.

28   최은정, 「'미 100년물 국채 강매' 마러라고 합의 불붙나… 한경제 득과 실은」, 〈조선비즈〉, 2025. 4. 14.

세[29]와 리쇼어링을 추진하는 동시에 제조업에 값싼 에너지를 공급하기 위해 미국 영토 내의 석유 및 천연가스 채굴을 늘려가는 저유가 정책[30]을 표방하고 있다.

2025년 1월 20일에 출범한 트럼프 2기 정부는 집권하자마자 러시아와의 종전 협상을 시작한다. 그러나 트럼프와 푸틴의 협상은 단지 우크라이나 전쟁 처리 문제에 국한되지 않았다. 지난 2025년 3월 며칠 동안 열린 사우디아라비아의 리야드 고위급 회담에서는 우크라이나 문제보다 중동과 한반도, 중국 등의 국제정치적 문제들과 미국과 러시아 사이의 향후 경제 협력 및 경제 제재 해제 등과 같은 문제들이 주로 다루어졌다.[31]

미국과 러시아의 양자 간 대화는 2차대전 이후 얄타회담과 마찬가지로 승전국으로서 러시아가 쇠퇴하는 헤게모니 국가인 미국과 함께 전후 국제정치질서 재편, 곧 다극체제[32]의 큰

29　미국은 미국과 교역량이 많고 미국에 적자를 발생시키는 국가들을 대상으로, 특히 한국에 25%의 상호관세를 부과하는 등 WTO체제와 FTA를 무력화시키는 탈세계화 조치들을 임기 초반에 쏟아내고 있다(이민우, 「미, 한국에 25% 상호관세⋯FTA 무력화」, 〈농민신문〉, 2025. 4. 5.).

30　민주당의 네오콘이 우크라이나 전쟁을 통해 고유가로 이익을 보는 에너지 자본을 대변했다면, 트럼프는 우크라이나 전쟁 종식과 유럽 주도의 탈탄소 의제에서 탈피해 역시 에너지 자본을 대변하려 한다. 곧 저유가 정책을 통해 더 많은 석유 및 가스를 판매토록 하는 것이며, 고관세로 인한 인플레이션 압력을 상쇄하려는 것으로 볼 수 있다.

31　유라시안 인사이트, 「러시아-미국, 리야드 협상 결과」, 〈유라시안 인사이트〉, 2025. 2. 18.

32　채만수(2024)는 이를 다극적 제국주의라고 분석한다. 문정인(2021)과 홍

그림을 함께 그리겠다는 의지의 표명, 그러니까 혹자는 얄타 체제 2라고 명명하는 극적인 변화가 시작된 것으로 볼 수 있다. 물론 우크라이나 전쟁을 지속하려는 EU의 기존 지배정치 세력과 우크라이나 네오나치 정부의 저항이나 아메리카 지역 패권 추구로 인한 유럽과 캐나다, 그린란드 등 기존 동맹국 지배계급의 저항 역시 걸림돌로 작용할 것이다.

그러나 좌충우돌하는 것처럼 보이는 가운데서도 트럼프 2기 정부의 일관된 방향성은 다음과 같이 요약 가능하다. 먼저 우크라이나 전쟁과 관련된 나토와 러시아에 대한 급격한 전략 변화이다. 곧 1기 정부 시절에 나토의 군비 확충 요구가 맥락 없는 것으로 여겨졌던 반면, 나토 회원국들에 대한 GDP의 5% 군사비 요구는 우크라이나 전쟁에서 보여준 유럽 나토국가들의 무기력에 비춰 설득력을 얻고 있다. 우크라이나 전쟁의 종료를 앞두고 전쟁 지속을 주장하는 나토의 주도국, 특히 영국과 프랑스의 강한 호전성은 스스로 군비 증강을 선택하지 않을 수 없도록 강제하고 있다.[33]

금융세계화로 독일을 제외하면 제조 기반을 상실한 유럽

호평(2022)은 주로 미국과 중국 사이의 '신냉전'이라는 개념으로 분석하지만, 중국도 최근에는 '다극 무역 체제(이벌찬, 「트럼프발 관세 전쟁 속 밀착하는 EU·중국… 7월 최고위급 회담 개최」, 〈조선일보〉, 2025. 4. 8.)'나 다자주의를 외교에서 적극 활용하고 있다.

33 영국과 프랑스가 우크라이나 전쟁을 그만둘 수 없는 것은 우크라이나 국채와 파생상품을 대량으로 판매하고 구입한 자국 자본가들의 손실 보전 대안이 없기 때문이라는 이유도 있다. 특히 영국은 미국보다 앞서 우크라이나와 광물 등 자산 관련 협정을 맺었다.

각국이 복지의 상당한 축소에도 불구하고, 전후 복지국가의 형식을 유지할 수 있었던 기반은 GDP 대비 군사비의 복지비용으로의 사용에 있었다. 유럽이 복지와 안보를 다시 맞바꿀 수 있을지 여부는 알 수 없으나 그동안 러쏘포비아와 우크라이나 전쟁 지원을 정당화한 유럽 내의 네오콘 추종 지배세력에게는 피할 수 없는 현실이 되고 있다.

두 번째로 2025년 트럼프 2기 임기 시작 직후의 뮌헨안보회의에서 벤스 부통령의 연설에서 드러났듯이 유럽 내의 네오콘 추종 세력 비판과 유럽 극우 정치 지지를 통한 서구 가치 동맹의 파괴이다. DOGE를 통해 미국 행정부 내부에서 민주당 네오콘 집단을 일소한 트럼프 2기 정부는 유럽 내에서도 이들과 연계된 지배계급 분파들을 배제하고 있다. 이에 대한 유럽의 기득권 지배계급은 우크라이나 전쟁 지속이나 향후 유럽 안보를 위한 공동 대응을 확대하고 있다.

트럼프는 기존의 네오콘 세력이 수행한 우아한 거짓말로 포장된 PC 혹은 DEI(Diversity, equity, and inclusion) 이데올로기, 내정 개입과 전쟁 유발 등의 오랜 방식이 낳은 여러 부작용들을 지우고, 현실주의적이고 새로운 방식의 국제정치질서 재편을 수행하면서 과도한 전쟁 수행과 내정 간섭을 줄여 미국의 대외적 힘을 대중국 태평양 전략에 집중하겠다고 했다. 그러나 트럼프 2기 정부 내의 국무부장관과 백악관 안보

보좌관 등을 비롯한 기존의 네오콘 세력[34]과 정부 밖의 민주당 네오콘 세력이 저항하는 힘 또한 무시할 수 없다.

결국 제한된 자원을 미국의 경제적 부흥에 집중하는 미국 우선주의, 곧 아메리카를 다시 위대하게 하기 위한 미국 이외의 모든 국가들에게서 노골적인 약탈을 수행하는 한편, 미국 달러 패권을 유지하기 위한 탈달러 원심력에 대한 제재를 추진하겠지만, 이는 금융세계화의 선순환이 불가한 상황에서 탈세계화의 악순환을 가져올 가능성을 높인다. 따라서 한국과 대만, 독일 등의 제조 기반을 빼앗아 미국으로 이식하고, 파나마 운하의 운영권을 미국 금융운용회사인 블랙록이 매입하게 하며, 그린란드 매입 여론을 조성하고, 캐나다의 51번째 주로의 편입을 공공연히 밝히는 데서 그치지 않을 것이다.

또한 단극 패권이 불가능해짐에 따른 대안으로서 다극 패권이 가능할 수 있지만, 어디까지나 중국을 견제하기 위한 과도적 지역 패권국 주도의 국제정치질서일 가능성이 높으며, 이 과정에서 각 지역 비패권국의 주권적 이익 또한 희생될 가능성이 높아질 것이다. 무엇보다도 다극적 패권 질서가 필연적으로 가져올 힘의 불균형과 재조정 과정에서 높아지는 제국주의적 전쟁의 가능성이 상존한다. 백승욱은 우크라이나

---

34 러시아와의 2025년 3월 협상이 미국 측의 '일시적 휴전'에 집중된 반면, 러시아는 장기적이고 영구적인 종전 및 우크라이나의 나토 비가입과 러시아 민족 거주 지역의 러시아 편입 등과 같은 구조적 해결책을 요구해온 것과 배치된다. 이 같은 러시아와의 대화 전략은 트럼프 2기 정부 내의 네오콘 전략이 여전히 작동한다는 추측을 가능케 한다.

전쟁과 한반도의 전쟁 위기가 연결되어 있다고 경고한 바 있다(백승욱, 2023).

6. 국제질서 급변과 한반도 민주주의

2024년 12월 3일에 발생한 윤석열의 시대착오적이며 퇴행적인 친위 쿠데타는 그에 대한 저항에 따른 탄핵 인용으로 실패했다. 한편으로는 동아시아 최고의 민주주의 국가, 혹은 세계적 수준의 민주주의 달성 국가라는 서구의 인정을 무색게 하는 쿠데타의 발생이었다. 다른 한편으로는 그에 대한 전 국민적 저항과 법률적 절차를 통한 대통령 탄핵과 대통령 선거의 과정을 통해 부르주아 민주주의의 위기와 극복 가능성을 다시 확인시키는 역사적 순간이 만들어진 계기이기도 했다.

이 글에서는 윤석열 쿠데타의 국내정치적 맥락은 잠시 사상하고, 국제질서 급변기 속에서 발생한 한반도 민주주의의 위기 측면을 중심으로 살펴보려 한다.

한국은 2차대전 후 유일하게 개도국에서 선진국으로 도약한 국가이자, 수출 중심 경제를 통해 신자유주의적 금융세계화의 기간 동안 미국과 중국의 사이에서 그 수혜를 가장 많이 입은 국가이기도 하다. 따라서 바이든 정부 시절에 대중국 반도체나 배터리 투자를 제약당하며 대미 투자 1위 국가가 되었고, 미국 내의 새 일자리 형성에도 가장 많이 기여한 국가

가 되기도 했다.[35]

또한 트럼프 2기 첫 의회 연설에서 알래스카 천연가스 개발을 압박받았으며, 현대자동차의 미국 루이지애나에 대한 31조 원 신규 투자 발표[36]에도 불구하고, 4월 3일 트럼프 정부의 상호관세 25%의 대상국이 되기도 했다. 동시에 미국의 건함 능력 저하로 인한 군함 수리를 위탁한 첫 해외 국가이기도 하다.[37]

한국의 국제정치질서 속에서의 역할은 미국이 대중국 적대정책을 시작한 '피봇 투 아시아' 이후에 두드러지기 시작했다. 오바마 정부 이후 한국은 미국의 대중국 군사동맹의 핵심적 국가로서 우크라이나 전쟁과 관련한 대러 제재에 적극적으로 참여하는 동시에 미국을 통한 우회적 무기 지원 등과 같이 국제적 사안에 깊이 연관되어 선진국이자 주요 동맹국으로서의 역할을 요구받고 있는 중이다.

특히 주목할 만한 사실은 미국의 요청에 의해 유럽방위조약인 나토의 외교장관 회의에 한국과 일본의 참석이 2025년 현재까지 4년 연속 꾸준히 이어지고 있다는 것이다.[38] 이는

---

35 조재현, 「한국, 사상 첫 '미 최대 투자국' 됐다」, 〈조선일보〉, 2024. 9. 20.

36 신정은, 「[취재수첩] 현대차 미국 투자의 국내 파급효과」, 〈한국경제〉, 2025. 3. 27.

37 정한국, 「K조선의 미함정 수리 6개월… 도면 없이 뒤틀린 방향타 등 수백 곳 손봐」, 〈조선일보〉, 2025. 3. 14.

38 정지혜, 「조태열, 나토 외교장관회의 참석… 한 4년 연속 초청」, 〈세계일보〉, 2025. 4. 1.

나토가 미국의 60%에 이르는 일방적 방위비 부담 속에서 우크라이나 전쟁을 수행하며, 군사적 자산을 소진한 가운데 무엇보다도 한국이 보유한 군사력과 재래식 재고 무기들을 유럽 전장에 끌어들이려는 의도도 포함된 것이라고 볼 수 있다.

우크라이나와 가자 전쟁을 통해 분명해진 사실은 미국이 유일패권을 구가하던 시절에 수행한 약소국이나 일부 테러집단에 대해 보여주었던 제한된 전쟁 수행능력이 아프가니스탄의 패배에서 보듯 실은 과장된 것이었으며, 미국은 결코 2개 이상의 전선을 유지할 만한 무기 재고량은커녕, 러시아나 중국과 같은 강대국과 전면전을 수행할 능력도 가지지 못했다는 것이다. 따라서 우크라이나 전쟁과 같은 상황이 발생했을 때 한국이라는 서방에서는 유일하게 다량의 재래식 무기 보유와 방위산업 제조능력을 가진 국가에 기대지 않을 수 없다는 것이다. 무엇보다도 한국군은 서방에서는 130만의 미국 다음으로 많은 50만의 지상군을 보유하고 있는 국가이다.

이것이 패전이 확실해진 2024년 내내 러시아의 쿠르스크 지역에 대한 북한군 파병과 관련된 미국 기획의 우크라이나발 가짜뉴스 양산의 직접적인 이유일 것이다. 이에 대한 한국 국정원과 KBS의 공조 뒤에는 불리한 전황에도 불구하고 한국을 이용해 이 전쟁을 지속하려는 미국 민주당 네오콘 세력이 있다고 추정하는 합리적인 근거이기도 하다.[39]

---

39 윤석열 탄핵 국면에서 홍장원 제1차장이 주요사항을 적은 메모지에 우크

그러나 2024년 11월에 트럼프의 당선이 확정되자, 윤석열 정권은 예정된 우크라이나 국방장관 등의 방한에도 불구하고 추가적 무기지원 등과 관련한 요청을 거절하며 돌려보낸다. 또한 트럼프는 2025년 1월 20일 취임을 앞두고 거듭 북한과의 관계 개선을 언급했다. 즉 트럼프 2기 정부에서는 1기 시절에 최종적으로 완료하지 못한 북한과의 종전선언과 관계 개선이 이어질 것이라고 누구나 예측할 수 있었다.

윤석열 정부는 우크라이나 전쟁 발발 즈음에 집권한 이후 지속적으로 북한과의 군사적 대결과 긴장 조성에 애를 써왔다. 대북 삐라 발송과 확성기 사용을 재개했고, 심지어 무인기를 평양에 직접 침투시켰으며, 북한의 남북 간 연결 도로 파괴나 대전차 방벽과 같은 대응 속에서도 지속적으로 북한을 군사적으로 자극해왔다. 가장 결정적으로는 계엄 선포 일주일 전에 김용현 전 국방장관이 오물풍선을 보낸 북한 원점에 대한 직접 타격을 지시했으나 합참의장이 거부함으로써 실현되지 못했다는 사실도 밝혀졌다.[40]

라이나 정보기관의 마크가 있었다는 사소한 증거부터 우크라이나 정보부와 한국 국정원이 확보한(?) 북한군이라고 주장하는 이들의 인터뷰에서 사용된 남한식 표현과 그들의 남한 망명 요구 등등 최종적으로는 미국의 사주하에 우크라이나와 남한 정부가 우크라이나에 대한 병력 및 무기 제공을 위한 남한 여론 조성용 공작을 수행한 것 아닌지 의심되는 대목이 여럿이다. 최근에는 러시아와 우크라이나의 국제적십자사를 통한 전쟁시신 교환에 우크라이나 측의 주장에 따르면, 500명 이상 사망했다는 북한군은 전혀 등장하지 않았다는 새로운 증거도 나오고 있다.

40 이덕영, 「계엄 전 대북 '원점타격' 지시… 국지전 유도?」, 〈MBC〉, 2024.

한 가지 추론을 제시하자면, 미국으로부터 우크라이나에 대한 직접적인 무기 및 병력 지원의 압박을 받고 있던 윤석열이 국지전 유발 후에 비상계엄을 통해 야당을 제압하며 국내 여론을 무마하고 이를 수행하려던 계획을 트럼프 당선이라는 예기치 못한 사건을 맞아 미국의 동의 없이[41] 무리하게 벌였다는 것이다.

앞서 북한에 대한 국지전 도발이 지속적으로 이어졌음에도 북한이 소극적으로 대응한 데는 러시아와의 군사동맹과도 연결되어 있다. 따라서 2024년 여름에 이루어진 북러군사동맹의 효과는 여럿[42]이겠지만, 가장 주요하게는 러시아가 우크라이나 전쟁과 한반도 종전을 동시에 관리하기 위해 한반도 문제에 개입한 것으로 해석 가능하다.

곧 북러 사이의 '포괄적인 전략적 동반자 관계에 관한 조약' 비준서가 12월 4일에 공식 발효되면서 만약 북한에서 전쟁이 발발하면 러시아는 자동으로 참전하게 된다. 윤석열의

---

12. 8.

41 미국의 동의 여부는 어디까지나 추정이지만, 이 사건 이후 미국 정부와 한국 정부 사이의 의사소통 단절이나 미국 정부 측의 국회 계엄 저지와 탄핵 과정에서 보여준 지지발언들에서 간접적으로 확인할 수 있다.

42 2024년 6월 조약 체결 이후 북러 간의 군사협력은 북한의 입장에서는 재래식 무기 및 노동력 수출과 러시아의 에너지 수입으로 향후의 경제 제재 해제와 개방에 대비한 사회 인프라 구축의 비용 확보 측면에서 아주 유용하다. 최근에 북한 내의 20개 공단 조성과 평양의 사회 인프라 확충 등의 건설이 완료된 것이 이를 입증한다. 임을출(2024)은 북러 간의 경제 및 사회분야 협력도 2024년 한 해에만 40여 차례 국가 간 상호 교류 속에서 확대 범위를 넓히며, 지속적으로 강화되고 있다고 강조한다.

친위 쿠데타가 발발한 바로 다음 날이다. 우크라이나와 전쟁 중인 러시아로서는 한반도의 전쟁 발발은 여러 면에서 부담스러운 일이며, 북한으로서도 트럼프와의 향후 북미 종전협정 등으로 시작될 한반도 평화체제 실현에 결코 도움이 되지 않을 것이다.

결국 윤석열의 내란 및 외환 획책은 이런 외부적 압박과 전 세계적 경제 및 정치 전환기를 거치는 사이에 확산된 민주주의의 후퇴가 휴전국가인 한반도를 관통하며 가시화된 매우 상징적인 사건이라고 볼 수 있다. 곧 자본주의 세계체제의 전반적 위기 및 전환 국면의 보편성 속에서 준전시 국가 지배계급의 특정 분파가 상대 분파를 제압한 후에 장기집권을 하기 위해 군대를 동원해 내란과 외환을 유발하려 한 것이었다.

대외적으로 각국이 국익 중심주의를 표방하며 미국 이익에 기초한 동맹 질서로부터 벗어나고 있는 전환기에도 불구하고, 한국의 지배계급은 한반도의 특수 상황으로 인해 미국에 대한 종속성에서 벗어나기 어렵다는 구조화된 압력이 있다. 즉 중국에 첨단 제조업을 추격당하며 경쟁을 완화시킬 시간을 벌어야 하므로 미국 경제의 구심력에 의지하지 않을 수 없는 동시에 휴전국가로서, 또 구소련의 미사일 기술 활용과 미국의 미사일 사거리 제한이 열어준 방위산업 제조능력으로 미국이 채우지 못하는 서방 무기고를 채우는 등의 이익도 포기할 수 없기 때문이다.

윤 정부의 외환 조작을 동반한 친위 쿠데타에는 거대 야당이 장악한 국회의 행정부 견제, 그리고 윤석열 가족 비리 수사 확대와 같은 국내정치 역학관계의 원인도 있다. 그러나 국제질서의 다극화와 탈세계화 경향으로의 전환 속에서, 러시아와 미국 양자로부터 받는 국제정치적 압박 속에서 트럼프의 재집권이라는 예상치 못한 변화가 다가옴에 따른 무리한 시도가 결과적인 실패로 이끌었다는 측면에서 국제정치 역학의 원인도 강하게 작용했다.

결국 윤석열이 시도한 북한과의 국지전 도발을 통한 우크라이나 전쟁 확전과 북미 종전협정 지연의 기획은 한국 사회 내부의 저항과 더불어 국제 정치질서의 압력에 의해 가로막혔고, 이것이 한반도 전쟁이라는 외환을 핑계로 한 친위 쿠데타 정당화를 실패로 이끌었다고 볼 수밖에 없다. 곧 국제질서의 급격한 변화과정에서 각국 사이의, 그리고 국가 내부의 지배계급 분파 사이의 극단적인 이해대립이 정치적 극우화나 민주주의의 형식성마저 위협하는 보편적 위기의 한반도적 발현이었다.

7. 나오며

1950년에 발발한 한국전쟁이 전후 미국 헤게모니하에서 냉전질서를 고착화시키는 변곡점으로 작용했던 것처럼, 윤석열의 친위 쿠데타는 우크라이나 전쟁과 함께 미국 반네오콘의 현실주의 다극적 국제질서 전환에 따른 서구 민주주의 위기의 변곡점으로 작용했다고 볼 수 있다.

미국 헤게모니 쇠퇴의 역사적 진화를 되돌리려는 재실물화 국면, 곧 제조능력 복구를 추구하는 미국 지배계급에 의한 탈세계화된 다극화 질서로의 급격한 전환 속에서 윤석열의 친위 쿠데타는 이 변화를 저지하려는 역사적 부적응이었으나, 그 실패로 인해 한반도를 포함한 국제정치질서 재편의 걸림돌인 자신을 스스로 제거하게 만듦으로써 다음 정부의 시작을 앞당긴 사건이기도 했기 때문이다.

무엇보다도 국제경제의 구조 변화와 그에 조응하는 국제정치의 구조 변화 속에서 자본주의 세계체제를 재편하려는 지배계급 분파와 저항하는 분파 사이의 이해 대립이 격렬해지며, 형식적이고 절차적인 부르주아민주주의의 위기[43]가 심

---

43 유럽의회 선거나 서유럽 의회 선거에서 극우파 정당들은 우크라이나 전쟁 지원 중단, PC주의 반대, 전통 가치 복원 등 친미적 지배계급 분파, 곧 신자유주의 세계화시대를 대변하던 구세력에 대한 선 긋기에 더 집중해서 승리했다는 점에서 20세기 극우파와는 다른 정치적 맥락과 양상을 드러내고 있다. 문제는 오히려 미국 네오콘의 지원으로 성장한 유럽의 친미적 지배계급 세력들이 선거 패배 이후에 루마니아와 조지아, 몰도바의 사례처럼 러시아의 선거개입과 같은 거짓선전과 함께 선거부정을 핑계로 정권 이양을 미루거나, 재선을 요구하는 것과 같이 서구 대의민주주의의 형식성도 스스로 부정하는 데서 발견된다. 더욱 놀라운 일은 프랑스에서 벌어지고 있다. 그동안의 거짓된 우크라이나 전황에 관한 대안적 매체의 역할을 수행했던 텔레그램의 CEO인 두로프를 체포해 기소했으며, 극우로 낙인찍힌 '국민전선'의 르펜 당수 등에 대해 향후 5년간 대선 출마 금지 판결을 통해 정치적 활동을 제약했다. 기존의 극우뿐 아니라 극우로부터 극좌라고 오해받는 양 세력 모두 서구 민주주의의 형식적이고 절차적인 성격을 와해시키는 아이러

화되고 있다는 방증이기도 했다.

20세기 전반기의 양차 세계대전 국면이 제국주의적 선진 국 자본들 간의 경쟁 격화에 따른 것이었으며, 그것은 국가주의 혹은 민족주의에 기초한 군국주의화, 즉 제국주의적 경쟁의 대규모 전쟁으로의 발현이었다는 점을 상기할 필요가 있다. 자본 간 경쟁이 심화할수록 지배계급 분파 간의 경쟁이 심해지는 동시에 세계시장에서 경쟁하는 타국의 자본을 제압하기 위해 자국의 군사력을 동원해 전쟁을 수행토록 할 가능성도 높이기 때문이다.

그나마 다행인 것은 트럼프 1기에 이어 2기 정부에서도 중국과의 대결에 집중하면서 한국전쟁 종전선언과 북한과의 관계 개선, 나아가 북한 개방에 관해서는 일관된 외교정책을 진행해왔다는 점이다. 미국의 리쇼어링이 주요 산업 및 첨단산업을 중심으로 이루어질 수는 있어도 중국이 공급해왔던 저가 소비재와 중간재 생산을 대체할 새로운 '세계의 공장'이 필요한 시점에서 북한은 좋은 대안이 될 수밖에 없기 때문이기도 하고, 미국이 대만전쟁과 한반도전쟁을 동시에 수행할 수 없기 때문이기도 하다.

중국에 대한 고관세 부과로 물가 상승 압력에 노출된 미국 경제의 불안정성을 상쇄하고, 북극항로 개발에 한반도가 주요 해상 물류기점의 역할을 하지 않을 수 없다는 점 등을 감

니가 빚어지고 있는 것이다.

안한다면 한반도 평화체제의 안정화는 미국으로서도 포기할 수 없는 이익일 것이다.

우크라이나 전쟁과 가자 전쟁, 그리고 이란 위기 등을 거치며 세계인들이 확인하는 것은 미국 헤게모니의 동요, 그리고 러시아나 중국 등과 공존하는 다극적 패권 시대를 돌이키지 못할 것이라는 점이다. 그러나 미국의 제조능력 복원 시도와 다극적 패권 인정에도 불구하고, 트럼프 2기 정부의 미국우선주의와 동맹 파괴는 그에 저항하는 서구 지배계급 분파들과의 각축 속에서 미국 헤게모니의 몰락을 가속화할 가능성도 높일 것이다.

우리는 탈세계화와 다극화가 지난 신자유주의적 금융세계화와 일극패권의 대안이 될 수 없다는 점을 안다. 탈세계화와 다극화는 다만 미국 지배계급 중 한 분파의 대안일 뿐이다. 금융세계화의 국면 동안 노동유연화와 비정규 노동의 확산, 자산 양극화가 가속화되었으며, 이주 노동과 난민의 급증이 가져온 전 세계적 갈등의 확산 속에서 금융세계화의 모순이 해결되지 않은 채 절차적 민주주의마저 위협받고, 대규모 전쟁의 가능성도 고조되고 있기 때문이다.

혐오정치
: 혐오와 포퓰리즘의 이형 민주주의

강순우

들어가며

세계적으로 막대한 영향력을 행사하는 미국 대통령 선거가 있던 날 세계의 관심은 트럼프의 재집권 여부에 쏠렸다. 세계 곳곳이 보내는 우려의 시선에도 불구하고 그는 다시 대통령으로 당선되어 트럼프 2기 시대를 맞이했다. 1기 집권 시, 그의 예측하기 어려운 정치 행보는 국제 사회를 당황과 긴장 관계에 놓이게 했고 세계는 그를 부담스러워했다. 2016년, 정치 무대에 등장한 그는 '미국을 다시 위대하게'라는 슬로건으로 백인 우월주의를 내세웠으며 상대적으로 다른 쪽을 향해서는 혐오 발언을 쏟아내며 유권자를 자극했다. 그는 곧 멕시코 불법 이민자를 방지한다는 목적으로 미국과 멕시코 사이에 장벽을 세우겠다고 발표해 세계는 다시 놀랐다. 트럼프의 이민자 혐오는 유색인종 혐오로 확대되고, 유학생들 사이에서도 불안감이 커지면서 큰 파장이 일었다.[1] 자국 우선주의는 기후 대응이 자국의 경제적 부담을 안겨준다는 이유로 환경 및 국제협약 탈퇴를 선언하는 과정에서도 그대로 드러났다.[2] 이는 1989년 베를린 장벽이 무너지면서 냉전의 벽이 허물어지고, 2000년 밀레니엄을 맞아 국경의 의미가 희석되어 국가 간 이동이 자유로워진 지 오래며, 한 국가의 문제가 세계의 문제이자 한 국가의 안녕이 세계의 평화와 직결되는 시대의 변화를 역행한 것은 물론, 세계시민의 개념을 무색하게 만들었다. 이러한 그의 행보는 다양성을 추구하는 민주주의 가치와도 부합되지 않지만 오히려 민주주의 훼손을 지적하는 언론을 가짜뉴스 생산자로 대응하고 상대 진영을 비난했다. 미국 역대 대선 중 재선에 실패하고 다시 선출된 경우는 처음이 아니다.[3] 그러나 트럼프의 재임을 불안한 시선으로 바라보는 이유는 첫째 미국민의 트럼프에 대한 재선택이 그가 주장하는 차등과 배제의 정치, 능력주의 장려 정책에 힘을 실어줄 수 있고, 둘째 패권국인 미국이 그가 강조하는

---

1   트럼프 2기에서는 출생에 따른 시민권 부여 정책이 수정되어 부모가 시민권이 없으면 추방 대상이 된다는 그의 공언으로 불법 이민자 정책은 더욱 확대 및 강화될 것으로 보인다.

2   "트럼프 눈치 보나" 라는 타이틀이 암시하듯이 트럼프 집권 2기에도 글러벌 리더십 연합체인 NZBA와 모건스탠리, 씨티그룹이 환경협약을 탈퇴하고 그 외에도 탈퇴를 고민 중인 은행들이 증가하고 있다(뉴시스, 2025.01.03).

3   민주당 소속인 그로버 클리블랜드(1837~1908)가 22대와 24대 비연속 재임한 대통령이다.

자국의 희생론으로 이전보다 더 국제질서를 혼란에 빠트릴 수 있기 때문이다. 그는 2기 내각 구성에도 충성심을 기준으로 인선했으며 자신을 적극 지지했다는 이유로 기업가인 일론 머스크에게 직책을 주는가 하면 그를 국무회의에 참여시켜 화제를 불러왔다. 또한 보복 관세라고 해도 무방할 정도의 높은 상호 관세를 제시해 다수의 국가를 위협하며 격동의 시대로 몰아가고 있다.[4]

정성진은 트럼프가 '감정과 도덕적 틀'을 적극 활용함으로써 트럼프 주의를 강화했다고 분석했다. 트럼프는 대중의 고통, 부정과 같은 감정을 사회화시키고 이 감정을 정당화하였으며, 그의 관점에서 적은 난민, 이민자, 가짜뉴스, 부패한 통치 계급이다. 물론 궁극적으로는 정치적 관계인 민주당이 있다(정성진, 2024). 그런데 그의 기준에서 불법자나 적은 상대적으로 약자이다. 그가 외치는 정의와 미국다운 사회 내면에는 법으로 보호되지 않는 사람과 반드시 법을 지키지 않는 사람이 존재해야 한다. 그리고 이들은 곧 적으로 간주된다. 적을 향한 트럼프의 혐오적 발언은 거리낌이 없고 혐오성 행정 명령과 정책화에도 거침이 없지만 견제나 제어할 세력이 없다는 것이 직면한 실정이다.

---

4   트윗 정치를 하는 트럼프는 신년 첫날에 "MAKE AMERICA GREAT AGAIN!"을 다시 올렸다. 캐나다 트뤼도 총리는 당면한 국가적 현안도 있었지만 트럼프의 관세 폭탄 예고가 그의 사임으로 이어지는 결정적 요인이라는 해석도 있다(헤럴드경제, 2025.01.17).

트럼프의 정치 행보는 포퓰리즘의 색채가 짙게 묻어 있다. 그 때문에 그를 포퓰리스트로 보는 시각이 많다. 그러나 그의 포퓰리즘은 그간의 포퓰리즘과는 성격이 다르다. 살펴본 바와 같이 그의 정치에는 특정 대상에 대한 혐오가 수반되어 있다. 트럼프 1기의 포퓰리즘 기류는 영국을 비롯해 유럽에도 영향을 미쳤다. 트럼프의 행보는 또다시 도화선이 되어 포퓰리즘과 맞물린 혐오의 광풍이 거세어질 수 있고 세계는 공존이 아닌 배타와, 평화가 아닌 충돌의 장이 될 가능성이 있다.

현재 한국 사회는 갈수록 심화하는 정치 양극화 현상으로 정치에 대한 냉소주의를 넘어 증오와 분노로 서로를 혐오하기에 이르렀다. 집단주의는 상대 진영에 대한 비하로 나타나고 진영에 동조하지 않거나 반대 의견을 내면 극단적인 언어로 공격한다. 법조인 출신 윤석열 대통령은 법치주의를 앞세워 보수의 아이콘으로 등극하자 포퓰리즘을 통치의 수단으로 삼았다. 자유민주주의에 집착한 그의 정치 신념은 결국 2024년 12월 3일 계엄을 선포하였고 이후 그의 지지자들의 법원 난입 사건은 법치주의와 상반된 행위로서 민주주의 위기를 현실화하였다.

혐오정치는 학문적으로 합의되어 있지 않아 이론적 정의가 힘든 개념이다. 이 때문에 유사한 성질의 개념에 의존하게 되는데 그것이 포퓰리즘과 혐오이다. 그러나 포퓰리즘 역시 주목받은 역사에 비해 여전히 일관된 정의가 힘들다는 것은 포퓰리즘에 관한 연구자들의 공통된 견해이기도 하다. 즉 포퓰리즘은 그 자체로 해석하기는 어렵고 정치 상황의 변화와 지형의 특수성에 따라 정의되고 내용이 구성된다는 것이다. 그런가 하면 혐오도 개인과 타자와의 관계적 관점에 따라 정의와 해석이 달라질 수 있다. 혐오는 개인의 복합적 감정의 영역으로 개인 중심의 감정이나, 이 혐오가 개인의 틀에서 벗어나 대상을 향하게 되면 행위에 따라 개념 정의도 변한다는 것이다. 요컨대, 혐오는 나를 포함하여 상대 즉 특정인이나 집단에 의해 그 형태가 다르게 나타나고 혐오를 유발하는 원인도 동일하지 않다. 경우에 따라 혐오가 위력을 발휘하게 되면 심각한 사회 문제로 확대된다. 이러한 상황은 포퓰리즘과 혐오의 개념이 고정적이지 않고 수사적 형식일 경우 잘 설명될 수 있음을 말한다. 따라서 본 글은 혐오정치를 혐오와 포퓰리즘의 개념에 기초해 파악하였고, 그보다 오늘날 세계 정치 상황에서 드러난 포퓰리즘과 혐오의 기이한 결합에 주목하였다. 구체적으로는 혐오정치를 트럼프 현상과 오늘날 세계정세에서 감지했고 다른 측면에서는 이 현상이 왜 민주주의 국가에서 발생하는가에 대한 의문에서 비롯되었다. 한편, 우리 사회의 정치적 현상에서 혐오정치를 읽을 수 있는가에 대해서는 관점에 따라 이론의 여지가 있을 수 있다. 그러나 우리 사회도 세계적 흐름에서 빗겨갈 수 없을 뿐 아니라 이미 과열된 정치 참여가 대립과 적개심 그리고 공격성으로 나타나고 있다.

이러한 맥락에서 본 글은 현대의 정치 상황에서 포착된 혐오정치를 정치 현상의 한 흐름으로 보고 이를 경계하는 것이 목적이다. 또한 정치 현상을 바라보는 다양한 관점 중 하나로 민주주의의 이형을 방지하고 바른 민주주의가 무엇인지 생각해보자는 취지이기도 하다. 첫째 장에서는 혐오와 포퓰리즘의 이론적 배경을 살펴본다. 이는 혐오와 포퓰리즘이 공유하고 있는 성질로 혐오정치를 이해하기 위해서이다. 둘째 장은 혐오와 포퓰리즘으로 접근하여 혐오정치의 세계 상황을 소개한다. 셋째 장은 앞의 장을 기반으로 한국 사회를 투영하며 혐오정치의 시그널에 주시한다.

1. 혐오정치의 이론적 배경: 혐오와 포퓰리즘의 속성

단어는 배열의 차이로도 해석이 달라진다. 다소 익숙한 정치혐오는 혐오의 대상인 정치를 불쾌하게 여기며 방어적인 태도를 보이는 것이다(조은희, 2019). 요컨대 정치혐오는 일반적 혐오가 내포하고 있는 반감에 따른 일종의 방어 반응이다. 이는 국민이 느끼는 인식의 영역으로 정치 냉소주의와 정치 무관심에 의한 감정의 영역과도 연결된다. 반면 혐오정치는 혐오의 주체가 있고 정치인을 포함한 정치 행위에 따른 것으로, 인식과 감정의 영역보다 현상 영역에 가깝다. 혐오정치를 현상으로 보고자 하는 또 다른 근거는 정치형태의 속성이 시대에 따라 소멸, 지속, 생성된다는 것과 혐오나 포퓰리즘이 수사적 형식을 갖출 때 정의가 쉽다는 것이다. 물론 앞서 언급한 바와 같이 개인에서 출발한 혐오와 '배제된 인민 즉 국민'에 기반한 초기 포퓰리즘의 관점이라면 인식과 감정 영역의 해석이 주류가 된다. 그러나 개인 사고에 한정되지 않고 행위로 인한 상황이 묘사되면, 즉 정치 사회의 변화와 특수성이 반영되면 그 정의가 달라진다.

혐오가 주로 사회 영역에서 다루어진다면, 포퓰리즘은 정치 영역에서 쉽게 접하게 된다. 그러나 이 두 개념의 이론적 성질은 중첩되는 부분이 많다. 철학과 사회심리학에서 많이 연구되고 있는 혐오의 대표적 이론가로 누스바움과 콜나이를 꼽는다. 누스바움은 혐오를 대상이 있고 특정 집단을 배척하기 위한 무기라고 소개한다. 또한 혐오는 다른 감정들과 섞여 복합적으로 표출된다(누스바움, 2015). 즉 누스바움의 혐오는 혐오의 단일한 개념보다 시대와 역사가 반영되어 나타난다는 것이다. 이는 혐오가 시대에 따라 화두가 된 인종, 성별, 이민자를 향한 감정과 혼합되어 구체화하는 것을 의미한다. 반면 동질성 없는 타인에 대한 기피의 감정으로 혐오에 접근하는 콜나이는 대상이 있다는 것으로 혐오를 심리 현상의 하나로 보지만 그의 혐오 이론은 현상학에 근거한다(콜나이, 2022). 즉 혐오는 나라는 유기체가 느끼는 감정의 하나지만 행위로 표출되면 다수가 소수에게, 강자가 약자에게, 심지어 별 사유 없이 불특정인이 불특정인을 향한 감정 표출이 되며 때로는 특정인을 거부하거나 인정하지 않는 형태로 나타난다. 이 경우 두려움, 분노, 증오의 감정이 유발되어 심지어 별 사유 없이 불특정인이 불특정인을 향해 감정을 표출하거나 때로는 특정인을 거부하고 인정하지 않는 형태로 나타난다. 감정이 물리력으로 혹은 일깨운다고 바로 교정되지 않는 것처럼 상대에게 나와 같은 감정을 갖게 하는 것은 절대적으로 쉽지 않다. 혐오 역시 감정적 영역에서 출발하지만, 강요나 강제하게 되면 행위에 의한 충돌이 발생하고 사회 문제가 된다. 특히 혐오는 인간의 삶에서 흔하게 나타나며 우리 일상에 잠재해 있을 뿐 아니라 말과 글, 제스처 등 다양하게 표현할 수 있고 접하기가 쉽다는 점에서 결코 가벼운 개념이 아니다(하홍규, 2023). 따라서 혐오는 학자들의 중론인 복합적 감정이라는 점에서 포괄적 이해가 필요하다.

혐오에 관심을 가져야 하는 이유는 혐오가 개인 혹은 사회의 불안과 욕망의 무기가 되기 때문이며 점차 타인 혹은 타 집단에 원인을 돌리게 되면서 더욱 발전하고, 현실화된다. 더욱이 혐오가 정치성을 가지면 권력자와 피권력자가 발생하고, 이어서 난폭과 폭력이 따른다(김종갑, 2021). 혐오의 정치성은 혐오에 힘을 실어주는 정치권에 의해 혐오가 정당화될 수 있으며 이에 따라 사회 통념과 가치관의 혼란을 일으킨다는 점에서 문제의 심각성을 더한다. 그 외에도 혐오는 자신도 모르게 드러내는 우발적 감정이 아니라 이데올로기에 의해 집단으로 형성되는 것이라는 주장(엠케, 2018)과 혐오는 만들어지고 유통되면서 정치력을 강화하는데, 정치적 혐오는 실체와 이상이 동시에 해체되는 현상(카림, 2019)이라는 관점이 있다. 이러한 다양한 관점과 정의와는 별개로, 일반적으로 혐오는 부정적 인식이 강하다.

한편, 원래 포퓰리즘은 대중의 인기에 영합하는 포퓰러리즘(popularism)으로 이해되고 있었다. 그러나 포퓰러리즘으로는 현재를 정확히 서술할 수 없어 최근에는 이를 구분하는 추세이다. 무데와 칼트바서는 포퓰리즘을 이념적으로 접근하며 "중심이 얇은 이데올로기"로 표현하였다. 얇음은 "들러붙음"으로 다른 개념들과 연결되어 해석되는 것을 말한다(무데&칼트바서, 2019). 이 의미는 포퓰리즘이 이즘이지만 이데올로기 그 자체는 아니며 수사적 형식에 의해 성질이 규명된다는 것이다. 그리고 포퓰리즘은 대의민주주의를 채택하는 사회에서는 정치운동을 촉발하는 사상으로 항상 존재한다(태가트, 2017).

초기 포퓰리즘은 기득권에 대항한 인민 즉 국민에 의한 포퓰리즘으로 설명되었다. 또한 정치인 혹은 정치와 결탁한 경우는 전략적 포퓰리즘으로 이해해왔다. 전자는 대의민주주의에서 소외된 국민이 주체가 되어 운동성을 띠며 후자는 정당과 정치인이 사용하는 방법적 성격이라 할 수 있다. 따라서 포퓰리즘의 토대는 인민 즉 국민이며 대의제와 연결되는 민주주의 정체에 해당하는 이론이다. 정병기는 포퓰리즘 현상에 대한 분석은 실사례를 중심으로 하되, 역사적 배경과 변화가 반영되어야 한다고 강조한다.[5] 또한 그는 포퓰리즘을 인민과 엘리트 양 진영의 적대 구도로 사회를 파악하며 인민의 의사가 직접적으로 전달되어야 한다는 측면에서 이념으로 정의하기도 한다(정병기, 2020: 93-94). 요컨대 약함이라는 것은 때로는 공허함으로 이해될 수 있고 포퓰리즘은 공허를 채워줄 다른 이데올로기를 수반하여 등장하며 오늘날에는 전략에 의한 적과 동지를 구분하는 것으로 나타난다. 이후 포퓰리즘은 정치 성향에 의해 좌파, 우파적 관점에서 분석되기도 하는데 국가가 원래 가진 정통성을 저해하는 주체로 비판하는 관점은 주로 우파 포퓰리즘으로 이해된다(Norris and Inglehart 2019, 4; 주미영, 2021: 161).

한때는 포퓰리즘이 좌파를 공격하기 위한 개념으로 활용되기도 했다. 그러나 포퓰리즘의 역사는 좌우를 가리지 않고 다양한 형태로 세계의 무대에 등장했다. 그 외에도 시기로 구분하여 고전, 신·구, 포스트로 나누기도 한다. 그중 포퓰리즘 정의에 대한 변화를 보여준 신포퓰리즘 학자들은 대의제를 거부하는 기존과는 달리 대의민주주의를 수용하자는 주의였으나 대의민주주의가 포퓰리즘의 반작용으로 작동한다는 전형적 포퓰리즘과는 별반 차이가 없는 해석을 내놓았다.[6] 또

---

5   폴 태카트 역시 포퓰리즘을 난해하고 모호한 개념으로 보고 있다(태카트, 2017).

6   고전 포퓰리즘(1870~90년, 농민 중심과 집단성), 구포퓰리즘(1920~40년대, 인민의 직접 정치, 집단성), 신포퓰리즘(1970~80년대, 대의정치 수용,

한 포퓰리즘을 병리적이며 일탈적 현상으로 보는 자유민주주의 관점과 기존 정체에서 억압되거나 배제된 민중의 집합된 목소리로 정의하는 급진주의적 관점으로 구분되기도 한다(진태원, 2017).[7] 이론을 종합하면 현대 시각에서의 포퓰리즘은 다음과 같이 정의할 수 있다. 첫째, 지지자들의 무매개적 지지에 기반한 특정 유형이 구사하는 정치 전략과 통치 스타일이며(무데, 2019) 둘째, 시민과 대의민주주의 사이의 균열이자 사회분열과 민주주의 위기를 가속화시킨다(포어랜더, 2023). 이상과 같이 포퓰리즘을 다양하게 해석할 수는 있으나 그 개념은 고정되어 있지 않다. 이처럼 포퓰리즘은 보편적 속성이 없어 개념 정의에 대한 논쟁이 아직도 진행 중이다(정병기, 2021). 포퓰리즘에 대한 정의가 유동적일 수밖에 없는 이유는 대의민주주의가 여전히 그 한계를 드러내고 있고 여기에 비해 날로 향상되는 국민의 주권 의식과 급격한 사회 변화 때문이기도 하다. 이와는 별개로 국민이 정치권을 향해 느끼는 답답함이 개선되지 않으면 병리적 포퓰리즘에 잠식될 수도 있다.

집단성), 포스트포퓰리즘(대의정치 및 개인주의 수용)으로 나눈다(정병기, 2020: 97)

7 포퓰리즘은 라클라우와 무페의 헤게모니 투쟁에 계보를 둔 설명도 필요하다. 그러나 앞서 밝힌 바와 같이 본 글은 개념이나 속성에 관한 정리보다 포퓰리즘의 가변성에 따른 현상에 초점이 있다.

2. 세계정치와 포퓰리스트

　포퓰리즘을 추동하고 활용하는 정치인을 지칭하여 포퓰리스트라고 한다. 최근의 포퓰리즘은 포퓰리스트가 그 중심에 있다. 포퓰리즘에 관한 연구를 보아도 포퓰리스트에 관한 내용이 주를 이루고 있으며 포퓰리즘이 포퓰리스트로 설명되기도 한다. 주정립은 포퓰리스트의 특성을 6가지로 정의한다. 첫째 구체적인 강령 없이 소수의 요구를 대상으로 감정적 자원을 동원하며 둘째 국민과 직접적인 관계를 맺고 소통하기를 원하고 셋째 이분법적 사회상을 상정하여 적을 실체화하는 특징이 있다. 넷째 이들은 대중을 기반으로 하여 기존의 대의제가 제시하는 타협을 거부한다. 다섯째 이들은 자극적 수단으로 유권자의 주목을 끈다. 여섯째 음모론과 대중 집회를 즐긴다(주정립, 2005). 또한 그들은 자기 확신이 강한 성격의 소유자며 목표 달성을 위해서는 부패도 자신의 평판에 아무런 영향을 미치지 않는다고 여기는 이들로 그들에게는 진실 역시 중요하지 않다고 설명된다(가쿠타니, 2019). 또 다른 특성으로 포퓰리스트들은 반대 세력을 제거하고 폭압 정치를 펼치며 자신을 지지하는 다수 즉 국민에 의해 선출되었다는 것으로 그의 행위에 대한 정당성을 확보한다. 뿐만 아니라 포퓰리스트는 언론의 자유와 시민의 보편적 기본 가치는 무시하는 이들이다(피시킨, 2020). 뮐러에 의해 정의된 포퓰리스트 정치인은 국민이라는 용어가 필수 요소이다. 그러나 이들이 원하는 국민은 지향점이 같고 같은 진영으로 다원성보다 획일성을 선호하는 국민이다. 그런데 그들이 인식하는 집단이란 자신이 속한 조직이 아닌 반대 조직에 속하지 않았다는 것을 증명해야 한다(뮐러, 2017). 이는 적을 향한 배타적 개념이 곧 정체성의 뿌리가 된다는 것을 보여준다.

뮐러의 말처럼 포퓰리스트 정치인을 비롯한 정치인들은 항상 국민을 외치고 무엇을 하든 국민을 앞세운다. 그렇지만 포퓰리스트에게는 그들의 정책과 정치 행보를 지지하고 동의하는 국민이 국민이다. 한글에서의 국민은 영어와 달리 많은 해석이 함의되어 있으나 '국민'이라는 하나의 단어로 통용된다. 어학적 정의는 '한 나라의 사람'이 국민이다. 이는 개인 혹은 집단의 의미로도 이해할 수 있는데 개인이 자신을 소개할 경우, 이 나라 국민이다라고 표현할 수 있으며 소속의 의미로도 개인을 국민으로 지칭할 수 있다. 그러나 국민은 '모두' 즉 집합적 의미가 더 강하다. 특히 정치인에게는 후자의 개념이다. 그런데 이 국민은 국가에서 인구 통계상의 수치는 집계할 수 있지만 집회 혹은 정치인이 언급하는 경우는 그렇지 못하다. 오늘날에는 집회 참석자 수를 파악하기 위해 드론 또는 도로 구획당 추출하는 방법을 활용하고 여러 방안을 고심하지만, 정확한 수치로의 공표는 어렵다. 그래서 경찰과 집회 측이 추산하는 차이가 크고 다르다. 그럼에도 포퓰리스트 정치인은 여전히 국민을 언급하는데 이는 그들의 국민은 수치가 아닌 관념의 국민이기 때문이다. 관념적 국민은 첫째, 자신을 지지하는 무리이며 둘째, 가시적으로 확인되는 다수이다. 셋째, 더 확실한 것은 표 차이와 상관없이 민주주의가 인정하는 선거 제도를 통해 당선시켜준 국민에 한정된다. 결과적으로 그들에게 국민은 통합적 개념이 아닌 부분이 되는 것이다. 우려되는 점은 포퓰리스트 정치인을 지지하는 국민은 선동의 대상이 될 가능성이 크다는 것이다. 요컨대 오늘날 포퓰리즘은 포퓰리스트가 중심에 있으며 이들에 의한 배타의 정체성과 혐오의 도구화로 포퓰리즘이 구성된다. 이는 국가마다 차이는 있을 수 있으나 강한 지도자를 원하는 사회적 배경과 이를 이용하는 정치인이 포퓰리스트로 등장하는 순환 구조는 유사하다.

유럽과 서구는 보수 지형의 포퓰리스트와 정당이 포퓰리즘의 면모를 갖춘 반면 제3세계로 불리는 약한 민주주의 국가들에서는 좌파 지형에서 형성되는 경향이 있다. 2016년부터 3회에 걸쳐 실시한 국민투표로 영국은 EU 탈퇴를 최종 결정하였고 2020년 1월 EU와 영국 사이의 탈퇴 협정이 승인되었다. 당시 몇몇 수상이 임기를 채우지 못하고 바뀌는 혼돈을 겪으면서도 브렉시트는 강행되었다.[8] 영국의 EU 탈퇴를 지

---

8   영국은 노동당 토니 블레어 총리의 10년 재임 기간 이후 보수당인 데이비드 캐머런(2010.05 ~2016.07), 테레사 메이(2016.07~2019.07), 보리스 존슨(2019.07~2022.09)으로 이어지며 브랙시트가 진행되었다. 영국민은 노동당의 이민, 경제 정책의 불만이 보수당 지지로 바뀌는 요인으로 작용했다고 볼 수 있다. 보수당은 노동당 정책을 달가워하지도 않았지만 영국 백인의 이민

커보는 세계는 자국민의 이익 우선과 경제난의 돌파구로 탈퇴를 택했을 것이라 생각했다. 이러한 시선에는 이민자 방지, 자국민 보호 정책을 바라는 국민의 정서가 있었고, 여기에 기초한 투표 결과가 탈퇴로 이어졌다는 것이다. 당시 고용불안과 경제난을 겪고 있던 영국 사회는 백인과 고연령층이 중심이 되어 이 원인을 이민자에게 돌리며 관련 정책에 대한 불만을 터트렸고 정치인은 이들의 주장에 적극 편승했다. 프랑스 대선에 출마했던 극우 국민연합(RN)의 마린 르 펜은 우익 포퓰리스트로 불린다. 그가 대통령 선거에 나갔을 당시 당선 가능성이 높아지자 그를 지지자하는 이외의 다수는 걱정 어린 시선으로 상황을 지켜보았다. 그의 발언과 정책은 선동적이며 극단적이었는데 프랑스 실업 문제를 이민 문제와 연계하였고 프랑스 사회에서 민감한 이슬람 문화에 대한 공포로 혐오를 조장하였다. 그는 민족주의를 자극하며 여기에 공감하고 동조하지 않는 국민은 배제하려 했다. 그의 포퓰리즘 행태는 자극적이고 혐오적 발언을 쏟아내면서도 다른 한편으로는 노동자를 찾아가거나 국민의 목소리에 귀 기울이는 모양세를 취하는 등 전형적인 인기영합의 행보를 보였다(김주호, 2019). 그는 지속적으로 정부를 공격하고 정부의 실책은 정권 획득을 위한 방편으로 삼으며 정치활동을 이어가고 있다. 그의 행

자 혐오 기류에 적극 부응하며 불법 이민자를 자국으로 돌려보내는 정책을 시행했다.

보가 빈번이 보도되는 것은 여전히 그가 프랑스 정계의 파워 있는 인물이라는 방증이다. 포퓰리즘 바람은 스웨덴에서도 비껴가지 않았다. 스웨덴은 불황 극복과 국가의 역할을 두고 온건 성향의 정당과 극우적이며 포퓰리스트적인 입장을 대변하는 정당 간의 극한 대립이 있었다. 후자는 국가가 자본가에게 강제하는 파쇼적 개입을 주장하고 전자는 자본가의 이익을 인정하면서도 일자리 보장과 소득 재분배 정책에 협조하도록 설득과 압력으로 해결 방안을 모색하자는 것으로 나누어졌으나 결국 온건적 접근이 받아들여졌다(이연호, 2024). 당시에는 극우적이며 파시즘적인 포퓰리즘이 권력을 장악하지 못했지만, 스웨덴 역시 이민자 수용 정책과 사회문제, 경제문제로 연계된 자국민의 불만이 극우적 포퓰리즘의 등장을 간과할 수 없는 상황이다. 북유럽인 스웨덴과 달리 남유럽의 스페인은 극우 포퓰리즘에 관한 문제를 다르게 대응했다. 스페인은 포퓰리스트 면모로 전국 정당이 된 포데모스보다 더 이념적 대립각을 세우며 등장한 복스(VOX)가 민족주의와 외국인 특히 이슬람 이민자 혐오를 강조하며 세력을 확장해나갔고 지역적으로는 카탈로니아를 기점으로 이민자 제한, 민족 우선을 주장하며 포퓰리즘 형태를 갖추었고 국민의 지지를 받았다(고주현, 2024). 이미 서구는 경제와 이민정책으로 불거진 사회문제가 극우적 포퓰리즘을 촉구하고 있으며 포퓰리스트 정치인과 정당을 전면에 등장시키고 있다. 이들의 문제는 이민자 혐오와 추방을 전략화하고 상생의 타협을 고안하기보다 강경 일색이라는 점이다. 강경책은 충돌을 유발하고 사회의 혼란을 가중할 우려가 예견되지만 포퓰리스트들은 당장의 현안 해결과 인기에 집중할 뿐이다. 이처럼 정치권과 결탁한 혐오는 민주정체에서 선거를 통해 위력을 발휘하며 이 현상은 여러 나라로 확산되는 추세이다.

　제3세계에서의 포퓰리즘 현상은 2000년대로 거슬러 올라간다. 베네수엘라의 차베스 열풍이 불며 세계가 차베스를 주목한 적이 있다. 그는 국민을 동요시키며 주변국에도 영향을 미친 인물이다. 그에 대한 공과 실을 논하기 전에 그는 전형적인 포퓰리스트로 불린다. 차베스를 회고하자면 그는 제국주의 타도와 반자본주의를 표방하고 빈민을 위한 정치라는 슬로건으로 등장했다. 그의 초기의 정치 행보는 자본주의가 남긴 폐해에서 힘겨워하던 자국민으로부터 환영을 받았고 세계의 이목을 집중시켰다. 그러나 일방적으로 의회와 대통령 임기제를 개편하면서 국민적 저항을 불러왔고 장기 집권과 언론 통제 등으로 불명예만을 남겼으며 결과적으로 경제도 안정시키지 못했다. 남미에서는 차베스 이전 아르헨티나 페론이 포퓰리스트이다.[9] 그도 마찬가지로 초기에는 국민의 전폭적인 지지를 받았지만, 이후에는 자신에게 대항하는 세력을 강하게 억압하며 민의로부터 멀어졌다. 이들과 궤적을 같

9　페론은 사회경제 문제를 부각시키면서 부의 공평을 외쳤다. 이는 당연히 자국민에게 전폭적인 지지를 받기에 충분한 슬로건이었으나 집권 연장과 맞물린 그의 통치는 무력에 의존하였다.

이하는 헝가리 총리 오르반은 현재의 전형적인 포퓰리스트이다. 오르반 역시 그의 평판과는 별개로 포퓰리스트로 지목받고 있다. 그가 대중으로부터 지지받고 정치권에 전면적으로 부상할 수 있었던 것은 그의 민주화 운동 이력과 이를 기반으로 쌓은 명성 때문이었다. 그러나 이후 그의 정치 행보는 반민주적이라고 평가받는다. 이러한 내면은 그가 주장하는 정책 이행 과정에서 나타난다. 그는 국민 의지와 상관없이 그가 주장하는 정책을 자신이 처음 공약한 통치 목적 이행으로 치환하고, 이는 곧 국민을 위한 것이라고 강조했다. 그는 장기 집권을 꾀하면서 그의 경제와 사회 안정에 대한 공언했지만, 이 또한 독재를 정당화하는 것에 지나지 않는다. 헌법을 무리하게 개정하고 집권을 연장하는 것이 이를 입증한다. 오르반은 자신의 입지를 공고히 하는 수단으로 외국인 혐오를 이용하며 친러, 반유럽주의자를 자처했다. 그는 동유럽의 스트롱맨으로 불리는 것을 반긴다. 스트롱맨으로서 그는 자신을 반하는 의견을 무시하거나 심지어 충돌을 마다하지 않는다. 다음으로 주목받는 인물은 튀르키예의 에르도안이다. 에르도안은 기득권에 대항하는 '거리의 용감한 투사' 이미지로 2014년 대통령에 당선되었고 개헌을 거쳐 2018년 대선에서 승리했으며 2023년 5월, 결선투표 끝에 재선된 현직이다. 그는 사법 정의를 앞세워 부패 이미지의 기득권을 체포하며 국민적 지지를 받았다. 또한 이슬람에 대한 차별이 동기가 되어 정치권에 들어섰으나 곧바로 강압적 정책을 펼치며 포퓰리스트의 면모를 보여주었다. 2016년, 그의 시작된 임기가 시작된 지 얼마 안 되어 국민은 그의 통치에 저항했다. 국민을 외치던 그는 여기에 관련된 수만 명을 체포 감금하였다(헤럴드경제, 2017.07.10). 2024년에 실시된 지방선거에서의 참패는 국민의 반감이 반영된 결과이다. 그러나 그는 여전히 집권하고 있다. 차베스와 페론, 오르반, 에르도안은 국민의 전폭적인 지지를 받았고 사회 문제의 해결사를 자청하는 지도자였으나 제도 변경과 개헌, 장기 집권을 꾀하며 반대 세력을 억압하는 정치 행보에서 포퓰리스트적 면모를 여지없이 보였다. 민주당 소속인 필리핀의 두테르테는 자신의 딸인 사라 두테르테가 선거 당시 봉봉 마르코스의 러닝메이트로 부통령이 되면서 자신은 단임으로 그쳐 개헌을 시도하면서까지 임기를 연장하지는 않았다. 그러나 임기 중 그가 펼친 정책과 행보는 매우 급진적이어서 공포 분위기가 조성되기도 하였다.[10] 요컨대 이들의 공통점은 국민의 공허함을 잘 인지하였고 대의제의 불신을 강조하며 이를 전략적으로 활용했다는 것이며 집권 후에는 제도를 바꾸고 반대파를 억압하면서 자신들의 정책과 집권 연장을 강행했다는 것이다.

살펴본 바와 같이 유럽 선진국 의회에 진출한 포퓰리스트 정당은 우파 성향이 우세하다. 미국의 트럼프는 단연 우파 포

---

10   그가 시행한 마약사범 단속은 인권운동가들에게 경고를 받을 정도로 강경한 것으로 기억된다.

풀리즘의 대표적 인물이다. 관련하여 서구 사회는 비교적 우파 포퓰리즘이 강하다는 것을 알 수 있다. 그러나 유럽의 포퓰리스트는 좌파이든 우파이든 이념을 부각하기보다 포퓰리즘의 고유한 특성 즉 반엘리트주의, 국민에 의한 정치를 한다는 것이 동일하다. 그러나 경제 정책에 있어 좌파는 보호주의 무역을 선호하고 우파는 반대한다. 문화면에서는 좌파는 탈물질주의를 추구하고 우파는 이민정책과 이슬람주의를 반대한다(주미영, 2017). 유럽은 대체적으로 우파 포퓰리즘이 우세하다. 반면 약한 민주주의 국가, 즉 제3세계에서는 반엘리트주의, 국민에 의한, 국민을 위한 정치적 슬로건은 서구와 동일하나 혐오와 척결 대상이 불법에 연루된 자국민에 향해 있다는 것과 시스템 변경을 주저하지 않으며 주로 좌파 지형의 포퓰리즘이라는 것인데 이들의 또 다른 공통점은 선거 전후의 행보가 극명하게 다르다는 점이다.

3. 한국사회와 혐오정치의 그림자

서구 민주주의와 비교해 한국 민주주의 역사는 짧으며 격동적이다. 지금도 정치에 관한 국민의 관심은 매우 높으며 선거 시기가 다가올수록 정치 참여 분위기는 더욱 과열된다. 정치에 대한 열기는 온라인에서의 참여가 일상적이며 대규모의 광장을 점하는 집회가 자주 열리고 선명한 정치색을 띠는 특성에서 잘 드러난다. 광장은 2002년 미군 장갑차에 치여 숨진 효순·미선 사건 처벌을 바라는 대규모 집회를 필두로 국민 저항 장소이자 정치참여의 장이었다. 그런데 등장 당시와는 달리 최근의 집회 성격은 전체 사회 분위기를 대변하는 정치 참여가 아닌 특정 집단 혹은 진영의 참여로 변하면서 정치 행동주의, 강성, 맹목적이라는 부정적 이미지가 덧붙여지기 시작했다. 민주주의 상징이었던 광장 정치가 수싸움의 장으로 변질되면서 민주주의를 퇴색시켰다.

1) 공허한 현실과 대의제의 한계

한국 민주주의는 민주화 운동, 6.10 항쟁과 대통령 직선제 도입, 시민이 정책수립 과정에 참여하는 협치의 단계로 진일보하였다고 볼 수 있다. 협치는 정치 참여의 장을 넓힌 것뿐 아니라 주권자로서 국민의 가치를 높였다. 그러나 과연 그러한가는 따져볼 일이다. 우선 정치권의 인식 문제로, 그들의 협치는 통치와 권력 유지를 위한 수단이지 권력을 국민에게 부여하는 협치는 아닌 듯하다. 즉, 이들의 협치는 슬로건일 뿐 실제 권한은 정치권이 갖고 국민은 의견을 제시하는 정도에 그치며 나아가 정치권에 협조하는 협치이다. 숙의형 공론조사를 도입해 갈등 해결을 시도했지만 결국은 지자체장의 수용권이 국민 의사 수렴보다 상위에 있어 갈등만 양산했다.[11] 한국 사회는 협치를 통한 정치참여의 문이 확장되었다고는 하나 국민의 의사가 제대로 반영되지 않는 것은 여전하다. 특히 정부에 따라 협치가 다르게 해석되거나 실종되는 것도 문제이다.

미국의 경우도 우리 정치 상황과 다르지 않다. 국민의 의견이 반영되는 정치가 희석되었고 정치적 양극화가 정당 간의 대화와 타협을 가로막아 대결과 파국으로 이어지는 형국이다(강원택, 2019). 이 같은 상황이 깊어지면 국민 정서는 정치권에 대한 불신으로 이어진다. 특히 정치 리더십이 실패하고 경제가 악화되면 상황은 더욱 나빠질 수밖에 없으며 국민의 공허함은 커진다. 이러한 반체제 감정이 새로운 대안을 찾는 동력이 되어 포퓰리즘을 자극한다는 것은 앞서 포퓰리즘의 특성에서도 확인하였다. 이러한 현상은 그림 1의 표에서도 읽힌다. 표는 중앙선거관리위원회가 발표한 유권자 의식에 관한 조사이다. 여기서는 2030층의 선거 관심도와 투표 의향 감소율이 돋보인다.[12] 투표할 의향이 없는 이유로는 30.5%

---

11 공론조사는 정책적 현안 해결을 위해 시민으로 하여금 숙의 과정을 거쳐 의사 결정하는 방식이다. 그러나 최종 결정권이 지자체장에게 주어져, 시민의 의사결정과 충돌이 자주 발생한다. 제주국제녹지병원 공론화와 대전월평 공원민간특례사업 공론화가 이 경우로, 현안에 대한 갈증 해소는커녕 논란이 심화, 확대되었고 결국 해결되지 못한 갈등은 사법부로 이관되었는데 상황을 추적하면 사법부에서도 1심과 2심의 결과가 달라 갈등은 한동안 지속되었다.

12 2024 행전안전부 주민등록 인구 성/연령/지역비에 따른 비례 할당 추출. 조사 규모: 총 1,511명, 조사 기간: 2024, 03.31~04.01 참조: 중앙선거관리위

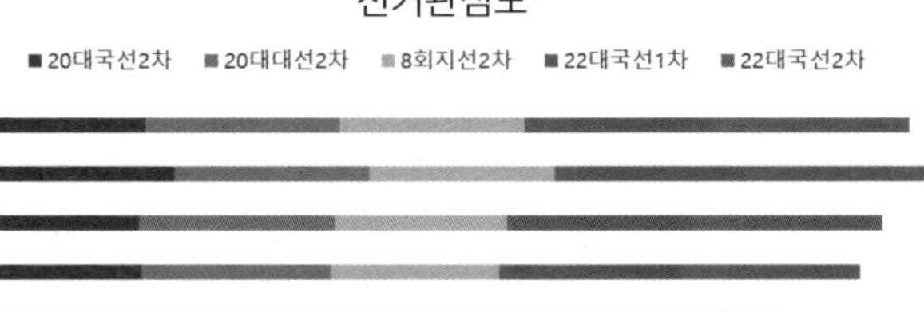

	전체	만18-29세	30대	40대	50대	60대	70세이상
20대국선2차	73.3	70.5	68.9	74.8	73.8	91.2	76.9
20대대선2차	91.6	82.6	91.6	91.9	95.1	94.7	94.2
8회지선2차	79.6	56.7	74.3	82.8	84.1	90.6	90.8
22대국선1차	83.3	56.8	77.9	88.1	90.8	91.7	91.6
22대국선2차	83.2	57.9	72.7	87.5	92	91.2	95.4

그림 1. 유권자의 선거관심도(출처: 중앙선거관리위원회)

가 정치 효능감을 꼽았다. 즉 투표해도 바뀌는 것이 없다는 것이다.

2030층의 선거관심도는 전체 및 다른 연령층과 비교해도 전반적으로 낮지만 청년층의 선거만을 놓고 보아도 관심도는 정체하고 있다. 언론은 혐오와 정치 극단화가 2030이 정치와 거리를 두게 하는 요인이라고 보도한다. 연합뉴스는 막말과 정치혐오에 염증을 느끼는 청년층 표심이라는 헤드라인을 걸고 실제 인터뷰로 2030의 견해를 싣고 있다(연합뉴스, 2024.04.04). 한겨레는 갤럽의 여론조사를 근거로 20대와 30대에서 무당층이 많고 그 요인은 정치혐오와 진영 정치의 거

원회 제2차 유권자 의식조사 2022, pp.5-22

부감이라는 평론가의 분석을 실었다(한겨레, 2024.04.03). 그 외에도 다수의 언론이 혐오를 정치에서 멀어지게 하는 요인으로 꼽는다. 정치혐오가 정치 참여에 부정적인 영향을 주며 정치혐오가 높아질수록 온·오프라인 모두에서 정치 참여가 낮아진다(조은희, 2019).[13] 혐오의 정치는 진영 밖 유권자의 정치 참여에 영향을 미친다는 것을 알 수 있다.

반면 정치 기피 현상과 다르게 혐오는 과열되고 자극적인 정치참여로 발현되는데 이는 쉽게 접근하고 표현할 수 있는 기술 발전의 도움도 크다. 모바일은 개인이 휴대하는 정보망의 총체로 시공간을 초월해 정보 유출입을 가능하게 만들었다. 그러나 현재는 편향된 정보와 동조 편향의 수단이 되어 정치참여의 역기능 현상을 초래하고 있다. 트럼프는 트위터—현 X—정치를 한다.[14] 국민과 소통이라는 명목하에 트위터로 국민에게 직접 소식을 전하면서 과감한 발언을 이어가며 지지자를 선동한다. 인터넷 강국인 우리 사회는 블로그와 카페, 페이스북, 카카오톡, 텔레그램, 인스타그램에서 흔하게 보이는 가짜 정보와 동조 글이 과열 현상을 부추긴다. 특

13　실시간으로 변하는 한국정치 상황은 2030이 20대 대선 당시와 같이 선거에 관심을 가질 수도 있으나 관심도가 정체 혹은 낮아질 수 있어 예단할 수는 없다. 조은희의 연구 분석 역시 급변하는 한국정치 상황에서는 재통찰이 요구될 수 있다. 그러나 극렬 지지층을 제외하고 적어도 중도층은 이 연구 결과와 일치할 것으로 본다.

14　트럼프는 2009년 3월에 가입하여 2024년 11월 시점으로 팔로워 9,400만 명을 넘었다.

히 유튜브는 맹목적인 유권자를 양성하는 온상이 되고 유튜버들은 팩트와는 상관없이 수익을 위해 진영 맞춤형 정보를 송출하며 구독자는 원하는 정보를 고집한다. 포스트트루스와 혐오정치를 연구한 박인찬은 정치 극단주의자들을 생각과 신념, 행동의 균형이 깨지는 인지 부조화, 집단압력 즉 집단 동조 편향 증상, 신념을 확인하려고 치우치는 인지 편향의 증상을 가진 사람이며 이들이 모임을 형성한다고 설명한다(박인찬, 2021). 이들은 알고리즘에 의해 더욱 자신들만의 편향성을 확대하면서 강해진다. 다른 한편으로는 동일한 집단이 모인 공간에서 서로를 격려하며 소속 정당과 지지 정치인에 대한 확증 편향적 정보를 공유하면서 더욱 강력한 지지자로 재탄생한다. 이러한 행위는 고립된 정보 속에 다른 의견과 정보를 스스로 차단하여 진영주의에 더 깊이 매몰되게 하는 요인이 된다. 어떤 경우이든 정보의 편향성과 취사 선택성은 국민으로 하여금 점점 배타적인 성향을 갖게 하며 거부의 수동적 방어 태세를 넘어 공격적인 행위자로 만든다. 따라서 극단적 대결 구도와 혐오정치는 결국 사회를 분열시키고 충돌을 일으켜 결국 사회는 위태로워진다.

정치권은 어떠한가? 여전히 국민의 신뢰는 높지 않다. 한국식 민주주의는 산업 발전이라는 긍정적 산물과 인권탄압의 부정적 평가가 맞서 심각한 이념 갈등을 낳았다. 경제발전과 불가피한 희생론, 건국의 근간을 놓고 갈등의 벽은 더욱 높아졌고 갈등 해소에 노력을 기울여야 하는 정치권은 오히려 갈등을 정치의 전략으로 삼거나 방치한다. 지난 세월호 사건은 정부의 무능을 여지없이 보여준 대표적 사례이다. 국민은 생중계 방송으로 현장의 상황을 지켜보고 있어야만 했고 정부 대처는 국민의 분노를 샀으며 정치권의 불신을 불러왔다. 몇 해 지나지 않아 이태원 참사가 발생해 많은 젊은 세대가 압사당했다. 대형 사고가 발생할 때마다 정치권은 사실에 기초한 조사와 신속한 처리를 해야 함에도 문제의 본질과 다른 시시비비에 매몰되는 행태만 반복하여 국민은 정치권과의 높은 장벽만 확인할 뿐이다. 투표 날에만 국민의 존재를 인정하는 대의제의 모순이 개선되지 않는 한 혐오정치는 정치를 지배하고 카리스마 지도자를 호출할 가능성이 있다. 문제는 이 지도자가 포퓰리스트의 면모를 띠며 사회 질서를 파괴하는가이다.

2) 배타의 정치와 포퓰리스트의 등장 배경

앞서 미국적 정치 현상인 양당 중심과 지지자의 분열, 지지자의 과열된 정치참여는 한국 사회와 유사하다고 언급하였다. 그러나 한국 사회는 정치 성향이 이념으로 대체된다는 것이 미국과 다르다. 남북이 분단된 현실은 보수와 진보의 이념, 곧 정치성향으로 고착되고 정당의 성격을 구분하고 있다.

다음은 문화체육관광부가 3년마다 조사 발표한 한국인의 의식 및 가치 조사이다. 주목되는 부분은 계층과 성별, 연령별 갈등보다 진보, 보수 갈등이 2019년 조사에 이어 2022년

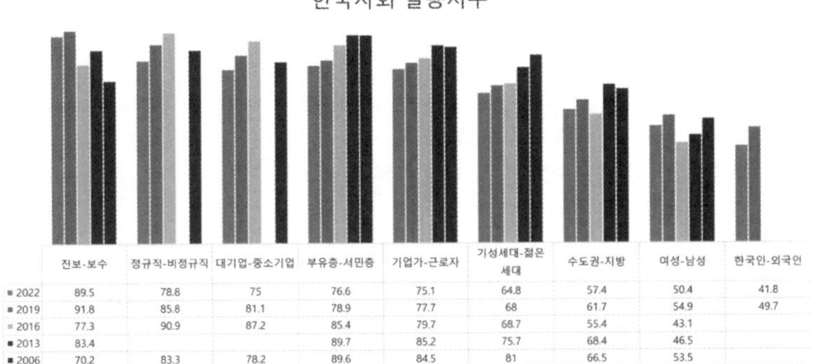

	진보-보수	정규직-비정규직	대기업-중소기업	부유층-서민층	기업가-근로자	기성세대-젊은 세대	수도권-지방	여성-남성	한국인-외국인
2022	89.5	78.8	75	76.6	75.1	64.8	57.4	50.4	41.8
2019	91.8	85.8	81.1	78.9	77.7	68	61.7	54.9	49.7
2016	77.3	90.9	87.2	85.4	79.7	68.7	55.4	43.1	
2013	83.4			89.7	85.2	75.7	68.4	46.5	
2006	70.2	83.3	78.2	89.6	84.5	81	66.5	53.5	

그림 2. 2022 한국인의 의식 및 가치관 조사(출처: 문화체육관광부, 저자 편집)

에도 1위라는 결과이다.[15]

3년마다 조사되는 가치관 조사에서 2년 연속 이념 갈등이 지배적이라는 것은 우리 사회의 현실이 어떤지를 잘 보여준다. 이 이념 갈등의 심각성은 모든 유형의 갈등의 끝에 이념이 자리하고 있다는 것이다. 예컨대 지지하는 정부의 정책은 대체적으로 수용하는 반면 지지하지 않는 정부의 정책은 비판하는 경향이 매우 두드러진다. 진영논리는 서로가 이해 못할 집단으로 여기며 상생이 아닌 소멸을 외친다.[16] 내 편이 아닌 미디어는 가짜뉴스 생산자로, 사법부도 부패집단이 된

---

15 문화체육관광부는 매 3년마다 19세에서 79세까지 5,100명을 대상으로 한국인의 의식 및 가치관 조사를 발표한다.

16 2024년 총선에서 녹색정의당으로 당명을 바꾼 정의당은 한 석도 얻지 못했고 지역에서는 무소속 당선자가 나오지 않았으며 위성정당 성격을 띤 비례로 구성된 당이 탄생하는 등 갈수록 전무후무한 양상을 보이고 있다.

다. 비대면인 온라인상에서는 양극의 지지자들이 익명성을 무기로 경멸과 비난을 넘어 혐오의 글로 서로를 공격하고 실제 고소 고발로 이어지고 있다. 자정의 소리도 있으나 그 정도는 여전히 심각하다. 이러한 정치 성향과 궤를 같이하는 이념 갈등의 특징은 대응이 어렵다는 것이다. 일반적으로 이념을 제외한 갈등 유형은 특정 집단 혹은 이해당사자가 명확하며 정부가 문제 해결을 위해 개입하거나 제도적 방침에 따라 갈등 해결을 시도하고 점차 발전적 대안들이 개발되고 있다. 갈등 해결 방안에 관한 연구는 행정학 영역에서도 활발하다. 그러나 이념적 갈등은 제도가 제시할 수 있는 방법이 마땅하지 않고 공론화 의제로서도 기피되는데 이는 타당성에 부합되지 않다고 규정하고 있다(박혁, 2017). 아직은 광장에서 물리적 충돌이 발생하고 있지 않지만 도화선이 될 만한 상황이 전개되면 언제든 분노가 표출되고 폭동으로 이어질 수 있다. 트럼프가 연임에 실패한 당시 지지자들은 의회에 난입하여 법치를 거부하고 민주주의를 파괴했다. 혐오정치의 결과물이다.

근대 대의정치는 범위와 복잡성이 증가하여 대의의 영역이 넓어지고 있어 특히 신포퓰리스트들에게는 이 상황 모두가 반대의 구실을 제공한다(태가트, 2017). 또한 제도가 복잡함에 따라 대의제가 미처 대응하지 못해 생긴 빈 공간을 포퓰리스트는 적극 활용하게 된다. 대의제가 계속해서 대중에게 진정성을 갖지 않고 불신을 가중하면 포퓰리스트들의 등장을 채근하는 것은 어찌 보면 자연스런 현상이나 반대 급부로 파쇼적 포퓰리스트를 호출하게 될 수 있다는 것이 우려할 부분이다. 요컨대 국민은 국민이 느끼는 답답함과 무력감으로 인해 강한 지도자를 원하고 여기에 부응하는 포퓰리스트는 더욱 자극적인 정치노선으로 응답하는 정치 순환 구조를 형성한다. 문제는 포퓰리스트가 혐오를 정권 획득의 전략으로 삼고 자신의 행위에 대한 정당성과 자신의 지지자만을 보호 대상으로 여기는 편협된 정치를 하는 것에 있다. 이 모든 과정과 결과는 결국 국민에게 피해로 돌아간다.

2024년에 한국인의 민주주의 인식 조사에 의하면 유권자들이 가장 선호하는 국가 운영체로 민주주의 정부 형태를 꼽았다. 그러나 경제와 민주주의의 양자 선택에서는 경제발전을 더 우선시한다고 답했다(윤광일, 2024).[17] 이는 학력과 이념 소득으로 구분한 통계이며 모든 영역에서 경제를 우선시하고 있다. 경제적 욕구가 민주주의보다 강함을 보여준다. 또한 통치방법 선호도에 대한 문항에서도 의회와 정당 민주주의가 여전히 가장 선호하는 통치방법이라고 인식하나 강한 지도자 선택이 부상했다. 2010~2014년과 2017~2022년 세계 가치관 조사 결과를 비교하면 강한 지도자에 대한 선호가 가파르게 상승했다.

17　서울대학교국가미래전략원·(재)한국의회발전연구회, 표본단위 1,003명, 표집방법: 2024년 5월 행안부 주민등록인구 현황 자료집, 표본오차: 무작위추출, 조사방법; 대면면접.

통치선호도(%)			
	국내	세계	
	2024~	2010~2014	2017~2022
의회와 정당지지도	74.4	77.4	70.9
강한 지도자	54.7	48.6	66.7
전문가		53	

강한 지도자에 대한 선호도 상승은 한국사회뿐 아니라 세계적 흐름이다. 이 결과는 강한 지도자에 대한 국민적 욕구가 포퓰리스트 등장과 포퓰리즘을 배양하는 토양이 될 가능성을 높인다. 이 결과는 앞서 살펴본 서구사회에서 현대 포퓰리즘의 배양 배경이 경제발전과 대의제에 대한 불만이 라는 점에서 같다. 요컨대 현대 사회는 경제발전과 풍족한 삶을 바라는 시대적 욕망과 이를 대변할 지도자를 바란다는 것이다.

진영주의의 흔적은 다음의 조사에서 확인된다. 국회의원을 선출하는 기준이 공약과 정책이 아닌 소속 정당이라 밝힌 유권자가 2020년 21대 국회의원 선거에서 큰 폭으로 상승했다.

2024년에 실시한 22대 국회의원 선거에서는 약간 감소했으나[18] 유권자가 정책과 공약보다 소속 정당의 후보자를 선택의 기준으로 삼는다는 것은 그만큼 정치적 성향에 따른 양극화 현상이 심각함을 말한다.

---

18 높은 수치를 기준으로 정책과 공약을 선택한 19대와 20대 국회의원 선거는 양당 의석수 차가 크지 않았으며 소속정당에 대한 수치가 상승한 21대는 여당이 22대는 야당이 다수의 의석수를 차지했다.

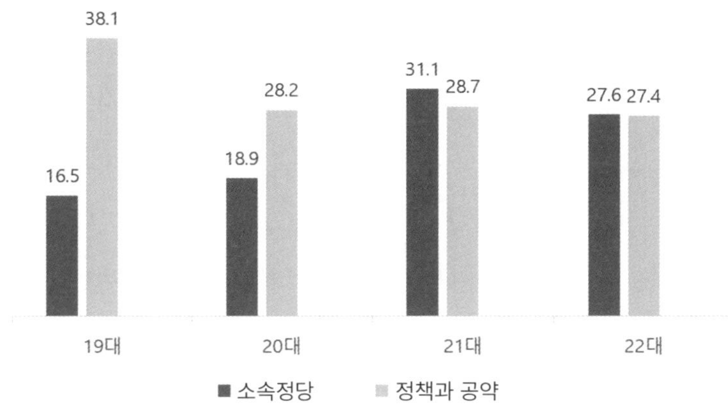

그림 3. 후보자 선택 기준(출처: 중앙선거관리위원회)

3) 한국사회의 포퓰리즘 연구와 혐오정치

2011년 일명 안철수 신드롬을 일으키며 등장한 안철수는 2016년 대선에 도전했다. 당시 그에게서 발견된 포퓰리즘은 국고 보조금 감소를 비롯한 그의 공약이 전형적인 인기 영합주의라는 것이다(조기숙, 2016). 2019년 채진원은 좌파 포퓰리스트로 이재명 현상을 다섯 가지 요건으로 소개한다. 첫째 적과 우리로 나누는 점, 둘째 급진 정책 추구, 셋째 국민 직접정치와 SNS로 인민호소 추구, 넷째 선동을 통한 단순화 추구, 마지막으로 아웃사이더 기질과 카리스마 성향이다(채진원, 2019). 도묘연의 김대중 정부에서 문재인 정부까지 한국의 포퓰리즘에 대한 변화와 요인에 대한 연구에 의하면 포퓰리즘은 국가 전체의 경제 성장률이 하락하는 경우, 여야 모두 선거 이전, 제1야당이 여당에 비해 의석수가 증가하는 경우에 전반적으로 확산다고 분석했다(도묘연, 2020).[19] 인물을 예시로 포퓰리즘을 진단한 것과 달리 포퓰리즘 자체에 주력한 연구도 있다. 이광일과 조영호는 한국사회에서 포퓰리즘은 우파와 극우세력이 진보세력을 향해 그리고 2000년대 김대중노무현 정부를 비판하면서 사용되었다고 주장한다(이광일, 2021; 조영호, 2022). 이는 포퓰리즘은 공격의 수단일 뿐이지 우리 실정과는 관계가 없다는 시각이다. 오히려 보수 정체에 대한 반감으로 포퓰리스트의 등장을 바란다. 이 경우 포퓰리즘은 부정적이지 않다. 민주주의는 주권자가 국민이며 국민을 대리하는 정치인은 국민을 의식하지 않을 수 없다. 그 때문에 정치와 포퓰리즘은 불가분의 관계이나 포퓰리즘이 '들러붙음'의 이즘이라는 것을 고려하면 혐오와 결합한 포퓰리즘은 병리적이다.

최근에는 세계정세에 따라 우파 포퓰리즘에 대한 연구가 활발하다. 김만권은 이준석을 우파 포퓰리즘으로 분류하며 혐오를 언급하지만 형식적 민주주의 수용, 비제도권에서의 주도,[20] 권력에서 배제된 2030을 권력으로 옮겨놓고 기성정치에 대한 반감을 정치변화라는 열망으로 치환한 점을 비

---

19 저자는 안철수 현상에서 정치에 대한 불신은 보이나 기득권층에 대한 적대감이 없다고 했다. 이는 전형적인 포퓰리즘 형태와는 간극이 있다.

20 이준석은 2021년 당시에는 국회에 입성하지 못했다.

중 있게 보며 이를 포퓰리즘 현상으로 설명한다(김만권, 2021).
윤석열 대통령에 대해 평가한 조석주는 윤 대통령은 이미 대통령이 되기 전 국민의 일반적 정서 즉 부패 권력을 법에 의해 처벌하는 이미지가 각인되었고 정치무대에 등장한 배경이 되었다고 말한다. 그는 이러한 과정을 포퓰리즘 정치의 한 형태로 분석한다. 나아가 조석주는 민주정치에서 매개를 인정하지 않는 테크노크라시로 정치적 경험이 없는 관료 출신이라는 점, 그리고 이 특성이 인사와 정책 결정에서 그대로 노출되고 있다는 점에서 민주주의 위기를 지적한다(조석주, 2023).[21]

본 글은 포퓰리즘의 배경적 요인과 이를 이용하는 정치인을 혐오정치의 주요 요건으로 보고 있고 여기에 가장 부합한 사례를 이준석 현상에서 찾는다. 첫째 자신들이 사회로부터 배제되었다고 주장하는 2030의 남성이 정치적 지지 기반이라는 점이다. 그리고 이들이 상대적으로 반페미니스트와 20~30대 여성을 지목한다는 점, 즉 대상이 구체적이라는 것이 두 번째 이유이다. 셋째는 공격성이다. 이준석 현상[22]은 젠더 갈등의 중심에 서 있고 그의 정치 행위에는 젠더 갈등이 자연스럽게 따른다. 2030 여성들이 목소리를 내는 곳에는 여기에 반대하는 남성들이 연대하여 혐오적 발언을 쏟으며 진

---

21 테크노크라시는 법에 의한 명령과 수행의 기술 정치로 이해할 수 있다.

22 이준석은 기존의 노원구에서 비교적 젊은 층이 많은 동탄 신도시로 옮겨 22대 국회의원 선거에 출마하였다.

영을 분명히 한다. 이를 이슈화하고 그 이슈에 참전하는 것에 적극적이다. 대상이 있다는 것은 이준석이 내세운 젊은 이미지에서도 찾을 수 있다. 그는 젊은 남성층의 적극적인 지지로 당대표가 되었고 여기서도 그의 젊음은 반젊음과의 경계를 분명히 보여주었다.

나오며 : 혐오정치와 이형의 민주주의의

학문적으로 포퓰리즘은 하나의 이데올로기로 보지 않는다는 것이 다수의 의견이다. "중심이 얇은 이데올로기"가 이를 잘 대변한다. 이 때문에 포퓰리즘은 수사적 형식을 취하지 않으면 이해가 어려울 수 있다. 즉 반엘리트, 대의제 혹은 인민인 국민, 자유주의와 급진주의의 개념과 연결되어 사용될 때 어느 정도 내용적 해석이 가능하다. 보편적 속성이 없는 포퓰리즘은 시대 변화를 반영해야 한다. 이는 혐오정치라는 현상적 관점의 또 다른 해석을 갖게 한다.

세계 정치를 리드하는 미국의 트럼프는 자국 중심의 경제를 위해 자국 이익에 반하는 그 어떠한 것과도 확실한 선을 그었다. 그의 기후협약 탈퇴와 이민자 추방은 미래라는 경로의 이탈과 공존이라는 개념도 퇴출시켰다. 글을 놓아야 하는 시점에 트럼프의 취임식이 생중계 방송되고 있다. 취임식장에 초대된 지지자들은 최고의 복장을 한 채 경쾌하고 장중한 분위기로 그들만의 축제를 즐겼다. 다른 한편으로는 트럼프의 용어인 불법 이민자들이 트럼프의 행정 명령에 의해 체포되고 도망가는 장면이 동시에 송출되었다. 수갑이 채워진 이들의 모습에는 관용이라는 단어는 없고 혐오의 낙인만 보였다. 우리만의 천국과 담 앞에서의 생존의 몸부림은 마치 영화 〈설국열차〉를 연상하게 했다.

유럽사회 역시 미국과 경중은 달리하지만 혐오정치가 확산되고 있는 추세이다. 유럽 정체는 미국과 같이 양당이 정치 중심에 있어 국민이 분열되는 경우가 많지 않다. 또한 정치권에 대한 국민의 관심도 비교적 적으며 트럼프와 같은 스트롱맨도 드물다. 이러한 차이로 혐오정치가 그 사회를 위협할 정도는 아니라고 해도 유럽 사회가 안고 있는 이민자 문제는 혐오의 목표물이다. 그들의 부모와는 달리 국민이라는 지위를 가진 이민자 2·3세는 유럽사회에서 소외를 느끼고 불만을 품고 있다. 한편 이들을 위협적인 존재로 인식하는 자국민은 불안감과 경제적 부담감의 돌파구로 혐오정치에 편승했다. 여기에 반응하는 정치인과 정당이 문제 해결사로 부상했다. 3세계에서는 배타적 민족주의를 앞세워 혐오를 유발하는 서구와는 달리 포퓰리스트 정치인이 경제 불황과 빈곤의 원인을 시스템의 낡음과 부패한 기존 권력으로 돌리며 국민을 선동하여 선거를 통해 권력을 잡는 것이 우선이었다. 그러나 제도를 바꾸며 권력 유지를 위해 강압 통치를 하는 과정에서 자신들의 정체성과 부합되지 않다면 배척하는 전략은 동일하다.

그렇다면 한국사회는 어떠할까? 혐오정치라는 용어가 우리 사회와 인과관계가 있는가? 또는 한국사회에서의 포퓰리즘 현상은 무엇이며 우려할 정도인가? 여기에 대해서는 다양한 의견이 있을 것이다. 그러나 세계정치 기류는 우리 사회를 비껴가지는 않을 것이다. 극심하게 갈라진 정치적 진영주의[23]와 연일 보도되는 정치권의 실종된 타협 정치, 국민의 체감하는 불경기의 불안감에서 안전지대가 아니라는 것쯤은 알 수 있다. 또한 2017년 당시의 대통령 탄핵 경험과 이념, 젠더, 정치 집회로 이어지는 광장에서의 대규모 정치 참여는 미래를 제시하는 장이기보다 점차 갈등의 장이 되고 세를 과시하며 수적 우위를 확보하는 인정욕구의 장이 되고 있다. 민주주의 발전을 견인하는 장이 민주주의를 위협하는 분쟁의 장으로 변화했다. 이러한 정치 상황은 민주주의이되 이형된 민주주의를 유도할 가능성이 크다.

고대 그리스가 민주주의 산실이라는 것은 일상에서 벌어지는 시민들의 격렬한 토론과 토론에 진심을 다하는 모습에서 잘 드러난다. 이 같은 그들의 모습은 사회 혼란을 조성하며 효율 면에서나 생산 면에서 지양될 사회로, 민주주의에 대

---

23 편향된 정보와 알고리즘은 시민들을 더욱 동조편향과 인지편향으로 이끈다. 이들의 인지부조화는 상대를 상종할 수 없는 혐오 대상으로 낙인하고 있으며 무엇보다 정치에 관한 과열된 관심이 혐오를 가속화시키고 있는 실정이다. 또한 이들은 모든 정쟁에서 도덕과 정의의 기준조차 사회적 상식과 보편성에 따르지 않고 자신이 속한 집단의 지지 여부에 좌우되어 격한 다툼을 벌이고 있지 않는가.

한 부정적인 인식을 갖게 할 수도 있다. 그러나 정치에 열정적인 그들로 인해 오늘날 민주주의가 최선의 정치체로 자리 잡을 수 있었다는 것도 부인할 수 없다. 민주주의는 다양한 모습을 띠지만 어떤 민주주의를 수용하고 만들어가는가는 국민과 정치 모두의 몫이 된다.

시대를 건너 공리주의자 밀(1806~1873)은 자유가 보장되기 위해서는 반박의 기회가 주어져야 하며 다수에게도 한 사람에게도 침묵을 강요해서는 안 된다고 역설하였다. 그러면서 그는 토론이 다원화 사회에서 인간을 최대한 다양하게 발전시키며 민주주의 가치에 가장 부합된다고 강조하였다. 어쩌면 피시킨 역시 대의민주주의와 포퓰리즘의 문제를 극복하기 위해 직접민주주의 한 형태인 공론조사를 제안한 것일 수 있다. 여기서 공통점은 토론하는 시민이다. 민주주의의 이형을 방지하려면 공론의 장이 열리고 토론과 반론의 보장과 수용이 이루어져야 한다. 밀 이후 그로부터 백 년이 지나 한나 아렌트(1906~1975)는 대중에게 공허한 의식을 심어주고 대중을 조직화하여 선동하는 특징이 전체주의라며 당시를 배경으로『전체주의의 기원』을 썼다. 전체주의는 다원성이 사라지고 시민의 토론보다 획일성을 추종한다. 칼 슈미트는 적과 동지를 구분하면서 경직 사회의 기여자가 되었다. 그의 이분법적 사고는 국민 스스로가 선택한 좌우 구분이 아니라 정치인들이 국민을 향해 양자택일을 강요한 것일 수도 있다.

뮐러는 포퓰리즘의 정체를 파악하면서 포퓰리즘을 전체주

의와 유사한 형태로 묘사한다. 현재의 포퓰리즘이 이전의 전체주의, 독재주의와 다른 것은 민주주의와 결탁되어 있다는 점인데, 국민에 의해 선출된 지도자가 전체주의 또는 독재체제의 형태로 통치하는 것을 두고 그렇게 말한다. 또한 그는 포퓰리스트들을 맹렬히 비난하며 다음과 같이 묘사한다. 첫째 그들은 국가기구 장악과 시민사회를 억제한다. 둘째 지지자에 대한 후견주의로 보상하며 자신들의 주장에 토론과 반박을 허용하지 않는 특성이 있다. 셋째 그들은 '국민을 위해'라고 외치지만 실상은 언어만 민주주의이고 행동은 위험을 촉발하는 반민주주의라는 것이다(밀러, 2017). 반민주주의가 이형의 민주주의이자 혐오정치이다. 혐오정치는 전체주의와 독재주의로의 회귀를 종용하는 것일지도 모른다. 요컨대 혐오정치는 민주주의 빈 공간을 이용하여 국민을 갈라놓고 과격하게 만들며 토론과 대화를 거부한 채 혐오하게 만든다. 또한 공존과 다원화 사회를 인정하지 않는다.

존 쿳시의 『야만인을 기다리며』는 제국주의 시대의 실상을 소설로 엮은 글이다. 제국주의자들은 식민화를 정당화하기 위해 원주민을 혐오 대상으로 삼는다. '야만인'은 원주민을 부르는 그들의 언어이며 '기다리는 것'에는 내 편을 위한 내 편 아닌 사람을 처벌하려는 의지가 숨어 있다. 혐오는 제국주의자들도 이용하는 방법이다. 혐오는 늘 정치의 도구였다. 역사는 반복된다는 말도 있다. 전체주의와 독재주의 포퓰리즘 모두가 지지를 원천으로 출발하지만 이내 권위적 통치로 돌아서며 사회를 침몰시킨다.

12.3 대통령의 계엄 선포와 대통령의 구속, 탄핵 심판에도 평행선을 달리던 정치 지향의 균형은 깨지지 않고 더욱 팽팽해지는 기이한 현상을 보여주고 있다. 가족과 지인뿐 아니라 특히 정치적 견해에 속박되어 있는 연예인은 정치적 발언을 금하는 것이 사회생활에 이롭다. 새로운 정치는 자유로운 발언과 반박의 기회가 보장되고 더 나은 민주주의는 혐오하지 않는 사회 분위기가 중요하다. 이를 무시하면 우리의 민주주의는 어떤 민주주의가 되어야 하는지 진지하게 자문해야 할 것이다.

급박하게 돌아가는 우리 정치 상황은 연구의 게으름도 잠깐의 부재 시간도 허용하지 않는다. 금방 낡은 해석이 되고 과거의 이야기가 되어버린다. 우리 사회는 혐오정치의 기류에서 비껴갈 것인지 혐오정치의 씨가 깊이 뿌리내렸는지 그래서 궁금해진다.

대의제는 민주주의인가?

송재영

1. 서론

대의제는 근대 시민혁명 이후, 사회계약론의 원리에 따라 동의를 매개로 선출된 권력 간의 상호 견제와 균형으로 작동되는 공적 권력 체계를 말한다. 자유주의자와 공화주의자에 의해 설계된 근대의 대의제는 현대에 이르러 확고한 민주적 정치체제로 인식됐다. 사람들은 권력분립에 의한 정당정치와 선거를 민주주의라고 배우고 알고 있기 때문이다. 그러나 인민의 동의를 명분으로, 인민주권을 간접적으로 실현한다는 대의제 정치형태가 민주주의 본질이나 원리와 부합하는지는 많은 의문을 낳는다. 현대 정치를 보면 대의제를 통해 민주주의의 본질인 자유와 평등, 정의의 실현이 요원하다는 것이 확인되고 있을 뿐 아니라, 대의제 정당성의 근거인 주권 위임의 논리에 대한 정당성 및 절차에 대한 근원적 문제 제기가 가능하기 때문이다.

대의제 옹호 학자들은 추상적 원리에 불과한 인민주권 원리는 실제 실현이 불가능하므로 대의제만이 인민주권을 가장 잘 실현하는 민주주의라고 강변하고는 있지만, 사실 주권을 타인에게 양도하는 방식으로만 인민주권 실현이 가능하다는 논리는 비합리적이다. 250년 전 인민의 직접 정치가 가장 좋으나, 광대한 영토라는 조건상 차선책으로 대의 정부를 주장했던 자유민주주의의 원조 밀(J. S. Mill)의 주장이 IT 혁명으로 많은 인민이 실시간 소통과 의사결정이 가능한 현대에도 그대로 적용된다는 것은 말이 안 되기 때문이다. 또 인민은 무지몽매하여 전문성이 요구되는 정치로부터 격리하고 탁월한 품성의 대표자에게 권력을 맡겨야 한다는 유명한 대의제 시조들의 논리도 부패하고 무능한 정치인에 신물이 난 높은 정치의식을 가진 현대 시민에게는 더 이상 설득력이 없다.

특히 민주주의의 꽃이라는 선거를 통해 주권이 타인에 의해 잘못 대표될 시 오히려 민주주의와 역행하는 모습을 우리는 일상적으로 목도한다. 그 결과 현대의 대의제 정당정치는 자유와 평등을 실현하는 민주주의적 공간이 아니라, 권력을 놓고 대결하는 정치 기득권자들 간의 권력 게임장으로 전락하고 말았다. 필연적으로 발생하는 파당성으로 인해, 사회적 지위와 경제적 자원을 독점하려는 기득권 정치 세력들 간의 전쟁터가 되면서, 대의제 정당정치는 민주주의의 실현체가 아니라 권력 쟁투의 가장 효율적 무기가 된 지 이미 오래다. 대의제 민주주의가 인간 존중과 정의를 실현하는 정치적 가치나 도구가 아니라 오히려 불평등을 심화시키고 주권자를 소외시키면서 민주주의를 유명무실하게 만드는 도구가 되어 버린 것이다. 민주적 자치공동체에 대한 참여를 통해 자아실현과 공공선을 이루어야 할 인민은, 기득권자들의 쟁투 장인 대의제하에서 민주주의적 가치와 이상을 추구하는 공동체적 인간이 아닌, 거대한 자본주의 상품시장에서 편의와 향락만을 좇는 이기주의적 소비자 노예로 전락하였다(Macpherson 1992: 65).

2. 민주주의와 대의제

1) 사회계약과 대의제

대의제가 갖는 법리적 정당성은 사회계약이라는 용어로부터 나오는 '동의'라는 개념이다. '동의'라는 용어는 대역 민주주의인 대의제가 진짜 민주주의로 탈바꿈하는 데 결정적 역할을 한다. 17, 18세기 홉스, 로크로부터 시작된 '사회계약'이라는 추상적 개념과 '동의'가 결합함으로써 주권 위임으로 생성된 대의제 국가권력이 정당성을 획득하기 때문이다. 근대 자본주의가 발전하고 시민 부르주아지 계급이 사회주도층이 되자, 구체제인 전제정 왕권신수설을 대체하기 위한 새로운 이데올로기의 고안이 필요하였다. 이것이 바로 사회계약론이다. 자본주의 시장경제의 상품생산과 화폐교환 사회

에서는 등가교환의 척도와 기준을 통해 사회질서가 생성된
다. 상품생산과 유통을 통한 잉여이익 창출이 시장에서의 사
적 계약을 통해 가능했듯이, 국가와 인민 간의 권력(주권적 권
력)의 창출은 시민사회에서 사회계약을 통해 가능하다는 논
리가 개발되었다. 시장에서의 계약이 동등한 당사자 간의 동
의로 가능하다는 논리를 통해 사회계약에서의 '동의'는 지배
자와 피지배자의 동등성을 유추하게 한다. 이후 지배권력은
주권 양도의 결과라는 인민주권론의 논리는 왕권신수설의
절대 왕정을 해체하고 근대 시민혁명에 불을 붙이는 도화선
이 된다. 즉, 지배-피지배의 동등성 원리에서 사회계약을 통
한 지배자에 대한 피지배자의 주권 양도라는 사고 실험이 탄
생한 것이다.

사회계약의 입문서는 홉스의 『리바이어던(Leviathan)』
(1651)이다. 여기서 인간은 죽음에 이르러서야 멈추는 끊임없
이 지속되는 권력욕구를 가진 이기주의적 존재이다. 그는 '만
인의 만인에 대한 투쟁'이 전개되는 자연 상태에서 개인들은
삶이 외롭고 초라하며, 험악하고 야수적이며 짧다고 주장한
다. 인간은 이러한 자연 상태를 벗어나기 위해 자신 주권의
전부를 최고 권력자에게 양도하고 운명을 그에게 맡긴다. 그
는 '왕의 신성한 권리'나 전통적 권위 대신 동의에 의한 정부
를 주장하고 있으나, 주권을 최고 권력자 1인 리바이어던에
게 위임해야 한다는 사회계약론은 절대군주제에 대한 구애의
목소리였다.

반면 절대군주론을 정당화한 홉스의 사회계약론은 정치적으로 대척점에 있었던 존 로크에 의해 변증법적으로 수용, 발전되었다. 비극적이고 절망적인 홉스의 자연 상태와 달리 로크의 자연 상태에서 인간은 자유롭고 평등하다. 그는 1689년에 출판한 『통치론(Two Treatises of Government)』에서 자연 상태는 자유롭고 평등하지만, 사람들이 느슨하게 조직되어 있으면 자연권인 소유권(생명, 자유, 재산)의 권리를 조정할 수 없다고 말한다. 즉, 신성한 시민의 소유권을 조정하고 지키기 위해 '시민적 결사' 또는 정부를 만들자는 사회계약을 체결하고 주권인 최고 권력을 양도한다는 것이다. 로크는 자유민주주의 대의체 정부의 금과옥조인 권력분립을 창시한 사상가로서, 통치조직을 구성한다는 것이 시민의 모든 권리를 정치 영역에 양도하는 것을 의미하지 않는다(통치론, 402-403)라고 말한다. 법을 만들고 집행하는 권리(입법권과 집행권)는 양도되지만, 그 모든 과정은 정부가 '자유·생명·재산'의 보전을 준수한다는 조건에 한한다. 최종 최고 권력인 '주권적 권력'의 적절한 사용 여부를 결정할 능력은 궁극적으로 시민의 수중에 남아 있다. 즉, 주권을 양도받은 정부와 의회가 국민의 기본권을 침해하면 언제든지 저항권을 통해 그 정부를 무너뜨릴 수 있다는 것이다. 이렇듯 로크는 절대 왕정에 주권을 일임하는 홉스의 사회계약과는 달리 '욕심 없고 선의적인'[1] 대의제 정

---

1   존 로크, 강정인·문지영 역, 『통치론』, 까치, 2022, p.78.

부를 통해 인민의 주권을 대신 사용하는 장치로서 사회계약을 구상했다.

그런데 사회계약론은 동의에 기초하지 않은 권력인 세습 왕권을 무너뜨리는 데는 결정적 무기였지만, 새로 대체 권력을 세우는 데는 정당성과 더불어 논리적, 법리적 하자를 드러냈다. 사회계약론이라는 추상적 사고로 창조한 대의제는 혁명의 선두에 섰던 시민계급이 왕으로부터 빼앗은 권력을 이번에는 자기들이 무난히 차지하게 만드는 방안으로 고안된 정치체제였다. 왕과 귀족이 구체제로 몰리고 사회적 영향력이 상실되는 조건에서, 혁명의 선두에 섰던 지식인과 신 중간계층인 자영 정치인들에게 선거제도가 유리한 것은 당연하였다. 일단 선거는 돈과 지식이 있는 사람한테 절대 유리한 게임이다. 선거는 혁명으로 인간 평등사상에 고취되어 정치에 눈을 뜨기 시작하는 다수의 인민을 권력으로부터 배제하면서도, 자산을 소유한 자영업 전문 혁명가들만이 당선되기에는 압도적으로 유리한 제도였다. 그래서 선거가 끝나면 선출된 권력자들의 새 세상이 온 반면, 인민은 다시 정치로부터 멀어지고 천박하고 무지한 일상의 노예로 돌아가는 것이다. 루소는 인민주권의 사회계약론에서 이것을 갈파했다.

"주권은 양도될 수 없는 그것과 같은 이유로 대표될 수 없다. 주권은 본질적으로 일반의지에 있으며, 의지는 결코 대표되지 않는다. 영국 인민은 자신이 자유롭다고 생각한다. 크게 착각하는 것이다. 그들은 오직 선거 때만 자유롭고 선출이 끝나면 다시 쇠사슬의 노예이다. 자유를 가지는 짧은 기간에 그것을 사용하는 것을 보면, 그들이 자유를 상실하는 그것은 당연하다."[2]

시민혁명의 새로운 이념이 '권력은 인민에게 있다'라는 인민주권 사상이라면 정치형태도 인민주권이 실현되는 방식이어야 하는 건 당연했다. 그러나 혁명가와 지식인들이 고안해 낸 것은 일정 수에 해당하는 남성 자산가만의 출마가 보장된 선거제도였다. 이러한 선거제도의 기원은 근대적인 것이 아니라 중세적인 것이었다. 버나드 마넹(Bernard Manin)은 그의 저서 『대의 정부의 원리(The Principles of Representative Government)』에서 대의제의 선거제도는 중세적 관습과 봉건제를 낳았던 바로 그 게르마니아의 유산이라는 몽테스키외의 말을 언급한다. 지금의 대의제 의회제도의 유래는 중세 시대 왕권의 자문기구였던 신분제 의회였다. 성직자와 귀족들이 신분제 의회의 발언권을 주도하고 있어, 시민들이 참여는 유명무실했다. 이마저도 절대왕권에 걸림돌이 된다고 여기면서 제대로 열리지도 않았다. 프랑스의 경우 신분제 의회는 중앙집권이 강화된 1614년 이후 160년 넘게 개최되지 않았다가 1789년 프랑스 혁명 직전에 열린 것이 마지막이었다. 의회는 역사적으로 중앙집권적 권력의 보조 기능적 성격을 가졌다는

---

2 장 자크 루소, 김영욱 역, 『사회계약론』, 후마니타스, 2002, p.117-118.

점에서, 인민이 직접 권력을 행사하는 틀과 제도로 구현되는 인민주권의 내용을 담을 수 없었다. 설사 영국처럼 의회가 왕권에 대한 견제력을 가졌다고 하더라도, 왕권에 대한 견제 권력은 자신들의 권력을 확장하려는 귀족들의 것이었지 평민이나 인민은 아니었다.

이렇듯 신분제 의회는 왕권의 보조기능을 담당하면서 성직자나 귀족층의 기득권과 사회적 지위를 유지하는 기능을 담당한다. 프랑스의 경우 구체제의 모순이 격화되어 구세력들의 영향력이 급격히 위축되고 제3신분인 평민계급이 신분제 의회에서 헤게모니를 장악하면서 신분제의회가 정치적 구심으로서 시민혁명 전초기지인 국민의회로 변화되었지만, 그렇다고 국민의회가 인민주권의 정치체는 아니었다. 국민의회 위원들의 구성은 자산가 부르주아들이 대부분이었다. 과거엔 신분제 의회를 성직자와 귀족계급이 주도했다면, 이젠 시민 부르주아계급이 주도한다는 것만 달라졌다. 즉, 신분제 의회에서 헤게모니 계급만 달라졌을 뿐, 국민의회는 프랑스 인권선언의 '주권은 국민에게 있고, 주권은 대표자 혹은 직접 발휘한다'라는 조항을 실현하지 못했다. 주권은 소수 자산가 부르주아에게 있었고, 인민은 자산가 대표자를 통해서 아니면 직접 주권을 발현하지 못했다. 즉, 국민의회는 자산가들의 대표기관이었다.

그래서 로크의 통치론에는 자산가의 신성한 재산권 보호가 정부의 목적임을 분명히 한다.

'사람들이 사회에 들어가는 커다란 목적은 그들의 재산을 평온하고 완전하게 향유하는 것이며, 이를 달성하기 위한 주요한 도구와 수단이 사회에서 확립된 법률이다.'[3]

로크의 사회계약에서 말하는 대의제는 신흥 소수 자산가 부르주아의 시장경제와 사적 소유권을 가장 우선으로 보호하는 정치체제이다. 사회계약론자들은 선거 행위와 '동의'를 일치시키며 의회 부르주아들에게 위임되는 주권을 정당화시킨다. 그러나 인민의 주권이 '선거'라는 동의 절차를 통해 타자에게 양도된다는 논리는 많은 논리적 모순을 갖는다. 우선, 시장에서 재산권 처분을 위임할 때도 당사자 확인과 위임사항의 구체적 명시가 필요한데, 이것보다 중대하고 특수한 주권 위임과 관련하여 주권자의 의사에 대한 법적인 확인 절차(주권 위임 여부에 대한 국민투표)가 생략되었다는 것이다. 선거에 들어가기 전에 선거를 통해 주권 위임 여부에 대한 의사결정 여부가 필요하다. 사람들은 자신의 주권이 타인에게 선거를 통해 양도되는 것에 대한 인지 없이 투표 행위를 강요받는다고 할 수 있다. 따라서 주권 양도 여부에 대한 우선 투표 없는 선거는 무효이다. 투표용지에 양도 여부를 우선 묻고, 양도에 동의하는 사람만 후보자 선택에 기표하는 것이 법리적

---

3   존 로크, 강정인·문지영 역, 『통치론』, 까치, 2022, p.127.

으로 맞다. 또한 주권 위임의 범위도 구분하여 물어야 주권의 내용에 대한 주권자의 결정권이 명확성을 가질 수 있다. 민법에서도 재산 처분권 위임의 경우 위임의 범위를 구체적으로 명시해야 하는 것과 같은 이치이다.

따라서 인민주권을 명시한 공화국 헌법 조항에 주권 위임 여부와 구체적 위임사항에 대해 묻지 않는 헌법 자체는 반민주적이다. 이것은 마치 개인의 재산 처분 여부를 소유자에게 묻지 않고 재산을 A, B 중 누구한테 전부 위임할 것인지 선거로 결정하는 것과 같은 이치이다. 그런데 우리나라 헌법에도 국민주권의 소재가 국민에게 있다고는 명시되어 있지만, 그 주권에 대한 위임 여부는 확인 없이 곧바로 수임자 선정을 위한 선거를 명시하고 있어 헌법에 근본적인 자연법적, 실정법적 하자가 발생하고 있다.

더욱 근본적 문제는 주권의 위임 자체가 가능한지에 대한 것이다. 개인의 자유의지인 주권이 과연 타인에게 양도되어 대신 대표될 수 있는가? 총체성으로서 일반의지인 주권이 양도될 수 있다면 민주주의에서 말하는 개인의 자유는 존재하는가? 그래서 인민주권의 창시자 루소는 주권은 양도도, 분할될 수도 없으며 대표되지도 않는다고 말했다. 또한 설사 주권이 선거로 위임된다고 치더라도, 위임이 불변인 계약이 가능한가? 기간 만료가 없는 계약은 불공정 계약으로 무효라는 점에서 무기한 사회계약은 허상으로서 무효이다. 또한 부모가 주권 양도를 총투표로 확정한 헌법이 자식에게도 그대로 이

전되는 것이 정당한가? 따라서 이것은 홉스가 얘기한 계약이 아니라 계명(covenant)이라는 점에서 애초부터 사회계약은 왕권신수설이라는 인간의 망상에 대한 부정으로서 선언 이상은 아니었다. 통치자와 국민이 주권 위임계약을 맺으면 국민은 주권 전부를 일시에 양도하지만, 통치자는 미래에 두고두고 실현하는 약속인 사회계약은 민주주의의 기본권리와 불일치한다. 결국 대의제는 허상이고 법리적 모순투성이인 사회계약론에 근거해 선거를 통해 선출된 대표자를 구성하는 정치형태에 불과하다는 점에서 민주주의(민주정)와는 다른 정치형태라 할 수 있다. 자유주의의 가장 해로운 허구 중 하나는 동의 이론, 즉 자율적이고 합리적이고 계산적인 사람들이 '권리 보호'를 유일한 목표로 삼는 정부를 수립하기 위해 추상적인 계약을 맺었다는 가상 시나리오였다.[4]

2) 새로운 귀족정인 대의제

현대 대의제(representative)는 소재에 기초한 주권(권력)의 사용 방식에 따른 정치형태 중의 하나이다. 전제정이 권력이 1인의 왕에게 소재하고, 그 권력을 왕 1인이 독점적으로 사용한 정치형태라면, 귀족정은 권력이 내각을 독점한 소수 귀족에게 소재하고 사용하는 형태이다. 대의제는 왕이나 소수 귀

---

4   패트릭 J. 드닌, 이재만 역, 『왜 자유주의는 실패했는가』, 책과함께, 2019, p.258.

족에 의해 독점된 권력이 새로운 사회세력으로 성장한 시민 계급인 부르주아지로 이전된 정치체제이다. 소수에 권력이 독점된 과두제 형식은 변하지 않고 권력 소재층의 성격만 변한 것이다. 그래서 국가의 권력 독점층이 소수 신분제 귀족에서 소수 자산가 귀족으로 이전된 것에 불과하다는 점에서 대의제 역시 귀족정으로서 과두제이다. 그런데 민주정(민주주의)은 정치권력이 전체 인민에게 소재하고 사용된다는 점에서 귀족정이나 대의제와는 전혀 다른 정치형태이다. 대의제를 귀족정으로 생각하고 건국 초기 미국 정치체제에 도입한 인물이 매디슨(Madison)이다. 매디슨은 미국의 정치체제로서 민주정(민주주의)은 위험하다고 생각하고 플라톤의 국가론에 나오는 귀족정을 미국 정치체제로 도입하면서 민주주의라고 부르지 않고 공화정으로 불렀다. 따라서 민주정과 공화정은 뿌리부터 정치적 원리나 철학 자체가 다르게 출발했다.

그는 민주정의 인민주권 사상을 극도로 경계하면서 로마의 귀족정을 혼합정이라고 각색하고는 선거제도를 통한 대표자 선발 방식인 대의제를 공화국으로 설계했다. 민주정이 전체 민중의 정치참여를 통한 통치 방식이라면, 건국 초기 매디슨의 공화정은 소수 엘리트에 의한 정치참여와 통치라 할 수 있다. 단지 공화정이 귀족정과 다른 점은, 귀족정이 신분에 의한 사적 권력 유지를 목적으로 한다면, 공화정은 겉으로는 공적 목적을 위해 선거를 통해 제한된 임기 내에서 권력 독점을 유지한다는 점이다. 이런 점에서 귀족정 성격의 대의제가 공화정의 공공선과 만났을 때 참여와 정의, 인류라는 민주주의의 정신이 가미되는 것이다. 그러나 귀족정의 본질적 속성이 강하다 보니 대의제는 중세적 성격을 그대로 간직한 반민주주의적 형태로 근대에 나타난다. 근대가 중세 봉건의 왕정과 귀족정을 해체했지만, 그렇다고 소수 엘리트가 권력을 독점하는 귀족정적 정치 방식 자체까지 해체한 것은 아니기 때문이다. 이것은 어쩌면 역사적으로 당연한 일이다. 봉건 체제를 무너뜨리는 것을 주도한 시민 부르주아지가 어렵게 획득한 그 권력을 언제 빼앗을지도 모르는 계급, 계층과 공유하리라 생각하는 것 자체가 순진하기 때문이다. 그래서 그들은 그들이 획득한 권력을 자신들이 독점적으로 운영하는 정치체제로서 선거권을 자산가 남성에게만 주는 대의제를 고안하였다.

이것은 대의제가 인민주권의 정신을 표출했던 근대적 시민혁명의 산물이 아니라, 고대-중세의 유산이라는 점에서도 나타난다. 버나드 마넹은 그의 저서 『대의 정부의 원리(The Principles of Representative Government)』에서 대의제의 선거제도를 신랄히 비판하면서 선거는 아마도 고대적 신중함의 원칙을 되살리려는 의도 속에서 위치할 수 있었던 중세적 신중함의 유일한 원천이었다고 말한다.[5] 이와 유사한 방향에서 몽테스키외는 영국 정부의 근원에 대한 유명한 구절에서 다음과 같이 지적한다. "이 감탄스러운 제도가 삼림에

---

5   버나드 마넹, 곽준혁 역, 『선거는 민주적인가』, 후마니타스, 2004, p.34.

서 발견되었다.” 중세적 관습과 봉건제를 낳았던 바로 그 게르마니아의 살림 말이다. 이것은 봉건 통치로부터, 다시 말해 인류를 타락시키고, 인간이라는 이름을 모독하는 사악하고 부조리한 통치에서 유래되어 오늘날까지 이어져온 것이다 (Bernard Manin, 1997: 119). 그는 대의제의 선거제도가 근본적으로 봉건제 잔재를 근대 혁명에 슬쩍 도입함으로써 인민의 지배라는 민주주의 정신과는 근본적으로 배치된다고 주장하였다.

선거가 그동안 절대자의 지배를 받아온 시민에게 거꾸로 권력자를 선택할 수 있는 기회(비록 몇 년 만에 한 번에 불과하지만)를 주는 제도라는 획기적인 변화에도 불구하고, 사실상 선거로 선택할 수 있는 대상은 기존 사회의 또 다른 권력자밖에 없으므로 이는 기묘한 정치적 기술에 불과하였다(Bernard Manin, 1997: 120). 그는 공화국의 역사에 대해 잘 알고 있던 17, 18세기 저술가들은 선거를 통한 대표의 임명이 공화주의적 전통이라기보다 봉건적임을 알고 있었다고 언급하면서 이미 중세에 일반적으로 실시되었던 투표제도에 대해 언급하고 있다. 마넹에 의하면 자유와 평등, 정의를 부르짖었던 자유민주주의의 초기 유럽이나 미국에서 유독 자산 보유자한테만 선거권이 주어진 상태에서 투쟁을 통해 20세기에 보통 선거권의 시대로 들어왔다 하더라도, 선거는 원천적으로 귀족주의적 속성을 가지고 있다는 것이다. 그는 “오직 선거에 기초한 정부에서는 공직을 가질 동등한 기회를 모든 시민이 가질 수 없다. 그리고 대표의 지위는 더욱 우월하다고 여겨지는 사람이나 보다 높은 사회 계급의 구성원으로 국한될 것이다. 대의 정부는 어떤 측면에서는 더 대중적이고 민주적일 수 있다. 하지만 비록 모든 시민이 투표권을 가졌다 할지라도, 선출된 사람이 그들을 선출한 사람과 유사하지 않다는 의미에서 귀족정적 차원을 지닌다고 할 수 있다"(Bernard Manin, 1997: 171)라면서 대의제 선거제도가 인민의 평등한 공직 참여와 정치참여를 배제하는 반민주성을 내포하고 있다고 주장한다.

마넹이 선거를 인민이 공직을 가질 수 있는 정치적 평등권을 위반하고 있어 귀족정적이라고 비판했다면, 맥퍼슨은 대의제의 복수 정당체계의 속성 자체가 인민의 참여를 배제하는 경향을 가지고 있다고 비판한다. 그는 대의제 작동의 골격인 정당제도는 인민의 주권을 특정 정당 내에서의 경쟁 수준으로 격화시켜버린다고 언급하면서 "정당제도의 보통·평등 선거권은 불평등사회의 유지와 일치시키는 수단이었다는 것이다. 정당제도는 쟁점을 모호하게 하고, 유권자에 대한 정부의 책임을 소멸시킴으로써 그렇게 하였다. 정당은 자본주의 불평등사회에 있어서 요구되는 사회통합 기능을 수행하기 위한 정치적 기관이었다. 따라서 정당제도는 광범한 민중의 참여를 유도하는 데 필연적으로 실패하고, 그리고 그 때문에 활동적 개인을 시민으로 발전시키는 것과 또 도덕적인 공동사회를 촉진하는 것에 실패했다"(Macpherson, 1977: 121)고 주장함으로써 그는 밀의 발전적 민주주의 실패의 원인을 대의

제의 정당제도로 규정하였다.[6]

　맥퍼슨에 의하면 대의제는 본질적으로 시민의 참여를 봉쇄한다. 자본주의 시장경제에서 경제적 불평등으로 인한 계급 갈등은 시민의 정치참여와 자치의 가장 큰 걸림돌이다. 경제적 지위가 열악한 사람들은 자신의 생계유지를 위한 생존권 사수에 치중하는 사적 일에 매몰되다 보니 공적 사안에 참여할 여유가 없다. 심각한 빈부 양극화 상태로 공동체 사회의 형성이 불가능한 조건에서, 토론과 숙의를 통해 공공선을 도출하려는 시민 공론장과 사회적 제도가 만들어지는 것은 어렵다. 따라서 맥퍼슨에게 대의제 정당제도는 참여와 자치를 원천적으로 방해하는 경제적 불평등을 완화함으로써 인민의 정치적 참여를 촉진하는 데 정치적 역할을 하기보다는 권력 쟁취만을 위해 포괄 정당화[7]의 길을 걸음으로써 정당제도가 생산적인 사회적 토론과 논쟁의 분위기를 차단하는 역할을 한다는 것이다.

6　맥퍼슨은 『자유민주주의에 희망은 있는가』에서 밀이 주장한 참여와 토론의 활성화가 가능한 자유민주주의를 발전적 민주주의라고 규정하면서, 밀의 주장과는 반대로 참여와 토론을 차단하는 것이 바로 자유민주주의라고 비판한다. 현대 정당은 주권자를 참여의 주체가 아닌 동원의 대상으로 보면서 주권적 자치력을 없애버린다.

7　포괄정당(包括政黨, catch-all party) 또는 빅텐트(big tent)는 특정 계급이나 이념에 한하지 않고 다양한 계층이나 이념을 가진 사람들의 정당을 의미한다. 이러한 정당들은 주로 중도주의 정당으로 분류되는 경우도 많으나 항상 그런 것은 아니다. 정당 발전 과정은 명사 정당-대중정당-포괄정당-카르텔 정당-선거운동 정당으로 구분한다.

"선거권이 민주주의적으로 되면서 정치체제는 두 개의 계급, 즉 상당한 재산을 갖는 계급과 갖지 못한 계급의 요구를 조정하지 않으면 안 되게 되었다. 이것은 정치체제가 계속 타협을, 혹은 최소한도 외면적인 타협을 주선하지 않으면 안 된다는 것을 의미하였다"(Macpherson, 1977: 120). 맥퍼슨에게 서구 정당정치의 역사는 경제적 불평등을 야기시킨 계급적 차이를 완화시키는 것보다는 그 차이를 모호하게 하는 일을 수행하는 수단으로, 정당정치는 계급적 대립에 대한 차이를 해소하는 것이 아닌 봉합에 그쳤다. 정당 정치인들의 이익과 기득권 사회세력의 이익이 일치하는 상황에서 정당정치의 현상 유지 기조는 계급적인 경제적 불평등이 야기하고 있는 시민의 사회적 침묵과 정치에 대한 무관심으로 이어졌다. 매우 정치적이며 예민한 계급 문제 해결을 주권자인 시민의 참여를 통해서가 아니라 정당 상호 간의 타협의 산물이라고 생각하는 정당정치에서 인민의 자치라는 것은 급진적인 비현실적 논리로 치부되었다(Held, 2010: 224). 이것으로 인해 참여의 봉쇄가 만든 정치 무관심의 군중이 참주에 대한 감정적 몰입 현상이라는 반정치로 전환하는 것이다. 정치참여 봉쇄와 팬데믹 현상은 동전의 양면이다.

이런 대의제의 귀족성은 대의제와 엘리트 민주주의 개념의 유사성을 지적한 슘페터의 주장과 유사하다(Schumpeter, 1975). 대의제는 형식적으론 모든 시민에게 피선거권이 보장된 것처럼 보이지만, 사실 선거에 나갈 수 있는 지위와 재력이 있는 사람과 그렇지 못한 시민 간의 차별을 전제로 성립한다. 시민인 유권자는 조작과 선동, 매수, 이권 동맹의 대상으로 정치적으로 정보가 부족하고 속이기 쉬운 존재로 여겨지지만, 지배 엘리트는 투표로 선출된 지배자에 해당한다. 인민주권은 단지 다음 선거에서 대표를 자리에서 축출할 수 있고, 다른 지배자를 승인하는 권한으로 한정된다. 통치는 지배 엘리트가 하고 시민은 투표를 하는 정치적 분업은 시민들의 정치적 소외감과 냉소주의를 초래하고, 소위 정치 전문가들은 주권자인 시민을 대표하는 대신 이를 대체하면서 기술 관료적 민주주의를 강화시킨다. 시민들의 정치적 참여는 거의 사라진 상태에서 수년에 한 번씩 하는 선거만이 중대한 정치참여인 것처럼 과대 포장된다. 이러한 가식적인 후보자나 정당에 냉소적인 유권자의 기권 행위는 비정치적인 것으로 매도된다. 이렇게 수년에 한 번씩 매우 제한된 후보자 중에서 선택하는 투표 행위를 통해 시민은 점점 자신의 권력인 주권 행사에서 멀어지고, 그 결과 주권자 민주주의는 점차 귀족적 민주주의로 변해간다. 결국, 강자가 약자를 지배하는 귀족적 통치를 무너뜨리겠다고 주장해온 자유주의 대의제는 새롭고 더 강력하고 심지어 더 영속적인 귀족정이 되고 만다.[8]

---

8 패트릭 J. 드닌, 이재만 역, 『왜 자유주의는 실패했는가』, 책과함께, 2019, p.191.

3) 대의제의 이데올로기 자유민주주의

자유주의에 의하면 인간은 태어나면서부터 자유롭고 평등한 존재이다. 사회는 이러한 인간의 천부 인권적 자연권을 보호하기 위해 존재한다. 근대는 중세 암흑기에는 존재하지 않았던 자유롭고 이성적인 개인의 탄생을 전제한다. 근대의 개인은 자유주의로부터 출발한다고 할 때, 근대 국가의 역할은 이러한 개인의 자유를 어떻게 보장할 것인가에 집중되어 있다. 부르주아에게는 자유를 지키는 것이 최고의 가치요 절대 명령이라는 점에서 그들에게 자유주의는 곧 민주주의를 의미한다. 그러나 자유와 민주주의가 결합한 자유민주주의는 인민의 지배로서 민주주의의 개념보다는 개인의 자유에 더 비중을 두면서 출발했다고 할 수 있다. 보호 민주주의의 미래를 보여주었던 로크에게 정부 제도는 시민의 생명, 자유, 재산을 보호하기 위한 수단으로서 이해될 수 있고 또 그렇게 이해되어야 했다(Held, 2010: 131). 민주 정부는 시민들의 천부적인 권리와 자유를 위해 존재한다. 자유민주주의는 당시 시민들인 부르주아(재산 있는 남성)의 권리와 자유를 최대로 보호해줄 수 있는 정치제도와 연결된다. 따라서 데이비드 헬드(David Held)는 로크의 사상이 근대 유럽 자유주의의 핵심 교의 가운데 하나를 여는 데 기여했다며, 궁극적으로 정부는 자기 이익에 대한 최선의 판단자인 시민들의 권리와 자유를 보호하기 위해 존재하며, 따라서 모든 시민의 가능한 최대한의 자유를 보증하기 위해 통치의 범위나 정부의 업무는 제한되어야 한다는 것이다. 거의 모든 면에서, 자유주의 발전의 기초를 놓고 인민적 대의 정부 전통의 길을 준비한 것은 홉스보다는 로크의 사상이었다(Held, 2010: 135).

홉스와 로크 두 사람은 자유주의 전통의 시조이다. 홉스는 절대주의에 대한 지지와 전제 정치에 대한 자유주의의 투쟁 사이의 흥미로운 전환점을 보이지만, 로크는 자유주의적 입헌주의 전통의 시작을 뚜렷이 보여준다(Held, 2010: 123). 홉스는 리바이어던에서 개인들이 자연 상태에 있는 상황을 가정했다. 그는 모든 인간은 사회성을 결여한 이기적이며 평등한 존재라고 보았다. 그리고 자연 상태, 즉 무정부 상태는 '만인에 대한 만인의 투쟁' 상태라고 생각했다. 자연 상태의 인간은 항상 죽음의 공포에 시달리고 외롭고 비참하다. 따라서 자연 상태에서 벗어나기 위하여 모든 개인은 자신의 자연권을 제3의 주권자에게 자발적으로 전부 양도한다. 이렇게 주권자, 즉 국가 혹은 정부는 개개인에게서 양도받은 권리를 이용하여 절대적인 강제력 행사(절대 군주)를 통해 사회를 평화로운 상태로 끌어나가게 된다는 것이다. 그는 인민이 통치자를 통해서 통치한다고 주장하고 있다. 통치자가 그들의 대표인 것이다. 그러나 그가 말하는 통치자는 왕권신수설에 입각하지 않고 동의에 기초하는 절대 군주다. 절대 군주의 정당성을 신이 아니라 동의에 두고 있다는 점에서 홉스는 당시 자연 상태에서 벗어나려는 '개인'과 그러한 개인을 보호하는 '국가'라는 자유주의의 개념을 등장시켰다. 그러나 데이비드 헬드에 의하면 이러한 그의 개념이 자유주의 형성에 결정적으로 기여했다고 하면서도 마키아벨리 사상과 마찬가지로, 홉스의 입장은 근본적으로 자유주의적 요소와 비자유주의적 요소를 결합한 것이었다(Held, 2010: 129).

반면 로크의 자연 상태는 신에 의해 제정된 자연법이 존재하는 상태이다. 인간은 자유롭고 평등한 존재이며 어느 정도의 사회성도 지니고 있다고 보기 때문에 홉스와 달리 자연 상태는 평화로운 상태다. 또한, 인간은 합리적이고 이성적인 동물이기 때문에 그들은 자연권을 누린다. 개인은 자기 노동을 결정·처리하고 소유물을 소유할 권리를 가진다. 소유권이란 '생명, 자유, 재산'에 대한 권리다. 로크의 소유권은 사회와 정부 모두에 우선한다. 그리고 소유권을 조정하는 데 있어서의 곤란함이야말로 '평등하고 자유로운 사람들'로 하여금 사회와 국가를 수립하도록 강요하는 핵심적 이유다(Held, 2010: 133). 따라서 생명과 자유, 재산에 대한 권리를 확고히 보장받기 위하여 모든 사람이 사회계약에 동의하여 정치사회를 구성하게 된다. 그리고 개인의 권력을 위임받은 정부가 구성되는데, 어떤 정부가 본래의 기능과 의무를 다하지 못하는 경우, 사회 구성원의 의사에 따라 새로운 정부가 구성될 수도 있다고 주장한다. 이것은 정부는 개인들의 사적 목표나 이익이 최대한으로 충족될 수 있도록 하는 수단에 불과하다는 것을 말한다. 따라서 그의 사회계약은 이후 자유주의가 통치 기구로서 정부를 정밀하게 구성해가는 이론적 근거로 작용하면서 근대 유럽 자유주의의 핵심 교의 가운데 하나를 여는 데 이바지했다(Held, 2010: 135).

로크의 통치론은 권력분립이라는 행위자들 간의 갈등을 통한 자유주의 통치 기구인 대의제 정부 설계도이다. 그에 의하면 자산가 행위자들의 자유의 공간인 시장과 기반 시설을 넓히려면 성장하는 광범한 국가부조가 필요하며, 때로는 체제 내에서 완강히 저항하는 구성원들로부터 복종을 끌어내야 한다. 이를 위해 국가는 초기에 지역 가정경제를 겨냥해 경제를 합리화하고 비인격화된 현대식 시장을 도입할 것을 강요해야 한다. 폴라니에 따르면 이런 경제관을 도입하기 위해 지역 경제를 의도적으로 그리고 대개 폭력적으로 재형성해야 했으며, 그 작업을 수행한 경제 엘리트들과 국가 행위자들은 전통적인 공동체와 관행을 교란하고 대체했다(Deneen, 2019: 83). 이것은 고전적 자유주의의 원조인 로크가 구상하던 정부는 신흥 부르주아계급의 사적 소유와 경제활동을 보장하는 정치기구였다는 것을 의미한다. 자유민주주의는 왕과 귀족을 대체하는 유산자 신흥중간층의 정치적 자유를 획득하면서도 자유시장을 통한 자본주의 경제를 옹호하는 정치적 이데올로기로서 역할을 해왔다. 맥퍼슨(Macpherson)은 『자유민주주의에 희망은 있는가』에서 자유민주주의가 내건 가치의 기준을 역사적으로 나타난 여러 민주주의의 형태를 모델화하여 분류하였는데, 그중 19세기 초기 형성된 자유민주주의와 관련해서 그것이 가지는 개인에 대한 역할에 따라 보호 민주주의(Protective Democracy)와 발전 민주주의(Developmental Democracy) 두 개로 분류하였다.

보호 민주주의[9]는 벤담과 밀의 공리주의인 일반이론으로서 사회적 선을 위한 유일한 합리적 기준은 최대 다수의 최대 행복이며 행복은 고통을 뺀 개인적 쾌락의 양에 의해 결정된다는 정의에 따랐다(Macpherson, 1992: 56). 이 일반이론에 의하면 "돈은 고통과 쾌락의 양을 특정하는 도구이다. 이 도구의 정확성에 만족하지 않는 사람들은 더 정확할 수 있는 어떤 다른 도구를 찾아내든가, 아니면 정치적 도덕에 이별을 고하든가 해야 한다."(Bentham, 1938: 117) 따라서 이들에 있어서 자유민주주의와 대의제 정부는 최대의 사회적 선인 개인의 쾌락을 스스로 최대로 획득해나가는 자유를 보장해주는 정치적 장치에 해당한다. 벤담과 제임스 밀 등의 효용주의자들은 일반적으로 자유민주주의의 국가는 개인들이 자의적 정치 간섭의 위협에서 벗어나 자신의 이익을 추구하고 경제적 거래에 자유롭게 참여하며 시장에서 노동과 상품을 교환하고 사적으로 자산을 전유하는 데에 필요한 조건을 보장해준

---

9 근대 국가 이후 자유민주주의의 발전 과정은 '보호 민주주의(protective democracy)'와 '발전 민주주의(developmental democracy)'로 나뉜다. 보호 민주주의의 정부 활동의 원칙은 권력 남용으로부터 시민적 권리와 경제활동의 자유를 보장하는 것이다. 이는 밀(James Mill), 베버를 거쳐 엘리트 민주주의와 신자유주의로 이어진다. 발전(계발) 민주주의는 시민의 기본권 보호 수준에서 개인의 정치 생활의 참여를 강조하며 실질적인 정치적 평등과 적극적 자유를 말한다.

다고 말한다(Held, 2010: 156). 이러한 효용주의론은 애덤 스미스의 보이지 않는 손의 시장경제와 직결된다. 자본주의 시장은 자본가들이 자유로운 행동만 보장된다면 수요와 공급의 법칙에 따라 보이지 않는 손에 의해 최고의 경제적 효율성을 보장받을 수 있다는 것이다. 공리주의와 자유시장주의는 시민계급으로 성장하는 부르주아들이 마음대로 사적 재산을 축적할 수 있는 이데올로기로서 기능하는 동전의 양면에 해당하였다.

현대 자유민주주의 원조인 제임스 밀(J. Mill)의 보호 민주주의는 개인은 최고의 물질적 행복을 추구하기 위해 권력과 결탁을 통한 계급적 갈등과 증오의 사회 상태로부터 출발한다. 따라서 이러한 자유민주주의는 개인 최대의 이익과 쾌락 추구를 목적으로 돈을 벌기 위해 경쟁하고 분투하는 시장경제를 토대로 한다는 점에서, 애초부터 거기에는 인간의 정의나 민주주의의 개념은 존재하지 않았다. 개인이 자신의 부를 무한정으로 극대화하기 위해서는 자연히 권력이 필요하게 된다. 쾌락의 극대화가 가능하려면 부와 권력과 결합은 필연적이다. 그래서 자유민주주의에서 "부와 권력 간의 결합은 가장 밀접하고 친밀하다. 정녕 이 결합은 너무 친밀하므로 양자의 얽힘을 떼어놓는다는 것은 상상조차 곤란하다. 부와 권력은 그들의 각자가 각각 또 다른 것과의 관계를 낳게 하는 도구이다."(Macpherson, 1992: 33) 자본과 권력의 결탁으로 자본가계급과 노동자계급의 대립과 증오가 생길 수밖에 없는 상황에서, 이기적 동물로서 인간은 개인적 욕망과 쾌락을 추구하기 위해 타인을 착취하고 이용한다. 그리고 이러한 권력과 자본의 결탁에 의한 착취 관계인 자본주의 정치·경제가 공리주의에 기초한 자유민주주의 대의제 정부의 토대가 된다.

"한 인간이 다른 개인에게 일어날지도 모르는 고통과 쾌락의 상실에도 불구하고 타인의 인격과 재산을 자기의 쾌락을 위해 종속시키려고 바라는 것이 대의 정부의 기초이다. 이 목적을 위한 욕망은 목적을 달성하는 데 필요한 권력에 대한 욕구를 내포하고 있다. 그러므로 인간의 인격과 재산을 우리들의 쾌락에 종속시키기에 필요한 권력에 대한 욕구는 인간성을 지배하는 큰 법칙이다. (…) 사람이 좋아하는 것을 획득하기 위한 도구는 타인의 행동이다. 권력은 (…) 그 때문에 한 인간의 의사와 다른 사람들의 행위 간 일치의 보장을 의미한다. 우리가 생각건대, 이것은 반론되어질 명제가 아니다." (Macpherson, 1992: 58)

인간의 이러한 본성이 지배하는 자본주의 사회는 끊임없는 대립과 갈등을 내포한다. 당시 자본주의 시장경제에서는 인간 개인 스스로의 최대 욕구와 이익을 충족하기 위한 권력 추구 행위는 최대 다수의 최대 행복으로 나타난다는 것이고 애덤 스미스(Adam Smith)는 정치 경제론에서 이러한 개인의 이기주의적 경제 행동이 보이지 않는 손에 의해 자연적으로 조절되면서 시장경제가 균형과 최대 발전을 위해 조화롭게 움직인다고 주장했다. 홉스는 사회를 만인의 만인에 대한 투쟁 상태라고 언급하면서, 전쟁상태를 종식시키기 위해 리바이던이라는 절대적 권위를 세워야 한다고 주장했는데, 공리주의자들 역시 이러한 사회를 안정적으로 유지하기 위해서는 민법과 형법을 집행할 정부가 필요했던 것이고 이것이 이들이 말하는 자유민주주의 정부였다.

결국, 자유민주주의의 초기 형성에 기여한 보호 민주주의 모델은 데이비드 헬드(David Held)에 의하면, 통치자가 시민의 이익에 상응하는 정책을 추구하도록 보증하기 위해서는 시민들이 각자뿐만 아니라 통치자로부터 보호될 필요가 있다. 따라서 인민의 직접 지배 방식이 아닌 정기적 선거를 통해 선출된 대표자에게 주권을 위임한다는 점에서 자유민주주의는 현대 대의제의 근원적 이데올로기였다. 여기서 정치 시장에서 자유롭게 경쟁하는 정당정치는 대의제 작동의 골간이 된다. 법적으로 한정된 국가권력은 비인격적이어야 하고 권력은 집행부, 입법부, 사법부로 나뉠 때 상호 견제를 통해 권력 집중을 방지한다. 따라서 자유권적 기본권으로서 발언·표현·결사·투표·신념의 자유와 연결된 정치적·시민적 권리나 자유의 형태를 띤 법 앞의 평등을 보증하고 또한 자의적 권력으로부터의 자유를 보증하는 것이 입헌주의의 핵심이다(Held, 2010: 162). 특히 국가와 시민사회는 분리된다. 자유민주주의에 있어 시민사회는 개인의 내적 자유를 최후로 사수하기 위한 신성불가침한 영역이다. 시민사회는 시민들이 국가 폭력의 위협이나 부당한 사회적 행위 및 바라지 않는 정치적 개입으로 벗어나 자유롭게 자신의 사적 생활을 추구할 수 있도록 국가권력을 차단하는 역할을 한다. 이렇게 개인의 쾌락 추구를 최우선으로 하는 자유민주주의는 정치 영역에서 정기적인 선거를 통해 대표자에게 주권을 위임하는 대의제를 골간으로 시민사회와의 분리를 마무리했다. 그러면서 개인의 사적 자유와 권리인 사유재산권을 지키기 위해 자본주의의 자유시장 질서를 정당화하는 대의제 정치체제의 정치 이념이 되었다. 대의제를 통해 부르주아의 자산을 지키는 조건으로 모든 인민의 자유와 자아 계발을 포기했다.

4) 민주주의가 결여된 대의제

벤담과 제임스 밀이 보호 민주주의자로 자유민주주의의 기초를 형성하는 데 기여했다면, 계발 민주주의자인 존 스튜어트 밀(J. S. Mill)은 대의 정부론을 통해 자유주의 정부와 입법부의 작동을 체계화하는 데 기여했다. 고전 고대부터 17세기까지 민주주의란 대체로 집회나 공적인 회합 장소에 시민들이 모이는 것과 관련해 생각되었다. 18세기 말에 이르러 그것은 선출된 대표를 통해 집단적 의사를 결정하는 데 참여하는 시민들의 권리로 간주되기 시작했다(Bobbio, 1980: 144). 초기 자유민주주의자들에게 민주정이라는 인민의 지배와 참여는 현실적으로 불가능한 이상이었다. 자유주의자들은 큰 영토와 대규모 시민들에게 실현 가능한 가장 적합한 통치 체제로 선거를 통해 대표자를 선출하는 대의제를 고안했다. 자유주의자들은 대의제가 개인의 자유 보장과 전문적 통치 능력 발휘를 보증한다고 생각했다. 밀에게 자유민주주의 정부 또는 대의 정부란 사람들이 개인적 만족을 어디까지 추구할 수 있는지 그 경계를 확인해주기 때문만이 아니라, 그 자체가 개인성을 자유롭게 계발시키는 주요한 측면이기 때문에 중요했다(Held, 2010: 163).

밀에게 대의제는 자유민주주의를 새로운 시대의 대안적 정치체제로 발전시키기 위해 매우 중요한 것이었다. 고대 폴리스의 시민에 의한 직접 정치의 개념은 현대 사회와는 맞지 않는다. 자치나 공개 집회에 의한 통치라는 개념은 작은 인구의 작은 지역에서나 가능한 것이었다. 그리고 현대 사회가 복잡해지고 많은 인구가 밀집된 넓은 도시에서 거주하게 되면서 많은 사람이 동시에 모여 전문적인 정치 문제를 토론하고 결정을 내릴 수 있는 시간이나 공간은 없다는 것이다. 인구 밀집 국가에서 나타나는 조정과 규제의 문제들은 고전적 민주주의나 직접민주주의의 체제로는 해결할 수 없을 만큼 복잡하다(Mill, 2012: 175-176). 따라서 현대적 조건에서 '이상적으로 최선의 정체'는 인민이 자신들이 정기적으로 선출하는 대표자를 통해 궁극적인 통제권을 행사는 대의민주주의 체제로 구성된다(Mill, 2012: 228).

밀은 고대 아테네와 같은 인민의 지배와 참여가 관철되는 방식의 민회는 가장 좋은 민주주의지만, 지리적·물리적 한계로 불가능하므로 대의제가 차선의 민주주의 중 최선이라고 주장한다. 그러나 이러한 그의 주장에는 여러 가지의 논리적 모순이 존재한다.

먼저, 인민의 지배와 참여(인민주권의 원리)를 민주주의라고 정의할 때, 과연 주권을 타인에게 양도하는 대의제가 민주주의가 될 수 있는가이다. 현대 사회에서 인민의 직접 정치라는 민주주의는 불가능하므로, 대의제는 그것을 대신하는 민주주의라는 것이 그의 논리지만, 인민에게 모든 권력이 귀속되는 직접 정치와 선출된 소수의 대표자에게 모든 권력이 귀속되는 과두제와는 근본적으로 정치체제가 다르다는 점이다. 운영에 따라 주권자의 생명, 자유, 행복 등이 심각하게 영향받을 뿐 아니라 위임 자체가 불가능한 인간 최고의 자유의지인 주권의 타인에 대한 위임은 절차적 적법성이나 정당성에서 많은 문제를 갖는다. A가 나를 대신한다고 해도, 나는 나이고 A는 A이다. 그리고 나를 대신하는 A가 할 수 있는 것이 있고 없는 것이 있다. 주권 수임인이 전쟁을 선포했다고 주권자가 그 전쟁에 찬성했다고 할 수 없다. 주권은 자유의지의 총합이라는 점에서, 의지를 대표할 수는 없기 때문이다. 따라서 주권이 대표될 수 있는 것과 없는 것이 있다는 점에서, 인민의 주권 전체를 대표한다는 대의제는 민주주의라고 할 수 없다. 대의제는 주권을 대표하는 것이 아니라, 주권 위임을 허락한 일부 유권자의 제한된 범위의 정치 행위를 대표하는 정치체제일 뿐이다. '주권적 권력' 중에서 자유의지와 관계없는 실무적 행위와 정책 집행을 대표한다는 점에서 대표할 수 없는 '주권적 의지'는 작동하도록 해야 그나마 대의제가 민주주의라는 수사에 정당성을 부여할 수 있다.

미국의 대의제 공화정을 창시한 매디슨 역시 고대 민주주의는 철저히 비판한다. 그에 의하면, '순수 민주주의'는 항상 비관용적이고 부당하며 불안정했다. 작은 규모의 공간에서 대면 정치는 다수를 차지하는 파벌의 소수에 대한 독주와 독선이 일반적이라는 것이다. 그래서 그는 순수 민주주의는 소란과 분쟁으로 언제나 개인의 안전 및 소유권과 양립 불가능하다고 주장했다. 그는 인간의 본성을 이기적이고 타협 불가능한 존재로 생각했다. 홉스적인 만인이 만인에 대한 적대감과 투쟁의 상태에서 모여서 토론하고 공공선적 결론을 짓는 고전적 순수 민주주의는 불가능하다고 생각했다. 그러면서 집합적 의사를 모으는 광장정치의 다수가 개인의 자유와 재산권을 침해한다는 철저한 불안감을 가지고 있었다. '순수 민주주의의 최후가 폭력적이었던 만큼이나 그 수명이 대체로 짧았던 것'은 전혀 놀라운 일이 아니라는 부정확한 인식[10]을

---

10 고대 아테네 민주주의는 200년 이상 지속되었고, 이후에도 로마 1천 년 동안 군민회, 평민회 등 로마 민회 정치에 많은 영향을 미쳤으며, 세계 정치사적으로 인류의 진보적 정치형태에 가장 많은 영감을 주고 있다고 할 수 있다. 폭력은 순수 민주주의 때보다는 왕정이나 귀족정에서 더 피비린내 날 정도로 권력투쟁이 심했고 노예, 농민반란이 많아 집단으로 살해당했다는

하면서까지 순수 민주주의에 대한 그의 거부감은 굉장했다. 그래서 그가 구상한 대의제 공화국에는 인민의 정치참여라는 민주정적 제도는 의도적으로 약화시키는 대신 권력을 독점할 엘리트 정치가의 탁월성이 강조된다.

그에 의하면, 파벌의 형성은 피할 수 없으며, 정치 최고의 문제는 파벌을 통제하는 것이다. 그래서 전제 정치에 대한 보호 수단이자 '파벌의 난폭함'을 통제하는 수단으로서 '대의제 원리' 위에 조직된 강력한 국가를 주창했다(Held, 2010: 150). 매디슨은 민주정이 아닌 로마의 혼합정을 선호했다. 그는 대의제 혼합정을 통해 광대한 공화국을 건설하고, 미국 정부를 통해 자본주의적 개인의 이익과 자유를 지키는 역할을 구상했다. 그는 연방주의적 대의 국가를 개인들의 이익을 집약하고 권리를 보호할 핵심 메커니즘으로 생각하면서 변덕이 심하고 무지한 인민을 잘 교화하고 통합시키는 강력하고 위대한 정부를 구상했다. 그의 공화국에서 주권자는 통치의 대상이라 자발적 정치의 주체는 아니었다. 따라서 매디슨이 설계한 광활한 미국을 염두에 둔 대의제 공화정은 국가권력의 간섭을 차단하고 개인 자유와 재산권을 수호하는 데 방점을 두었던 자유주의적 사상이 통치의 효율성과 연방의 중앙권력화로 전환된 것이었다.[11] 그는 영국 식민지에서 벗어난 신생 독

점에서 매디슨의 정치사에 대한 인식은 왜곡되고 부정확하다.

11 해밀턴은 『연방주의자 논고』 제34편에 "연방 중앙정부는 예측 불가능한 미래 상황에 대비해 무제한적 권력을 휘두를 수 있어야 한다"라고 썼다.

립국으로 번영과 전진을 설계하는 국가주의적 설계관에 집착했다. 따라서 그는 공화국 대의제에서 민주주의의 원리보다는 연방의 권력 중심 국가 체계 원리를 강조하는 자치를 옹호하는 반연방 자치주를 끌어들이기 위한 마지못한 민주주의자였다. 그래서 고대 덕성 찬양과 공동선을 향한 열망은 근대 공화주의의 기본적 동기로, 즉 전반적인 권력 증대와 그에 따른 욕구 충족을 가져오는 자기 이익 추구로 대체될 것이었다.[12]

둘째, 밀의 대의제는 자유를 완벽하게 지켜줄 전문적 정부가 필요함과 동시에 인민의 참여를 통한 권력에 대한 방어 기제도 필요했다. 대의 체제는 표현·언론·집회의 자유와 함께 독특한 장점이 있다. 그것은 중앙 권력을 감시·통제할 수 있는 메커니즘을 제공하며, 자유의 감시자이자 이성과 토론의 중추로 기능하는 공개 토론장(의회)을 확립해준다(Held, 2010: 173)는 것이다. 그에 의하면 대의제는 선거 경쟁을 통해 전문적이고 효과적인 좋은 정부를 구성할 수 있는 정치체제다. 결국, 선거를 통해 전체의 최대 이익에 필요한 지식을 갖춘 지도자의 자질을 활용한다(Mill, 2012: 195). 그러면서 그는 선거로 선출된 뛰어난 지도자의 자질은 전문성을 발휘할 수 있는 행정가들을 잘 선택하는 것이라고 말한다. 이는 시민으로부

---

12 패트릭 J. 드닌, 이재만 역, 『왜 자유주의는 실패했는가』, 책과함께, 2019, p.229.

터 위임된 권력을 체계적으로 행사할 전문 관료 집단의 등장을 의미한다. 대표자나 대의기구는 일상적인 행정에 간섭하지 말고 효율성과 전문성에 일임해야 한다는 것이다. 그가 말하는 자유민주주의 대의제는 경쟁적 선거로 선출된 정부와 입법부, 이들로부터 자유로운 전문적 관료행정 기구로 나누어진다. 그런데 문제는 그는 선출되지 않아 대표성이 없는 전문적 통치 기구가 거대한 관료 기구화되는 것을 예상하지 못했다. 그가 중요시했던 시민의 주권이 선거를 통해 위임된 대표자로부터 비선출직 관료로 이동함으로써 나타나는 주권의 손실 현상을 이해하지 못한 것이다. 한번 위임된 주권은 마음대로 이리저리 위임되면서 최초의 주권자는 정치로부터 사라져버렸다. 대의제의 전문 관료제가 민주주의를 촉진한 것이 아니라, 그나마 있었던 민주주의적 형식마저도 삼켜버렸다.

그는 의회를 통한 시민참여와 토론의 활성화를 대의제가 시민에게 보장하는 강점으로 제시한다. 대의제는 책임성을 전문성과 결합할 수 있다. 밀은 자유 실현의 원천인 시민의 주권과 관련하여 비록 시민에 의한 직접 정치는 아니더라도, 대표자로 선출된 의원들로 구성된 의회를 통해 공론장이 만들어지면 시민의 참여로 충분히 토론이 활성화되고 시민의 자기 계발과 시민의 승인이나 동의의 정당성을 획득할 수 있다고 보았다. 의회는 자유 시민들이 그리스 아테네의 광장정치를 대신해서 자유와 자치를 통해 무한히 발전하는 꿈의 궁전이었다.

　그러나 대의제 의회의 공론장에 참여하는 시민들의 수는 아주 제한적이다. 의례적 토론회는 전문 지식인들의 과시와 전유 공간에 불과하다는 점에서 밀이 언급한 시민의 자유와 자치가 만개하는 의회의 공개 토론장은 소수 전문 지식인이 직업적으로 활동하는 공간에 불과하였다. 선출된 입법부가 마련한 공론장을 통해 주권이 실현될 수 있다고 강조하면서 탄생한 대의제는 시민 공론장 형성에 실패하면서 근대 시민혁명을 통해 새로운 가치로 부상한 입법 과정에 대한 시민의 개입이라는 주권의 의미가 퇴색해버렸다. 소수의 정치참여를 마치 많은 대중의 정치참여인 것처럼 과장하고 있는 것이 밀의 대의제가 말하는 정치참여의 치명적 결함이다. 그에게는 조건상 직접민주주의의 불가능성이 인민의 참여를 소수 지식인의 전문성으로 대체하게 만든 요인이 되었다. 그는 이들의 전문성과 지적 능력이 훌륭한 정부를 구성하여 인민을 훌륭하게 변화시킨다는 논리로 인민의 정치참여를 왜곡한 것에 대한 합리화를 시도했다. 따라서 밀의 발전적 민주주의의 의회 대의제 역시 근대 시민혁명으로부터 발전해온 자유와 자치 개념의 중대성은 이해하고 존중하려고 했더라도 권력의 주체인 인민이 정치참여 과정에서 배제됨으로써 비민주주의로 비판받는 보호 민주주의와 별 차이가 없었다.

3. 결론

대의제는 대의민주주의라고 부르면서 자유민주주의와 동의어가 되었다. 대의제가 권력의 위임에 의한 엘리트 정치를 의미하는 것으로 변해왔다면, 자유민주주의는 이러한 엘리트 위임 통치의 정치적 이데올로기로서 작용해왔다. 대의제는 자유와 평등을 억압하는 전체주의 정치제도와의 치열한 경쟁에서 승리하면서 현대 자유민주주의를 상징하는 정치체제가 되었다. 그러나 대의제가 본래의 민주주의의 이상과 목표를 실현하지 못하고 파당적 정당정치로 자유, 평등, 정의라는 본래의 이상과 멀어져가고 있음이 증명되고 있다. 근대 시민혁명 이후 자유민주주의는 봉건적인 신분 질서로부터 개인을 해방하고 자유와 평등, 정의라는 시대적 가치를 창출하였다는 점에서 보편적이고 진보적인 가치를 가지고 있었다. 자유민주주의는 사적 소유와 정치적 자유의 보호 방안으로 권력분립, 법치주의, 언론자유에 기초한 의원내각제·대통령제라는 방식으로 대의제를 발전시켰지만, 대의제가 원래의 인민주권이라는 민주주의(민주정)와는 상관없다는 것이 드러나면서 민주주의 원래의 이상과 가치를 올바로 실현하는지에 대한 회의와 구체적 반론에 직면해 있다.

대의제는 허구적이고 가공적 사회계약의 동의론에 기초한 정치체제이다. 주권자는 지배 통치자와 어떠한 사회계약을 체결한 적이 없으며, 특히 생명, 평화, 행복에 대한 당연한 지향과 자유의지를 소유한 인민이 투쟁과 피를 흘리며 획득한 '주권'을 스스로 어떠한 집합적 합의를 통해 지배자(타인)에게 양도했다는 사회계약은 사기적 사고 실험이다. 주권 양도 여부에 대한 당사자 확인 절차 없는 헌정주의는 무효이고 민주주의와는 관련이 없다. 이러한 주권 양도 여부에 대한 근본적인 의문을 기본으로 광범위한 토의와 숙의를 통한 양도 가능한 것과 자치정치(self-governance)의 영역을 결정하는 헌법적 절차와 과정이 선행될 때만이 비로소 대의제에 최소한의 민주주의적 명분을 부여하는 것이 가능하다.

대의제에서 선거를 통한 대표성은 정당정치를 통해 표출된다. 그러나 대중정당이 진정으로 대중을 대변하지 못한다고 지적된다. 미헬스(Michels, 1962)는 심지어 평등을 주요 가치로 삼는 좌파 정당인 계급정당에서조차 지도자와 평당원 사이의 차이는 심각하다고 지적한다. 정당의 지도자와 대의원들이 노동계급이라는 배경을 가질 수는 있지만, 실제에 있어서 그들은 노동자라기보다는 상층 중간계급으로서 생활한다. 정당은 일반 노동자들이 정치인으로 사회적 신분 상승을 할 수 있는 출세 사다리 역할을 한다. 자본주의 초기에는 더 똑똑하고, 더 야망을 품은 노동자들이 소기업가가 되었다면, 지금은 정당의 관료가 된다. 노동계급 정당은 노동계급으로부터 뚜렷이 구별되는 '탈노동자화'된 엘리트들이 지배할 뿐이다(Michels, 1962: 34). 민주주의를 강조하는 좌파 정당조차도 과두제적 엘리트화되고 있는데, 하물며 자유주의 정당의 과두성과 반민주성은 말할 필요가 없다. 대의제 정당정치는 위임받은 주권을 대표하기보다는 기득권 전문 법조인이나 재력가들의 정치권력 획득의 교두보가 된 지 오래다.

정치가 일반인을 대변하지 못하고 상층 지도자들 간의 권력 게임의 틀로 귀속되어버리는 현대 정당정치에 대해 슘페터는 적나라하게 묘사한다. 그에 의하면, 정당정치는 정치권력을 놓고 경쟁하는 사회 엘리트 간의 운동 경기 같은 것이다. 인민은 축구 경기나 풋볼 경기를 보면서 민주적이라고 포장되는, 예의 바르고 격조 있게 환호하거나 슬퍼하는 '참여하는 관람객'에 불과하다.[13] 이는 대의제 정당정치가 선거로 권력을 위임받은 정치인에 의해 주권자를 잘 대표할 수 있는 탁월한 민주적 정치체제라는 논리를 불신하게 만든다. 대의제가 정당정치로 제도화되면서 대의제를 통해 위임된 민주주의 핵심인 주권은 온데간데없이 사라졌기 때문이다. 현대인은 없는 주권을 상상하는 허상의 주권자에 불과하다.

결국 현대의 정당정치로서 대의제는 스스로 민주주의와는 상관없는 정치적 기술이나 방식에 불과하다. 그래서 민주주의란 엘리트 정치인들에 의해 권력 획득에 유리한 자기 정당화나 술책, 선전을 위한 그럴듯한 구호 이상이 아니다. 인민은 역시 자신의 권력을 그들에게 맡길 때, 그들이 자유와 평등, 정의라는 원래 민주주의 이상과 가치를 제대로 실현하리

13　데이비드 헬드, 박찬표 역, 『민주주의 모델들』, 후마니타스, 2010, p.453.

라는 믿음까지는 아니더라도, 민주주의라고 선언되는 대의제 정당정치가 적어도 자신들의 열악한 경제적, 사회적 지위를 올려주거나 사회적 소외나 차별로부터 구원해줄 것이라는 기대와는 별 관계가 없다는 것을 알게 되었다. 최근 주권자이지만 허상뿐인 주권의 현실을 알아버린 군중이 극우 포퓰리즘의 온상이 된다. 극우 포퓰리즘은 정치, 경제, 사회적으로 상류층의 위선적 대의정치에 신물 난 소외된 사람들이 민주주의라고 알고 있는 대의제의 반대편으로 향하는 집합적 저항이다. 자신들이 추종하는 극우 정치인들이 바로 자신들의 비참한 노예 상태를 생산한 주역이라는 것을 모른다는 것은 슬픈 사실이다. 그래서 이제 대의제에 대한 불신이 민주주의에 대한 불신으로 이어지게 되는 악순환에 빠진 것이다. 그러나 이것은 민주주의가 아니라 민주주의의 가면을 쓴 대역 민주주의인 대의제 정당정치의 위선과 속임수의 문제이다. 민주주의가 아닌 대의제를 마치 민주주의의 정수인 것처럼 속이고 권력을 획득하고는 귀족정의 현대판인 과두제 권력체제를 유지하는 정당정치 계급의 문제이다. 그러나 대의제의 위선과 비민주성에 계속 속아 노예화로 갈 것인지, 아니면 저항과 자치정치를 통한 주권자 민주주의의 새로운 장을 열게 될 것인지는 주권자인 시민의 투쟁에 달려 있다.

2부

민주주의의
한계를 넘어
또 다른
가능성으로

근대 민주주의의 역설과
랑시에르 민주주의 논의의 함의
: 영화 〈콘크리트 유토피아〉를 중심으로[1]

구은정

1. 대한민국의 자화상, 〈콘크리트 유토피아〉

영화 〈콘크리트 유토피아〉는 김숭늉 작가의 웹툰 「유쾌한 왕따」 2부 '유쾌한 이웃'을 원작으로 한다. 최영주 기자의 노컷뉴스 인터뷰에서 보면, 엄태화 감독은 원작에서 '아파트'에 주목했다. 감독은 한국을 배경으로 한 디스토피아 세계관을 표현할 상징으로 아파트에 대해 파고들며 박해천의 책 『콘크리트 유토피아』를 만났다(최영주, 2023). 책 제목을 그대로 영화 제목으로 활용했다. '콘크리트 유토피아'라는 제목은 영화나 책의 내용을 모르더라도 한국에서 나고 자란 사람들이라면 느낄 수 있는 아파트로 인한, 아파트에 대한 애환·애증·탐욕 등의 정동[2]을 담고 있다. 사실 콘크리트와 유토피아라는

---

1   이 글은 『인문콘텐츠』 통권 제74호에 수록된 논문을 수정한 글이다.

2   영어단어 affect의 번역어인 정동은 인간의 감정, 정서 등을 일컫는다. 다만 감정이나 정서가 주로 개인적 주관적 차원으로 이해되는 반면 정동은 감

어울리지 않는 두 단어의 조합은 유토피아가 실체 없는 허상
이라는 것을 이미 피력하고 있다.

한국사회에서 아파트는 초기 콘크리트 덩어리로 묘사되며
환영받지 못했다(서민경·오창섭, 2009: 225). 박완서의 단편소설
을 분석한 정미선의 해석에서 보듯, 한국사회에서 아파트는
"집에 대한 핵심적인 이념이 사상된 장소 없는 공간"일 뿐이
다(정미선, 2017: 139). 이 텅 빈 곳을 채우는 것은 집에 대한 굴
절된 인식이다. 친환경적이고 생활의 편리를 보장하는 첨단
기술이 내장된 웰빙(well-being)을 주문(呪文)하는 TV 광고 속
아파트는, 이 텅 빈 곳을 채우며 아파트에 대한 신화적 인식
을 덧씌웠다(서민경·오창섭, 2009: 223-228). 차가운 콘크리트 덩
어리라는 이미지는 지워졌다. 이제 아파트는 중산층의 상징
으로 부를 축적하는 도구로 변모하며 한국인의 삶 깊숙이 파
고들었다(정희우, 2014: 140). 바깥세상과 구별 짓는 성을 쌓으
며 '아파트'는 이제 삶의 보금자리로서의 집이 아니게 된다.
대신 경제적 성취를 충족하는 소비재, 경제적 서열을 증명하
는 인장으로 기능한다. 이렇게 한국사회에서 아파트는 영화
에서처럼 계급 분할이 정주(定住)하는 곳이다. 대한민국 곳곳
에 우뚝 선 거대한 덩어리 아파트는, 이 계급 분할을 매일 매

정과 정서의 동적 움직임에 초점을 둔다. 이를 통해 주관성으로 이해되었던
감정과 정서는 주관과 주관 사이를 흘러 다니며 관계성에 작동하고, '사회
적인 것'으로 포착될 수 있다. 한국사회에서 아파트에 대한 애증과 탐욕은
'사회적인 것'으로 발현되었다. 정동 이론에 대해서는, 그레고리 J. 시그워
스 외(2015) 참조.

순간 우리에게 각인시킨다. 영화 〈콘크리트 유토피아〉는 아파트에 실린 꿈, 욕망, 황금만능주의 등을 한국사회의 보편성으로 끌어올리며 한국사회를 상징적으로 표현했다.

한국사회에서 거대한 덩어리 아파트는 더 높은 곳을 향한 끊임없는 욕망이 날것으로 분출되고 끓어오르는 용광로다. 이 용광로에서 제련된 산출물은 손해 보지 않기 위해 자기 이익을 위해 매 순간 선택하는 영화 〈콘크리트 유토피아〉의 주인공 '영탁'[3]이다. '자기 이익'과 '선택'은 근대적 인간형의 두 덕목이다.[4] 영화에서 '영탁'은 우발적으로 '진짜 영탁'을 살해한다. 재난이라는 특수한 상황에서, '진짜 영탁' 행세하며 아파트 주민이 되는 선택을 한다. 이후 가짜라는 자신의 신분을 노출한 혜원을 살해한다. 영화 〈콘크리트 유토피아〉는 수많은 '영탁'이 모여 사는 디스토피아 한국사회의 자화상이다. 디스토피아의 무대인 아파트에서 재난 이후 야만적 삶이 펼쳐진다.

비평가들은 재난 이후 다양한 인간 군상이 주조하는 야만

---

3   주인공 영탁은 영화에서 진짜 영탁을 죽이고, 영탁으로 행세하는 가짜 영탁이다. 본 글에서는 가짜 영탁은 '영탁'으로 진짜 영탁은 '진짜 영탁'으로 명명한다.

4   신분이 주어진 전통사회에서 근대 사회로의 전환은, 자아(self)라는 자기 정체성을 선택하는 것이 개인의 책임으로 넘겨졌다는 것을 의미한다. 이때 자기 이익을 위한 선택은, 개인이 자신을 위해 행동할 때 전체 사회가 조화롭다는 애덤 스미스 이론에 바탕을 둔, 자본주의적 인간형의 핵심이다. 근대적 자아와 이의 선택에 대해서는, Budgeon(2003)과 Taylor(1989) 참조.

적 삶에 주목한다. '영탁'이라는 인간군상에 공감하고 동질감을 느끼는 사람들이 더 많아 보이는 한국 사회에 대해 우려한다(송경원, 2023). 야만적 삶의 원인으로 정치의 실종을 제기한다(위근우, 2023). 주민투표 등 민주적 절차를 지킨 주민들의 합리적 선택이 정치의 실종으로 귀결되는 것은 역설적이다(조흡, 2024: 82). 이전 사회의 관념에 의존해 이전 시스템을 복원하려는 합리적 선택이 붕괴된 사회가 요구하는 새로운 시스템의 재설정과 어긋나며(채희숙, 2024: 41), 이 역설은 초래된다. 이처럼 〈콘크리트 유토피아〉에 대한 비평은 영화가 표현한 다양한 주제의식을 포착했다. 그러나 이런 다양한 주제의식을 엮는 깊이 있는 학술적 논의는 아직 부재하다. 따라서 이 글에서는, 근대 이후 지배적 가치로 자리매김한 (대의)민주주의 체제의 역설과 이를 넘어설 다른 민주주의에 대한 상상력을 초점으로, 영화 〈콘크리트 유토피아〉가 표현한 다양한 논제를 엮어 분석하겠다.

문화연구자 크리스 바커(Chris Barker)에 따를 때, 문화는 다양한 가치와 의미가 경합(contestation)하는 장으로, 문화변동(cultural change)은 현재의 사회질서를 재고찰하고 새롭게 묘사해 대안적 미래의 가능성을 모색하면서 발생한다(Barker, 2002: 22). 그는 거대 담론으로서 이론이 아니라, '우리'의 범위를 넓히고 연대를 공고히 하는 도구로서 이론을 이해할 것을 촉구한다(ibid: 65). 또 정영희는 동시대 구성원들이 공유하는 가치와 감성이 반영된 이야기를 통해 그 시대의

지배적 가치와 욕망의 사회성을 포착할 수 있다고 논의한다
(정영희, 2020: 134). 이런 논의를 고려할 때, 영화나 드라마의
내러티브는 지배적 가치와 이와 경쟁하는 가치를 분석할 수
있는 중요한 자원이다. 그리고 근대 민주주의는 봉건적 위계
질서를 평등한 질서로 전환하는 근대 정치의 핵심 이념이다.
따라서, 문화콘텐츠를 분석해 근대 사회 인류가 꿈꿨던 민주
주의 이상이 어떻게 실현되고 있는지 논의하는 것은 유의미
하다. 한편 정의진(2017: 26)에 따를 때, 현재는 "그 어느 시대
보다도 민주주의와 관련된 정치적 '창조성'이 요구되는 시대
다." 문학은 "특정한 사회역사적 국면과 새롭게 도래할 사회
역사적 국면의 '사이'에 존재하며, 이 사이를 창조한다"(위의
글: 40). 이 '사이'를 창조하는 것은 비단 문학만이 아니다. 영
화, 드라마, 미술작품 등 모든 창작 작품에 해당한다. 그러나
문학 이외 영화, 드라마 등 다른 문화콘텐츠 분야에서 자크
랑시에르(Jacques Rancière)[5] 이론이나 민주주의를 다룬 연구
는 매우 미흡하다. 따라서, 영화 콘텐츠를 텍스트로 랑시에르
민주주의 이론을 활용해 민주주의의 미래를 모색하는 이 글
은, 포스트근대(post-modern) 위기에 처한 민주주의에 대한
상상력을 넓히는 데 기여할 수 있다.

이 글에서는 먼저, 근대 대의민주주의의 위기와 민주주의
에 관해 다른 관점을 보여주는 랑시에르 이론을 고찰하겠다.

---

5   이 글에서 Jacques Rancière는 랑시에르로 표기한다.

둘째, 영화 〈콘크리트 유토피아〉의 내용을, 1) 구별 짓기 그리고 배제, 2) 대의민주주의와 능력주의, 3) 붕괴라는 세 범주로 나눠 근대 대의민주주의의 이상인 국민주권과 이를 실행하는 규율의 관점에서 고찰하겠다. 마지막으로 민들레 홀씨처럼 부유하는 인간의 선에 대한 믿음이 내려앉은 영화의 마지막 장면을, 랑시에르 관점을 활용해 다른 민주주의에 대한 가능성으로 해석하겠다. 이 글은 랑시에르의 민주주의 이론에 기대 '통치할 자격이 없는 이들의 통치'라는 민주주의 원류(原流)에 주목하는 인문학적 상상력을 촉구한다. 이를 통해 포스트근대 위기에 처한 민주주의를 새롭게 구상하는 논의를 촉구하는 비나리를 친다.

2. 대의민주주의의 위기와 랑시에르 민주주의 논의

근대 대의민주주의 제도는 인민이 엘리트의 지도를 거부하고 사회를 뒤집을 우려를 보완하기 위해 인민의 선택권과 지배권을 제한해 다듬은 결과물이다(김민철, 2023: 220-240). 이때 다수의 전제에 대한 두려움을 랑시에르는 민주주의에 대한 혐오라 일컫는다(Rancière, 2014). 민주주의에 대한 혐오의 반대편에는 엘리티즘 즉 귀족정에 대한 인민의 거부가 있다. 이는 좁혀지지 않는 '대의(代意)'와 '민의(民意)' 사이의 갈등이다. 이 오래된 갈등은 "대의의 실패"와 "숙의의 실패"로 비판받는 대의민주주의의 한계와 만난다. 대의의 실패는 '탁월성 원칙'이 작동하는 선거로 대표를 선출하는 방식에서 비롯된다. 탁월성 원칙에 따라 평범한 대중과 경제적 사회적으로 격차가 있는 엘리트를 대표로 선출해, 대의민주주의는 결국 귀족정으로 귀결되기 때문이다(마넹, 2004: 125-200). '숙의의 실패'는 다수결 원칙에 따를 때, 순간적 선호를 집합한 여론이 국민 의견을 대신하며 나타나는 폐해를 의미한다. 이런 대의민주주의의 한계를 보완하기 위해, 국민주권이란 민주주의의 이상을 기준으로 주권을 보장하는 방법, 즉 대중의 의견을 어떻게 모을 것인가에 주목하며 다양한 근대 민주주의 이론이 모색된다.

가령 참여민주주의는 일상의 삶에서 시민들이 정치에 참여하는 방법과 공간을 모색해 '대의의 실패'를 보완하려 한다(김대환, 1997). 추첨민주주의는 탁월성 원칙에 따라 대표를 선출하는 선거제도의 한계를 넘어서기 위해 추첨으로 대표를 선출하는 방법으로 역시 '대의의 실패'를 넘어서려 한다(이지문, 2012). 숙의민주주의는 안건에 대해 깊게 숙고하고 논의하는 과정을 초점으로, 순간적 선호에 따른 투표의 한계 즉 '숙의의 실패'를 보완하는 제도를 모색한다(피시킨, 2003). 한편 소통과 숙의를 통한 합의를 강조하는 숙의민주주의를 기존 질서에 대한 순응의 측면에서 비판하며, 다양한 이해관계, 신념, 가치를 가진 집단 간의 경합을 통해 권력관계를 해체하고, 대중이 정치적 헤게모니를 장악하는 급진민주주의 논의가 있다(Laclau & Moufffe, 1985). 그러나 실질적 민주주의를 실현하기 위한 이런 다양한 이론적 논의는, 다수결, 토론과 숙의를 통한 합의, 헤게모니를 둘러싼 경합, 참여, 또는 추첨 등 모두 대중의 의견을 어떻게 모을 것인가에 대한 '방식'을 민주주의로 치환한다는 한계가 있다(양창렬, 2016: 67). 의견을 모으는 방법을 민주주의로 치환한다면, 다수가 소수를 배제하고 규율로 억압할 때 이의 비민주성을 포착하기 어렵다.

무엇보다 민주주의를 발전시키기 위한 수많은 이론적 노력에도 불구하고 현재 민주주의는 위기에 처했다. 정의진(2017: 23-26)은 현대 민주주의의 위기를 세 가지로 정리한다. 첫째, 서구 근대 민주주의의 발원지로 간주되는 프랑스, 미국, 영국, 네덜란드 등에서 나타나는 인종주의와 파시즘에 기원을 둔 극우 정치세력의 약진은 일반적인 정치의 위기가 아니라 민주주의 그 자체의 위기다. 둘째, 영국의 국민투표에 의한 유럽연합 탈퇴, 미국 트럼프의 당선, 프랑스에서 극우 국민전선의 약진 등은 글로벌 국제경제시스템과 사회와 경제를 관리하는 국가에 대한 불신이 초래한 경제적 정치적 위기의 징후다. 셋째, 행정적 절차로 전락해버린 민주주의나 심화되는 경제적 불평등의 위기를 해결할 대안이 부재하다. 세계 인구의 60%가 선출제 민주주의를 누리는 역사적으로 그 어느 때보다 민주주의가 추앙받는 현재, 선거에서 승리한 사람들이 법적 메커니즘을 활용하고 제도를 조작해 민주주의 원칙을 약화시키고, 극단주의·팬덤·포퓰리즘·혐오가 넘쳐나며 민주주의는 사위어간다(신진욱, 2022). 2019년 넷플릭스에서 방영된 다큐멘터리 영화 제목처럼 "위기의 민주주의(The Edge of Democracy)" 시대다. 결론적으로 근대 사회 이상적 정치체제로 여겨졌던 (대의)민주주의의 위기는, 민의를 모으는 방법, 즉 제도와 절차로 인식되는 민주주의를 넘어 다른 민주주의를 모색할 것을 요구한다.

정부의 형태로서 또는 절차나 방법으로 규정된 민주주의를 비판하며, 해방과 평등의 실천으로 과정으로 민주주의를 규정한 랑시에르(Rancière)의 논의는 민주주의에 대한 다른 상상력을 제공한다. 인문학 분야에서 랑시에르 철학은 주로 문학연구에서 활발하게 논의되었다. 김미지에 따를 때, 랑시에르 철학은 감각작용의 정치성이라는 개념에서 정치와 비정치, 순수와 참여라는 이항대립의 패러다임을 넘어서는 사유를 도출하며 문학연구에서 활발하게 적용되고 전유되었다(김미지, 2018). 랑시에르에 따르면 감각의 분배란 한 공동체의 공역을 규정하는 방식으로 미학은 결국 공역을 구성하는 정치의 문제로 변모한다(오인용, 2021). 한편 정의진은 2000년대 이후 근대 민주주의의 발원지라는 유럽과 미국에서조차 현재 민주주의가 위기에 처했다는 문제의식에 따라 문학과 민주주의의 상관관계는 문학연구의 한 주제로 부상했다고 진단한다(정의진, 2017: 20). 이 진단은 영화 〈콘크리트 유토피아〉를 근대 대의민주주의의 위기와 다른 민주주의에 대한 상상력으로 본 이 글의 문제의식과 만난다. 여기서는 영화 〈콘크리트 유토피아〉가 함의한 다른 민주주의를 논의하기 위해, 기존 질서에서 셈해지지 않는 자들인 '데모스(demos)', 기존 질서와 이들의 불화(dissensus), 그리고 자리바꿈이 추동하는 '통치할 자격이 없는 사람들의 통치'라는 랑시에르 민주주의 이론을 간략히 살펴보겠다.

먼저 민주주의란 통치할 권한이 없는 자들, 통치하기에 합당하다고 여겨지지 않는 자들, 셈해지지 않는 자들을 호명한다(Payne, et. al., 2023: 70). 이들이 데모스(demos)다. 호메로스(Homeros)가 처음 사용한 데모스라는 어휘는 말할 수 있는 권리가 없는 사람들을 의미한다(ibid: 36). 말할 수 있는 권리가 없는 사람들이 내는 소리는 소음으로 여겨졌다. 오직 소란을 만드는 것만 가능하다고 여겨졌던 사람들이 자신을 말하고 추론하는 주체로, 인민(people)으로, 노동자로, 프롤레타리아로 확증하면서 데모스는 구성된다. 그리고 여기서 중요한 것은 이런 이름들은 미리 주어진 정체성이 아니라, 행동하는 주체의 이름이라는 점이다(ibid: 30). 맑스주의 이론에 따를 때 노동자, 직접민주주의 이론에 따를 때 인민/대중(people)으로 호명되는 정치적 주체는 각각 자본가, 엘리트와 맞서는 이미 주어진 정체성에 기반한다. 이미 주어진 정체성에 기반한다는 것은 정치적 주체로서 소명이, 정치적 목적이 주어져 있다는 것을 의미한다. 이때 노동자 해방이라는 인민민주주의의 정치적 목적을 이룬다는 것은 통치 형태로서의 민주주의를 확립하는 것을 의미한다. 이와 비교해 행동하는 주체의 이름으로 구성되는 데모스는 기존의 어떤 질서에 파열을 내는가에 따라 때론 노동자로, 때론 비정규직 노동자로, 때론 대중으로, 때론 장애인으로, 때론 농민으로, 때론 동성애자로 호명된다. 이처럼 데모스는 기존에 정해진 대중도, 다수도, 낮은 계급도 아니지만, 이 모든 것이다. 데모스는 통치할 아무런 자격도 없는 사람들에 의해 구성되는 정치적 주체로, 랑시에르는 '자격의 부재'라는 민주주의 조건에서 정체성, 능력, 장소의 위계적 할당에 대한 적극적 부인을 읽어낸다(ibid: 38). 랑시에르에 따를 때 노동자 해방은 노동자정당을 건설하는 것이 아니라, 노동자들이 부르주아지의 것으로 여겨졌던 시를 향유하고 노래할 때 시작된다(Rancière, 2021: 45-52).

둘째, 불화(dissensus)는 갈등과 충돌을 일으키고 공동체의 붕괴를 초래하는 것이 아니라, 해방과 평등의 기제다. 기존 질서에 파열을 일으키기 위해 불화는 기본값이다. 기존 질서에 모두가 동의한다면 그 질서는 파열이 필요 없기 때문이다. 한편 불화가 갈등, 충돌, 붕괴로 흐르지 않는다는 것은, 주어진 정체성에 기반해 주어진 사회질서를 정반대로 뒤집는 것이 아니라는 것을 의미한다. 예를 들면, 랑시에르는 프랑스 대혁명 당시 사적인 영역의 존재로 보편성의 영역에 속할 수 없는 것으로 여겨졌던 여성들이 정치적 능력을 주장할 때, 삶의 영역에 보편성을 귀속시키며 기존에 분할되었던 두 영역의 경계를 흩뜨렸다는 점에 주목한다(Rancière, 2015:

65).[6] 삶의 영역에 보편성을 귀속시켰다는 것은 남성도 여성도 모두 보편적 삶과 사적인 삶 어느 한쪽에 자리하지 않는다는 것을 의미한다. 같은 맥락에서, 랑시에르는 '노동자계급 자료보관소'에서 19세기 초중반 노동자들의 글을 통해 사회가 배정한 노동자라는 자리에서 벗어나 화가, 철학자, 시인이 되기를 소망하는 것을 분석했다(김겸섭, 2023: 190-193). 이런 자리바꿈은 육체적 노동만을 허락받은 노동자가 허락되지 않은 창작과 표현을 시도하며 사회가 배정한 '분할의 틀'에 파열을 냈다(위의 글: 192). 이 파열은 육체적 노동만을 허락받은 노동자와 창작자가 자리를 맞바꾸는 것이 아니다. 다만 창작할 자격이 없다고 여겨졌던 노동자들이 창작하면서 분할의 틀에 파열을 내어 스스로를 해방하고, 창작의 권리를 향유하는 평등으로 나아감이다. 기존 질서에 파열을 내는 실천과 이를 통한 새로운 가능성으로의 열림이 곧 데모스의 정치이고 민주주의다.

셋째, 랑시에르가 주목한 '통치할 자격이 없는 사람들의 통치'라는 민주주의 개념은 플라톤의 민주주의 논의에 바탕을 둔다. 랑시에르는 통치할 자격과 통치받을 자격을 숙고한 플라톤의 논의에서 통치할 자격의 부재라는 일곱 번째 자격을,

---

6 근대 사회질서를 삶의 영역에 귀속된 보편성으로, 또는 하버마스(Habermas)처럼 체계에 의해 생활세계가 식민화되었다고 해석할 것인지는 관점에 따라 다를 수 있다. 그러나 관점과 관계없이, 여성들의 정치적 주장과 참여로 흐트러진 경계가 남성을 사적인 영역으로 여성을 공적인 영역으로 분할한 것이 아니라는 점은 분명하다.

무질서가 아니라 평등과 해방으로 읽어낸다(Rancière, 2014: 39-40). 플라톤이 고려하는 일곱 가지 자격 중 네 가지는 태생과 연관된 차이에서 기인한다. 자녀에 대한 부모의, 청년에 대한 연장자의, 노예에 대한 주인의, 하층민에 대한 귀족의 권력이 이에 해당한다. 다섯 번째는 본성상의 우위, 즉 더 약한 자들에 대한 더 강한 자들의 권력이다. 여섯 번째는 앎의 지배, 즉 알지 못하는 자들을 통치하는 아는 자들의 권력이다. 이 여섯 가지 자격은 모두 사회적 관계에 내포된 지위의 위계와 관련된다. 이에 반해, 랑시에르가 주목한 마지막 자격은 "하늘의 운과 가호, 신의 선택, 추첨"으로 주어지는 자격이다(ibid: 40). 이 운명의 선택은 통치할 아무 자격이 없다는 점을 유일한 자격으로 요청한다. 여기서 랑시에르는 추첨민주주의로 우리에게 소개된 '제비뽑기'라는 앞서 언급했던 대중의 의견을 모으는 방식으로서 민주주의가 아니라(이지문, 2012), '자격의 부재라는 자격' 즉 민주주의의 지향에 주목한다. 이처럼 민주주의란 통치할 어떤 자격도 없다는 점에 닻을 내린 무질서한(anarchic) 통치를 의미한다(ibid: 41). 이 유일한 자격은 앞서 언급한 여섯 가지 자격이 자연의 질서 또는 사회적 지위에 따르는 것과 달리, 이와 무관하게 통치에 참여한다는 점에서 평등의 확장이다. 기존에 질서로 여겨졌던 통치할 자격에 파열을 내고 피통치자의 자리에 머물렀던 이들이 통치에 참여한다는 점에서 해방이다.

　정리하면, 대의제를 중심으로 제도와 체제로 구상했던 근대 민주주의 틀은 포스트-민주주의라는 위기를,[7] 포퓰리즘의 득세와 이로 인한 민주주의의 위기를 낳았다(밀러, 2017). 이런 민주주의의 위기를 해결하기 위해 논의된 다양한 민주주의 이론들은 대중의 의견을 어떻게 모을 것이냐는 '방식'을 민주주의로 치환해 결정된 의견의 '민주성'에 대해서는 묵과한다는 한계가 있다. 이와 비교해 '통치할 자격이 없는 이들의 통치'를 민주주의로 규명한 랑시에르(Rancière) 이론은, '방식'이라는 절차적 민주주의를 넘어 보이지 않던 대상을 보이게, 들리지 않던 말을 듣게 만드는 민주주의의 지향을 분명히 밝혔다. 지금까지 논의한 이론적 배경을 토대로 다음 장에서는 〈콘크리트 유토피아〉에서 그려진 재난 이후 재건 과정이 근대 대의민주주의의 역설과 그 역설이 초래한 위기와 조응함을 분석하겠다.

3. 재난 그 후, 민주적 재건과 붕괴
: 근대 (대의)민주주의의 역설

생득적 지위인 신분제에 따라 사회가 유지되던 전통사회

7 　'포스트-민주주의'는 콜린 크라우치의 책 제목으로, 이한의 번역으로 국내에 출판된 책은 '민주주의 시대의 종말'이란 부제를 달고 있다. 포스트-민주주의는 절차적 제도적 민주주의가 유지되는 법치국가에서 합법적으로 선출된 정부가 국민의 뜻을 배신하며 초래되는 민주주의의 위기를 의미한다(크라우치, 2008).

의 붕괴는, 곧 모든 사람이 평등한 지위를 누리는 민주주의 사회의 도래를 의미한다. 대한민국 헌법 제1조 2항, "대한민국의 주권은 국민에게 있고, 모든 권력은 국민으로부터 나온다"라는 문장은 '국민주권'이란 민주주의의 이상을 표현하고 있다. 국민은 주권을 행사하며 임금의 통치를 받던 신하가 아니라 스스로 통치자가 된다. 주권의 행사는 신분의 높고 낮음, 재산의 많고 적음과 관계없이, 1인 1표라는 원칙에 의해 평등하게 보장된다. 고대 아테네 도시국가에서 발생한 것으로 알려진 민주주의란 정체(政體)는, 근대 사회에선 이렇게 선거로 주권을 위임할 대표를 뽑는 대의민주주의와 동의어가 되었다.[8] 영국의 정치이론가 카노반(Canovan)에 따르면, 민주주의는 국민주권과 이를 평화적으로 보장하는 제도를 의미한다(Canovan, 1999: 9-14). 평화적으로 보장하는 제도란 정해진 규칙과 질서를 지키는 규율을 의미한다. 그리고 정해진 규칙과 질서를 바꾸기 위해선 다수의 동의를 얻어야 한다. 이렇게 대의민주주의를 기준으로 하는 근대 민주주의는 국민(the people)에게 평등한 참정권을 보장하고, 이를 위한 규율 준수라는 두 축으로 집약된다.

영화 〈콘크리트 유토피아〉는 지진으로 모든 것들이 무너

8　　물론 근대 민주주의 논의가 선거를 통한 대의민주주의로 한정되는 것은 아니다. 숙의민주주의, 참여민주주의, 급진민주주의 등 다양한 논의가 있다. 그러나 이런 민주주의 논의 대부분이 국민 개개인의 의견을 모으는 방법에 대한 논의로, 대의민주주의를 대신할 다른 정치체제에 대한 논의는 아니다.

진 공간에, 무너지지 않고 우뚝 솟아있는 '황궁아파트'에서 펼쳐지는 재난 그 이후의 삶에 관한 이야기다. 재난은 전통사회의 붕괴처럼 황궁아파트에 새로운 평등을 가져왔다. "대출이 많아도 증명서 있으면 자기 집. 솔직히 살인범이나 목사님이나 지금은 똑같애, 이제는. 위아래 없어요, 다 평등해진 거라고, 리셋된 거지, 리셋(28:51)"[9]이라는 부녀회장의 발언은 새로운 평등의 시작을 알리는 포고문이다. 앞서 언급했듯 새로운 평등 질서는, 대의민주주의 제도를 충실하게 따르며 구축된다. 근대 한국사회에서 자란 우리들이 초등학교에서부터 선거로 대표를 뽑는 소위 '민주적 질서'를 체화했다는 점에서, 황궁아파트 주민들의 민주적 행위는 사뭇 당연하다. 대략 2시간의 상영시간 중 절반 무렵에 새해를 맞이하는 '황궁 잔치'가 열린다. 그때 집으로 돌아온 가출 소녀 혜원이 등장하며, 이야기는 질서의 확립과 번영에서 붕괴로 나아가는 전환을 맞는다. 이 장에서는 질서의 확립이 보여주는 (대의)민주주의 체제의 구축, 능력주의를 바탕으로 한 번영의 뒷모습, 그리고 주변인과 외부인의 '연대'와 황궁아파트의 붕괴를 살펴보겠다.

---

9 괄호 안 숫자는 영화 상영 몇 시간 몇 분 후에 이 대사가 나오는지를 의미하고, 이 글에서 장면이나 대사를 인용할 때 쓴다. 쌍점 앞은 시간, 뒤는 분을 의미하고, 따라서 쌍점이 없는 경우 분을 의미한다.

1) 구별 짓기 그리고 배제: "아파트는 주민의 것"

한국사회에 아파트가 자리 잡는 과정을 다큐멘터리 필름 형식으로 보여주며 시작하는 〈콘크리트 유토피아〉에서 가장 많이 반복되는 대사는 "아파트는 주민의 것"이다. 이 대사는 소유권을 의미하는 경제적 용어가 아니다. 황궁 아파트에서 살 수 있는 자격이 있는 사람과 없는 사람을 구분 짓는 정치적 용어다. 주소지가 황궁 아파트로 되어 있는 사람은 '주민' 자격을 얻고, 모든 것이 무너진 재난 상황에서 황궁 아파트에 거주할 자격이 있다는 것을 '입법화'하는 정치적 용어다.

황궁 아파트 주민이 아닌 외부인들은 영화에서 '바퀴벌레'로 불리며 주민과 구별되고 배제의 대상이 된다. "우리 아버지들과 아들들이 목숨 걸고 구해 온 것이 외부인들한테 넘어가는 건 막아야 되지 않겠습니까, 저 사람들은 가족이 아니에요. 바퀴벌레가 밥상머리에 기어 다니면 식구 됩니까(1:28)"라는 영탁의 대사는 구별 짓기와 배제를 분명히 표현하고 있다. 바퀴벌레라는 단어가 외부인을 지칭하는 것으로 영화에서 발화되기 이전 바퀴벌레 출몰 장면에선, 이 구별 짓기와 배제의 격렬함이 상징적으로 드러난다. 민성이 떨어뜨린 복숭아 통조림을 주울 때 의자 밑에서 바퀴벌레가 끊임없이 나온다. 주민들은 몸서리치며 바퀴벌레를 짓밟아 죽인다.

바퀴벌레를 짓밟는 본능적인 몸짓은 낯선 타자에 대한 두려움일 수 있다. 그러나 황궁 아파트 주민들에겐 낯선 타자에 대한 두려움보다, 지나온 삶에서 느낀 애환 분노 등이 얽혀 있다. 3일 전 이사 온 주민의 "싹 다 내보냈으면 좋겠어요. 자그마치 23년 걸렸습니다. 이 아파트 이사 오기까지(16)"라는 발언, 황궁 아파트 부녀회장의 "…드림팰리스 인간들, 자기들 단지에 발도 못 들이게 하고, 학군 섞인다고 지랄들을 하고…(18)"라는 대사는, 현재 뒤바뀐 처지에서 자신들을 차별하고 배제해왔던 외부인에 대한 분노·거부·배제를 보여준다. 받은 대로 갚아주는 이런 감정적 배제는 투표라는 제도를 거쳐 이성적이고 합리적이고 민주적 결정이라는 합법성을 획득한다. 근대 시장에서 이루어지는 자유계약은 '자유'라는 명목으로 생존을 위해 불평등한 계약을 감수하는 상황을 가리곤 한다(구은정, 2023: 154). 마찬가지로 민주적 제도는 타자에 대한 배제를 합리화하는 도구가 되곤 한다.

타자에 대한 배제를 제도로 합리화하는 것은 사실 민주주의 역사와 함께해왔다. 흔히 알려진 것처럼 민주주의 기원으로 일컬어지는 고대 아테네 민주정치에선 재산이 있는 남성만이 시민이었고, 노예와 여성은 비시민으로 정치에 참여할 수 없었다. 마찬가지로, 미국에서 흑인은 노예제 폐지 후 1870년에, 여성은 그보다 늦은 1920년에 참정권을 갖게 되었다. 프랑스 대혁명 당시 소위 공화국 원칙은 시민권은 보편의 영역에 속하지만 여성은 가정의 영역에 속하는 사적인 존재라고 규정하며, 여성에게 시민권을 부여하지 않았다(Rancière, 2015: 64). 물론 이렇게 명백하고 노골적인 배제는 민주주의가 발전할수록 사그라든다. 이제 젠더·피부색과 관계없이 일정 나이 이상의 국민 모두는 평등한 참정권이 있다. 그러나 국민주권이란 민주주의 이상은 국민이 아닌 외국인에 대한 배제를 기본값으로 설정한다. 최근 두드러지고 있는 난민 문제는 민주주의가 제도화한 노골적 배제의 필연적 귀결이다.

민주적 배제의 또 다른 형태는 규칙이라는 이름 아래 암묵적으로 진행되는 배제다(ibid: 65). 노골적 배제와 비교해 눈에 띄지 않지만 배제가 아닌 질서로 인식된다는 점이 우려의 핵심이다. 예를 들어, 장애인들의 이동권 시위가 "서울시민의 아침을 볼모로 잡는 부조리"라는 이준석 국민의힘 전 대표의 비판은(김민정, 2022), 민주주의 이름으로 규칙에 따라 자행되는 암묵적 배제의 전형적 모습이다. 1인 1표라는 민주주의 평등 원칙에 따라, 장애인 1인과 서울시민 1인은 치환된다. 그리고 소수의 장애인 몇 명이 다수 서울시민의 출근길에 불편을 끼치는 것은 소수에 의한 다수에 대한 폭력으로 해석된다. 규칙을 지키는 것을 최우선으로 여기는 민주주의 사회에서 소수의견을 가진 국민이 자신들의 의견을 관철할 수 있는 길은 오직 다수의 동의를 얻을 때 가능하다. 그러나 소수의견을 가진 이들의 목소리는 대체로 들리지 않는다. 각자의 집에 고립된 장애인들이 겪는 이동의 불편함을 불편 없이 이동할 수 있는 다수는 느끼기 어렵다. 결국 지금 존재하는 사회질서가 불평등할 때, 이 규칙을 지키는 것이 민주적이라는 것은 배제의 다른 표현일 수 있다. 〈콘크리트 유토피아〉에서 이런 암묵적 배제는 능력주의와 결합해 표출되는데 이는 다음 절에서 살펴보겠다.

민주적 절차인 투표로 외부인을 내쫓는 노골적 배제에 합법성을 부여한 황궁 아파트 주민들은 외부인들을 모아놓고, "황궁 아파트의 주민이 아닌 분들은 단지 밖으로 나가주시면 감사하겠습니다(32)"라고 알린다. 20년 경비원으로 일한 사람도, 지역구 국회의원도 주민이 아니면 황궁 아파트에 들어올 수 없다. 혹한의 겨울, 아파트로 들어오려는 외부인과 이를 막으려는 주민들 간 폭력적인 격돌이 벌어진다. 아파트 안에서 이를 지켜보던 주민들이 무거운 것을 밖으로 내던지고, 외부인들은 쫓겨난다. 무거운 것을 아파트 아래로 던져 외부인을 쫓아내는 장면은, 누군가는 전체주의로, 누군가는 포퓰리즘으로 해석할 수 있다. 그러나 다수의 의견을 따르는 것이 선거민주주의의 작동 기제라는 점에서 이는 또한 민주적이다. 포퓰리즘과 민주주의를 구분하려는 수많은 논의에도 불구하고 국민(people)을 기본값으로 하는 이 둘은 구분하기 어렵다(Blühdorn & Butzlaff, 2019: 194-197). 오히려 "포퓰리즘은 현대 대의민주주의에 영원히 따라붙는 그림자 같은 존재이자 거듭되는 위험이"라는 얀 베르너 뮐러(Jan-Werner Müller) 의견해가 더 설득력 있게 들린다(뮐러, 2017: 23). "아파트는 주민의 것"이라고 영탁이 외치는 구호, 이를 따라 외치는 주민들의 구호가 반복적으로 화면 가득 울려 퍼진다(39). 이렇게 영화에서는 40여 분에 걸쳐 외부인과 구별 짓고 이를 배제하는 "민주적 과정"이 펼쳐진다.

2) 대의민주주의와 능력주의
: 질서의 확립과 기여에 따른 배분

이 절에선 비시민 외부인을 내쫓는 배제에 합리성을 부여하고 시민들만으로 구성된 황궁 아파트 공동체를 이끌 지도자를 뽑는 투표 장면, 황궁 아파트 공동체의 질서를 확립하는 장면들을 살펴보겠다. 질서 확립 과정에서 분배 원칙으로 제시되는 능력주의, 즉 기여에 따른 차등 분배는 규칙에 따라 작동하는 암묵적 배제의 핵심이다. 영화에서는 황궁 아파트 관리소장이 초기 외부인을 쫓아내는 싸움에서 다리를 다쳐 방범대 활동을 하지 못한다. 이로 받게 되는 불평등한 분배에 불만을 품는 인물이다. 즉 박 소장은 기여에 따른 차등 분배 규칙에 따라 불이익을 당하고, 주변인으로 전락한다.

재난 이후 소집된 첫 번째 주민회의에서 부녀회장은 공무원으로 일했던 민성에게 의견을 묻는다. "급한 상황이니만큼 시스템을 구축하는 것이 중요한 거 같아요. 조직을 구성해서, 위기를 헤쳐 나갈 힘을 모아야겠죠. (⋯) 구심점이 될 만한 사람이 있어야죠(19)"라는 민성의 제안은 주권을 대리할 대표를 뽑고, 대표를 중심으로 조직을, 질서를, 규율을, 구축하는 민주주의 사회 형성 과정을 보여준다. 국민과 국가를 위하는 애국심이 대표의 자질로 고려되는 것과 유사하게 부녀회장은 희생정신을 주민대표의 자질로 강조한다. 거수투표 결과

불이 난 아파트에 위험을 무릅쓰고 들어가 불을 끈 영탁이 만장일치로 대표로 선출된다. 외부인 거취에 대한 투표는 비밀투표로 진행된다. '내보낸다'는 흰 돌, '반대'는 검은 돌로. 투표 결과 다수의 찬성으로 외부인 퇴출이 결정된다. 집에 돌아온 후 명화가 무슨 돌을 냈는지 물을 때, "그런 거 아무리 부부 사이라도 공유하는 거 아니야(23)"라는 민성의 대답은, 대한민국 헌법 제41조 1항과 제67조 1항에 규정된 '국민의 보통·평등·직접·비밀선거'라는 선거의 기본원칙을 충실히 따르는 화룡점정(畵龍點睛)이다. 재난 이후라는 특수한 조건에서 비록 거수투표라는 공개투표와 비밀투표가 병행되었지만, 이 투표 과정은 앞서 언급한 국민주권과 이를 뒷받침하는 제도라는 카노반(Canovan)의 민주주의 이론에 부합한다. 물론 초등학교부터 선거민주주의를 배워온 관객 모두에게도 낯설지 않고 합리적으로 여겨지는 과정이다. 제3차 주민 회의에서 "방범대는 정기적인 순찰활동과 치안활동을 담당합니다. 방범대원은 16세 이상 60세 이하 남성은 모두 참여 가능하며… 배급제는… 정비대는… 의료대는 층마다 찾아가는 의료지원, 오물관리 개인위생(41)" 등등이 나열되며, 구체적인 규칙이 공표된다. 이렇게 황궁아파트의 재건은 대의민주주의 제도에 따라 진행된다.

2차 주민회의에서 군필자 중심으로 조장을 구성하고 방범대를 조직한다. 외부인을 합법적으로 쫓아내고 체계와 조직을 갖춘 황궁아파트 공동체는 본격적으로 재건 활동을 시작한다. 영화에서 주민 수칙이 적힌 대자보, 외부인 출입금지 푯말은 클로즈업되어 화면을 가득 채운다. 대자보와 푯말로 이 공동체의 규칙인 법률이 공표되었다. 대한민국 헌법 제1조와 유사하게, 아파트 주민 수칙 1. '아파트는 주민의 것 주민만이 살 수 있다'라는 항목은 시민권을 국민주권을 명시하고 있다. 주민 수칙 2. '주민은 의무를 다하되, 배급은 기여도에 따라 차등분배한다'라는 항목은 헌법 제119조 1항과 2항에서 대한민국의 경제적 질서를 규정한 것과 유사하다. 주민 수칙 3. '아파트에서 벌어지는 모든 일은 주민의 민주적 합의에 의한 것이며 이에 따르지 않으면 아파트에서 살 수 없다'라는 항목은 근대 민주주의의 작동 기제인 다수결 원칙을 제시하고 있다. '민주적 합의'의 구체적 방식은 제시되지 않았지만 앞서 투표가 주된 합의 방식으로 활용되었듯, 이는 다수결 원칙을 의미한다. 따라서 다수의 의견과 다른 의견을 가진 소수는 다수의 의견을 따르거나 아파트를 떠나야 한다.

무엇보다 주민 수칙 2. 기여에 따라 다르게 분배하는 경제 질서는 규칙에 따른 암묵적 배제를 정당화한다. 우리 사회에서는 헌법 제119조 1항의 경우 경제적 자유에 초점을 두고 2항에서 경제의 민주화를 위한 경제에 관한 규제와 조정에 초점을 두어, 두 조항이 다소 충돌한다. 이에 따라 자유주의 경제 vs. 경제민주화라는 경제질서에 관한 논쟁이 있다(구은정, 2020: 141-142). 한편 신자유주의적 경제질서가 우위에 서면서 자유주의 관점에 따른 능력주의가 공정으로 치환되며 정당성을 얻고 있는 것도 사실이다(코닝, 2011). 이런 맥락에서 '능력주의'를 분명하게 명시한 황궁아파트 주민 수칙은 공정하고 타당하게 여겨진다. 그러나 능력주의는 도이치(Deutsch)가 제시한 분배에 작동하는 세 가지 원칙(형평(equity), 평등(equality), 필요(need)) 중 한 항목일 뿐이다(Deutsch, 1975). 기여에 따라 분배하는 '형평', 모두 똑같이 분배하는 '평등', 필요한 것을 분배하는 '필요', 세 원칙 모두 분배정의와 연관되어 논의되지만, 어느 하나의 원칙이 실질적 정의를 보장하진 못한다. 가령 의료적 지원이 더 필요한 아픈 사람에게 능력에 따른 분배는 생명을 위협할 수 있다. 무엇보다 기여에 따른 분배는 자본주의 사회의 핵심적 사회문제인 경제적 불평등을 초래한다. 모두에게 똑같이 평등하게 분배한다면, 어느 쪽은 필요 없는 자원이 쌓이고 어느 쪽은 모자랄 수 있다. 필요에 따른 분배는 더 기여하려는 의욕을 저하할 수 있다.

확성기를 통해 낭랑하게 퍼지는 "배급은 아파트에 기여한 만큼 받아가요 억울한 사람 없게, 일하는 사람 따로 놀고먹는 사람 따로 안 되겠죠(40)"라는 부녀회장의 대사는, 능력주의를 공정으로 여겨 이에 따른 경제적 불평등을 감내하기로 민주적으로 합의했다는 것을 의미한다. 물론 도이치(Deutsch)가 제시한 세 가지 분배 원칙 모두가 분배정의를 위해 필요하듯, 능력주의를 따르는 형평원칙 자체가 문제는 아니다. 그러나 능력주의에 따른 경제적 불평등을 어느 정도까지 인정할 것인가는 또 다른 안건이다. 예를 들어 2013년 기사에서 보면 프랑스에선 공기업의 연봉 최저액과 최고액의 차이가 20배를 넘지 않도록 법률화했고, 독일에서도 보수의 적정 수준을 정하는 원칙과 정신을 법에 담았다(류이근, 2013). 한국에선 2016년 6월 법인 임직원의 최고임금을 법정 최저임금의 30배를 넘지 못하도록 하는 '최고임금법', 이른바 '살찐 고양이법'이 발의되었지만 무산되었다(김시연, 2019). 이런 예들은 최저임금뿐 아니라 '최고임금'에 대한 민주적 합의로 경제적 불평등을 조율하려는 노력을 보여준다. 이때 합의는 대의민주주의 체제에서 대표들의 합의로 결정된다. 따라서 주권을 위임받은 대표가 과연 주권을 위임한 일반 국민들의 의견을 따를 것인가라는 질문과 만난다. 이는 황궁 아파트에선 다리를 다친 박 소장의 의견이, 우리 사회에선 서울시민의 출근을 위해 장애인들의 시위가 무시되듯, 배제의 제도화를 토대로 구현되는 대의민주주의의 역설이다. 이 역설은 공동체에 위기를 드리운다. 영화 〈콘크리트 유토피아〉에서는 진짜 영탁의 얼굴을 알고 있는 유일한 주민 가출소녀 '혜원'이 돌아오며,[10] 위기가 임계점으로 차오른다.

3) 붕괴: 대의민주주의의 역설

영화 〈콘크리트 유토피아〉에서 황궁 아파트 공동체가 건

---

10 진짜 영탁의 어머니가 살아 계시지만, 치매로 인지능력에 문제가 있고 제대로 의사를 표현하지 못한다.

설한 민주주의 질서는, 대표 영탁이 가짜라는 것이 드러나고, 노골적으로 배제된 외부인과 암묵적으로 배제된 박 소장이 연대해 공격해 오면서 붕괴한다. 대표 영탁의 문제는 대의민주주의 제도의 꽃으로 불리는 선거에서 민의를 대변하지 못하는 대표가 선출되는 '대의의 실패'와 연결된다. 배제된 사람들의 연대와 공격은 앞서 언급했듯 배제를 제도화했던 근대 민주주의의 역설과 연결된다. 이런 근대 대의민주주의의 역설은 배제와 혐오에 기생하는 포퓰리즘의 부상과 이로 인한 민주주의의 위기라는 현시대 정치적 맥락의 바탕이다.

주권을 위임받은 대표가 과연 주권을 위임한 일반 국민들의 의견을 따를 것인가에 대한 질문은, 현 대의민주주의 제도에 대한 추첨민주주의 이론의 핵심적 비판이다. 버나드 마넹(Bernard Manin)과 다비트 판 레이브라우크(David Van Reybrouck)는 선거는 국민을 위한 것도 민주적인 것도 아니라고 단언한다(레이브라우크, 2016; 마넹, 2015). 선거에선 탁월성 원칙에 따라 대표가 선출되기 때문이다. 즉, 대표는 그들이 대표하는 사람과 달라야 하며 재능, 덕 그리고 부의 측면에서 그들보다 위에 있어야 한다는 탁월성 원칙이 적용된다(마넹, 2015: 165). 새로운 '귀족들'을 권좌로 끌어들이는 선거라는 절차는 통치자와 피통치자, 정치가와 유권자 사이에 존재하는 차이를 해소하지 못하고, 과두정치로 귀결될 뿐이다(레이브라우크, 2016: 139). 탁월성 원칙이 적용된다는 것은 국회의원 당선자들의 재산과 학력 등이 국민 평균과 얼마나 차이 나는지 다룬 기사에서 쉽게 증명된다. 가령, 제21대 국회의원 당선자들은 일명 'SKY' 출신이 전체 300명 중 103명, 평균나이 55세로 50대 177명 20대 2명, 8대2의 남녀 성비로 나타나, 'SKY 나온 55세 남자들'로 압축된다(신현보, 2020). 다시 말해 선거는 "'가장 나은 사람'이 자기보다 훨씬 못한 사람들의 처지를 어떻게 알아서 그들의 마음을 대변할 수 있겠느냐는 문제"(레이브라우크, 2016: 9), 즉 대의민주주의의 역설을 초래하는 제도다.

황궁아파트에서 대표로 선출된 '영탁'은 주민 중에서 '가장 나은 사람'은 아닐 수 있다. 그러나 가장 '희생정신'이 투철한 사람, 즉 희생정신이 탁월성으로 주목받아 선출되었다. '영탁'의 희생정신은 황궁아파트 매매 사기를 당해 택시운전으로 모은 전 재산을 날리고, 사기꾼 '진짜 영탁'과 싸우다 우발적으로 그를 살해하게 된, 벼랑 끝으로 몰린 삶의 절박함에서 나왔다. 명화가 '진짜 영탁'의 신분증이 든 지갑으로 가짜 신분을 노출시키며 "주민 수칙 첫 번째, 아파트는 주민의 것이고 오로지 주민만이 살 수 있다(1:45)"라고 외치며 나가라고 할 때, 영탁은 "내가 김영탁이야, 내가 여기 목숨을 바쳤어, 이 아파트에. 당신들 다 가족이라고 생각해서 빗물이고 오물이고 내가 다 대신 내가 대신 뒤집어썼다고. 집도 여기로 등기만 안 돼 있을 뿐이지, 내 집이나 마찬가지야, 집값도 다 냈는데… 내가 902호 김영탁이야(1:47)"라고 절규한다. 자신의 정체성을 바꿔서라도 아파트 주민이 되려는 영탁의 절박함은 더 이상 할 수 있는 것이 없는 죽음과 맞닿은 처지에서 나왔다. 아파트를 떠나는 순간 돌아가야 하는 자신의 정체성은 이혼했고 돈은 사기당했고 살인까지 저지른, 삶의 끝자락에 처한 누군가다.

이와 비교해, 다른 주민들에게 황궁아파트는 비록 드림팰리스와 비교되며 자신들의 낮은 계급을 각인시키긴 하지만 생활공간이고 지속해야 할 삶의 터전이다. 이 차이는 아파트에 대한 영탁의 죽음을 무릅쓴 탁월한 희생정신으로 나타났다. 그리고 외부인에 대한 영탁의 과도한 비인간적 행동으로 나타났다. "이게 다 아파트를 위한 거야, 우리 아파트(1:43)"라는 영탁의 절규에는 사람이, 삶이 없다. 황궁 아파트는 영탁에게 허락되지 않은 삶터이기 때문이다. 반면 "아파트를 위하는 게 뭔데, 눈이 있으면 이 상황을 똑바로 좀 봐요 (…) 다 죽으면 아파트고 뭐고, 안이고 밖이고 그게 다 무슨 소용인데(1:45)"라는 명화의 외침에는 사람이, 삶이 있다. 영탁은 "쉬러 갈게"라며 아파트로 들어가 죽음을 맞이한다. 죽음의 순간 영탁은 삶의 보금자리로서 아파트를 잠시 향유한다. 명화는 밖으로 새로운 삶을 찾아 떠난다.

한편 앞서 언급했듯, 박 소장은 기여에 따른 분배라는 능력주의 원칙에 의해 배제된 사람이다. 배급 상황에서 "가만히 앉아서 받기만 하면서 이기심 좀 버립시다", "방범대 저 사람들만 다 챙겨주면 나머지 사람들은 굶어 죽으라는 겁니까 뭡니까", "차등 분배하는 거잖아. 일한 만큼 받는 거(1:08)"라는 주민·박 소장·부녀회장의 언쟁은 경제적 불평등이 초래한 갈등을 보여준다. 이 갈등은 암묵적으로 배제된 박 소장이 노골적으로 배제된 외부인과 연대하는 빌미가 된다. "대표가 바퀴벌레라는 거야(1:46)"라는 주민들의 웅성거림을 뚫고 박 소장이 외부인들을 데리고 들어와 주민들을 공격하며 황궁 아파트 공동체는, 황궁 아파트의 민주주의는 붕괴한다.

경제적 불평등이 초래한 갈등은 자본주의 사회의 시작과 함께했고 지금까지 가장 중요한 사회문제의 하나다. 경제적 불평등을 해소하려 했던 맑스주의를 바탕으로 한 혁명과 사회주의 국가건설은 실패로 귀결되었다. 그러나 최근 경제적, 정치적, 사회적으로 배제되었다는 감정에 호소하는 포퓰리즘이 득세하고 이로 민주주의가 위기에 빠졌다는 논의가 한창이다. 2020년에 발표된 논문에 보면, 유럽 정부의 3분의 1은 포퓰리스트 정당이 집권했고, 4분의 1의 유럽인은 포퓰리스트 정당을 지지한다(Mamonova & Franquesa, 2020: 710). 지구화된 신자유주의 경제정책으로 유럽 농촌 지역은 경제위기에 빠졌고 배제되었다고 느끼는 농촌 거주민들의 분노가 원인으로 분석된다(ibid: 724). 도널드 트럼프 전 미국 대통령은 큐아넌(QAnon)이라는 음모론을 퍼트리고 폭력을 행사하는 디지털 실업자(digital lumpenproletariat) 집단을 부추겨 자신의 선거에 활용했다(Kamola, 2021).

포퓰리즘은 부패한 엘리트(elite)와 순수한 대중(people)을 나누고, 엘리트에 대한 혐오와 배제의 감정과 그들이 자행한 부패한 정치를 바로잡을 대중의 도덕적 우위를 내세운다 (Taggart, 2018: 1-3). 이때 포퓰리즘이 내세우는 엘리트와 대중이란 이분법과 배제는, 탁월성 원칙에 따라 선출되는 대표와 유권자 대중의 차이와 겹친다. 대중의 이익보다 자기 이익을 우선에 두는 (정치)엘리트는 낯설지 않다. 2024년 초 인도네시아에선 현 대통령의 장남이 부통령 후보가 될 수 있도록 선거법을 바꿨다(박의래, 2024). 넷플릭스 다큐멘터리 〈위기의 민주주의〉는 브라질에서 정치검사가 기만적이지만 합법적인 기소로 국민에게 사랑받는 정치인을 몰락시키는 과정을 보여준다. 경제적 부정부패가 아니더라도 불법이 아니더라도 엘리트 집단이 그들만의 이익을 위해 합법적 틀 안에서 민주주의를 위협한다. 대중은 이런 정치 엘리트들에게 실망한다. "국민이 선출된 지도자를 신뢰하지 않을 때 대의민주주의의 근간이 허물어진다"(레비츠키·지블렛, 2018: 249). 이때 기존 질서에서 배제된 사람들 이로 분노와 혐오의 감정이 차오르는 사람들이 기존 질서를 무너뜨리고 새로운 질서를 모색하는 것은 어쩌면 당연하다. 〈콘크리트 유토피아〉의 황궁아파트 공동체는 붕괴했고, 후기 근대 사회의 민주주의는 위기에 빠졌다.

지금까지 살펴본 바와 같이, 영화 〈콘크리트 유토피아〉에서는 재난 이후 근대 대의민주주의의 이상과 규칙에 따라 공동체의 재건과 번영을 모색했지만 붕괴했다. 붕괴의 원인으로 국민주권을 선거로 축소하고 규칙에 따라 배제를 합법화하는 근대 대의민주주의의 역설을 분석했다. 희생정신이라는 탁월성에 주목해 선출된 영탁은 주민의 삶보다 아파트 자체에 집착했다. 공동체를 건설하고 유지하는 규칙은 노골적 배제와 암묵적 배제를 규율화·합리화·정당화하지만, 결국은 배제된 자들의 반격을 초래했다. 이런 '콘크리트 유토피아'가 펼쳐낸 사회는 포퓰리즘이 득세하고 민주주의의 위기로 치닫는 현대 사회와 유사하다. 곧 현대 민주주의의 위기는 국민주권을 선거로 축소하고 배제를 제도화했던, 근대 민주주의의 역설에서 기인한다.

4. 민주주의의 지향: 자격의 부재라는 자격

앞 장에서는 영화 〈콘크리트 유토피아〉를 근대 대의민주주의의 역설이란 관점에서 재난 이후 배제에 기반한 질서확립과 능력주의에 따른 불평등 심화, 이로 인한 분열과 붕괴의 과정을 분석했다. 이 장에서는 앞서 살펴본 랑시에르 관점에 기대, 영화의 마지막을 살펴보며 글을 마무리하겠다. 영화의 마지막에 펼쳐진 황궁 아파트 밖 외부인들의 삶은 근대 민주주의 질서를 구축했던 황궁 아파트 주민의 삶과는 사뭇 다르다. 앞서 언급했던 문학이 현재와 미래의 사회역사적 국면 사이를 창조한다는 정의진 논의의 맥락에서(정의진, 2017: 40),

영화의 마지막은 앞 장의 근대 대의민주주의 체제가 작동했던 사회역사적 국면과 새롭게 등장할 사회역사적 국면의 '사이'라 할 수 있다. 그러나 미래가 예측되지 않고 더없이 불투명한 지금, 이 사이는 매우 흐릿하다. 뿌옇게 보이는 '사이'에 '자격의 부재'라는 랑시에르 민주주의 논의에서 끌어올린 민주주의의 지향성이 살포시 보인다.

〈콘크리트 유토피아〉에서 인간성을 그리고 인간의 선의를 재현하는 배역은 명화와 도균이다. 이 둘은 재난 상황이라도, 그 어떤 상황이라도 사람이라면 하지 말아야 하는 것이 있다는 것을 주장하는 인물이다. 도균은 내부인들이 숨겨준 외부인을 색출하는 영탁과 대립하며 "아무리 세상이 이 지경이 났어도 해도 되는 일이 있고, 하면 안 되는 일이 있고…(1:31)"라고 외치며 투신해, 죽음으로 인간성을 증명한다. 명화는 밖으로 생필품을 구하러 갔던 사람들이 외부인을 살해하며 물자를 구해 올 때, "어쩔 수 없다는 게 뭐야, 어쩔 수 없으면 이래도 돼, 사람이 어떻게 그래(1:23)"라고 민성에게 호소하고 황궁아파트를 떠나면서 야만과 단절한다. 이 인간성의 핵심은 황궁아파트 주민과 외부인을 나누고 외부인을 배제하고 내쫓고 죽음으로 몰아넣는 야만에 대한 인식이다. 앞서 살펴보았듯, 이 야만성은 투표라는 절차적 합법성을 거쳐 민주적 의사결정으로 정당화되었다.

황궁아파트 공동체 붕괴 후 명화가 밖에서 만난 외부인에게 "저 그냥 살아도 되는 거예요(2:05)"라고 물을 때, "그걸 왜 우리한테 물어봐요? 살아 있으면 그냥 사는 거지(2:05)"라는 무심한 한마디는, 황궁아파트에서 구축했던 삶에 던지는 질문이자 답이다. 외부인은 명화에게 아무런 자격도 묻지 않는다. 따듯한 주먹밥을 건네줄 뿐이다. 이 주먹밥은 타인에 대한 선의의 상징이다. 주먹밥을 쥔 명화의 손을 비춘 카메라는 멀어지며, 수평으로 쓰러진 아파트를 멀리서 담는다. 수직으로 우뚝 선 황궁아파트와 달리 수평으로 쓰러진 아파트 안과 밖을 오가며 외부인은 재난 후 혹독한 삶을 그럭저럭 잘 살아왔다. 앞서 외부인을 내쫓고 황궁아파트를 올려다보며 "아파트는 주민의 것"이란 구호를 외치는 모습은, 배제와 위계의 상징이다. 이와 비교해 "무너진 옆면이 윗면이 되어버린, 경계가 해체된 그곳"(정덕현, 2023)에서 들려온 "그냥 사는 거지"라는 무심한 한마디는, 대의민주주의를 뒷받침하는 배제와 규칙의 부재 그리고 이로 확장된 평등의 상징이다.

외부인의 삶터에 들어온 황궁아파트 주민 명화는 외부인의 삶터에서 살아가도 되는 자격을 묻는다. 이는 외부인의 삶터에 살 '자격의 부재'라는 스스로가 처한 조건을 알고 있기 때문이다. 그러나 그곳에는 살아도 되는 사람과 안 되는 사람을 구분하고 배제하는 규칙이 부재하다. 필요한 누구라도 살고 더 좋은 곳을 찾은 누구라도 떠나면 될 뿐이다. 아마도 그곳에 거주하는 다수는 명화와 같이 '자격의 부재라는 자격'을 갖춘 사람들일 테다. 혹 수평으로 쓰러진 아파트에 원래 거주했던 사람들이라 하더라도 이미 누구라도 그냥 사는 '새로운 질서'를 받아들였을 테다. 이렇게 재난 이후 거주할 자격이 없는 사람들이 공간을 점유하고 삶을 살아가는 새로운 민주적 질서가 자리 잡았다. 새롭게 나타난 '자격의 부재라는 자격'을 갖춘 사람에게 건네는 "따듯할 때 얼른 먹어요, 식기 전에(2:04)"라는 말과 주먹밥은, 규칙과 배제 없이 구축한 공동체의 뼈대가 된 '환대'의 손짓이다. 거주할 수 있는 조건을 물었던 명화의 가능성에 대한 인식을 바꾸고, 황궁아파트 거주자와 외부인이라는 '분할의 틀'에 파열을 낸 '민주주의'의 몸짓이다.

재난 이후 배제를 정당화하는 국민주권과 선거라는 대의민주주의의 이상과 방법에 맞춰 공동체를 구축하고 붕괴를 맞이했던 황궁아파트 주민들. 경계가 해체된 공간에서 모두가 갖추게 된 '자격의 부재라는 자격'을 받아들여 새로운 민주적 삶을 구축한 외부인. 두 집단 모두는 그저 평범한 사람들로 구성되었다. 외부인이 "아 근데 그 아파트 사람들 있잖아요. 소문이 그냥 사람들 막 잡아먹고 그런다던데…(2:05)"라고 물을 때, "아니요… 그냥… 평범한 사람들이었어요(2:05)"라는 명화의 대답처럼. 그러나 이렇게 평범한 사람들이 만들어낸 두 세계는 사뭇 다르다. 물론 전자와 비교해 후자 즉 '새로운 민주적 삶'의 모습은 구체적 내용 없이 영화 끝머리에 밝은 햇살, 따듯한 주먹밥 등 주로 이미지로 짧게 펼쳐졌다. 따라서 이를 '새로운 민주적 삶'의 모습으로 명명하기엔 부족하다. 그러나 '새로운 민주적 삶'의 모습에 대한 상

상력을 펼치는 실마리가 될 순 있다. 이 글에서는 정치제도로
서의 민주주의가 아니라 삶의 양식으로서 민주주의의 재전유
라는 랑시에르의 논의로부터 이 실마리를 끌어올렸다. 삶의
양식으로서 민주주의를 재전유하는 것은 민주주의를 방법으
로 형해화하지 않고 '자격의 부재'라는 민주주의의 지향에 초
점을 둔다. 이때 '자격의 부재라는 자격'은 어떤 목적이나 이
념적 지향 없이 사람들 사이 자유로운 연대를 무위(無爲)의 공
동체로 구상했던 장뤽 낭시(Jean-Luc Nancy)의 공동체 논의와
만난다(낭시, 2010).

이 글은 첫째, 규칙에 따라 배제를 합법화하는 근대 대의
민주주의 체제에 내재한 역설을, 재난 이후 배제를 정당화하
는 규칙의 확립과 공동체의 번영, 그리고 배제된 자들의 반격
이 초래한 공동체의 붕괴로 이어지는 영화 〈콘크리트 유토피
아〉의 플롯(plot)을 통해 고찰했다. 둘째, '통치할 자격이 없
는 이들의 통치'를 민주주의로 규명한 랑시에르(Rancière) 민
주주의 논의에 기대 영화의 마지막 장면을 붕괴로 치닫는 근
대 대의민주주의의 역설을 넘어설 새로운 민주주의의 편린으
로 끌어올렸다. 민주주의는 공동체에서 펼쳐지는 함께 사는
삶에 대한 구상이다. 영화 매체의 상상력으로 도래할 민주주
의를 조망하는 논의에 기여한 이 글은 민주주의 이론과 다른
민주주의의 가능성에 대한 논쟁적 개입이고 '자격의 부재라
는 자격'에 초점에 둔 민주주의의 지향성에 닻을 내리는 인문
학적 상상력이다.

한국 민주주의 위기와 토의민주주의

박정연

시작하며

글로벌 민주주의의 위기[1]와 함께 한국의 민주주의는 지금 심각한 위기 속에 있다. 87년 체제가 구축된 이후 시민들의 힘으로 민주주의를 지켜내야 하는 한국사회의 위기가 여러 번 있었지만 지금처럼 민주주의라는 단어를 거의 매일 들으며, "민주적 헌정질서의 파괴"라는 절대적 위기에 놓이게 된 것은 커다란 충격이 아닐 수 없다.

한국사회는 87년 6월 항쟁으로 절차적 민주주의를 갖춘 지 38년이 되었다. 민주공화국으로서 87년의 헌법체계가 구축되었으며, 일정의 성과에도 불구하고 민주화 이후 민주주

---

[1] 민주주의 퇴행(Democratic Backsliding)의 세계적 경향에 대하여 서복경(2024)은 최근 세계 각국 민주주의를 평가하는 기관들의 공통된 진단은 글로벌한 수준에서 민주주의의 질이 나빠지고 있다는 것, 그중에서도 특히, 이미 민주주의 규범과 문화가 정착되었다고 평가받던 국가들에서 민주주의가 퇴행하고 있는 현상에 주목할 필요가 있다고 한다.

의에 대한 비판과 해결되지 못한 과제는 여전히 한국사회의 문제로 남아 있다. 2016년 10월부터 시작된 박근혜 대통령의 탄핵 국면은 우리에게 민주주의가 무엇인지 되묻게 하였고, 대의민주주의에 대한 한계를 느끼면서 앞으로 우리는 어떤 국가에서 어떤 시민으로 살아갈 것이지 그리고 정치적 민주화와 함께 일상의 민주주의를 어떻게 실천하면서 시민성을 성장시킬 것인지 고민이 커져갔다. 2024년 12월부터 현재까지 충격적인 비상계엄사태를 겪으면서 민주주의의 취약함은 여전히 롤러코스터처럼 기복을 넘나들고 있으며, 민주주의의 위기가 심화되고 있다는 것을 온 국민이 밤잠을 설치며 몸으로 체현하고 있다.

민주주의의 위기! 어떤 민주주의의 위기일까? 이상환 (2022)은 곧 자유민주주의의 위기라고 한다. 최근 몇 달 동안 자유민주주의라는 단어를 이렇게 많이 들은 적은 없었던 것 같다. 자유민주주의는 인민의 정치 참여와 권력 통제를 허용한다는 면에서 민주주의적이지만, 실질적인 정치는 위임받은 소수 엘리트들이 성숙한 판단을 통해 공공선을 결정한다는 점에서는 자유주의적이라고 한다(이상환, 2022). 따라서 자유민주주의는 개인의 기본권을 헌법에 의해 보장하며 삼권분립과 정치적 권력작용이 법에 의해 지배되는 대의제 민주주의를 통해 국가를 운영하는 정치체제라고 할 수 있다. 지금의 민주주의의 위기는 87년 체제 이후 확립된 대의민주주의의 위기라고도 볼 수 있다.

윤석열 대통령의 비상계엄 선포를 옹호하며 소셜미디어에 "간첩들이 너무 많다. 계엄 환영한다. 간첩들 다 잡아서 사형해달라"라는 글을 남긴 차강석 배우의 신문기사는 논거 있는 이념의 차이가 아니라 가짜뉴스 같은 정보로 비판적 사고를 불가능하게 하는 왜곡된 모습이었고, 사회갈등의 충격적인 단면이었다. 자유민주주의가 투표를 통해 개인의 고정된 선호를 표현하는 정도로 시민의 정치적 역할을 제한한다고 하지만 선호집합적[2] 시민의 선택이 합리적인가? 과연 공공선을 실현할 수 있는가? 라는 주권자로서 시민의 모습을 돌아보게 한다. 오늘날 민주주의는 위험에 처했는가? 라는 질문을 던지며 모든 민주주의 국가에 경고를 던지는『어떻게 민주주의는 무너지는가』의 저자 하버드대 정치학과 교수 스티븐 레비츠키와 대니얼 지블렛은 대부분의 국가가 정기적으로 선거를 치르지만 오늘날 민주주의 붕괴는 다름 아닌 투표장에서 일어나고 있다고 한다.

필자는 학생운동 후 35년 시민사회 활동가로서 세상을 바꿔보겠다는 일념으로 시민운동을 해왔고, 그것은 곧 민주주의를 안착시키기 위한 활동이었다. 지금 한국사회를 보면 '세상을 바꿔 보겠다'는 활동가로서 겸손하지 못했던 자기 신념

2 　이상환(2022: 210)은 자유민주주의는 선호집합적 민주주의(aggregative democracy)라고 한다. 선호집합적 동의 모델은 성, 지역, 연령, 계층, 종교 등에 따라 고정된 선호가 있음을 가정하고, 투표를 통해 개인의 선호를 표현하며 그렇게 표현된 선호의 득표수에 따라 법률과 정책을 결정하는 방식이며 다수결의 원리를 이용한다.

에 대한 성찰이 필요함과 민주주의는 왜 여전히 미완성일까? 라는 고민이 깊어지게 되었고, 부족하지만 이 글을 쓰게 하였다. 그동안 시민사회에서 활동가로서 겪었던 내부자의 시선과 연구자로서 제3자의 시선이 혼재되어 있음을 먼저 밝히고 글을 시작한다.

1. 87년 체제와 한국 민주주의의 특징

슈미트(Schmidt, 1998: 10-12)는 민주주의 유형을 뿌리내린 민주주의와 결함 있는 민주주의, 신생민주주의와 오래된 민주주의, 간접민주주의와 직접민주주의, 합의민주주의와 다수결주의적 민주주의로 나눈다. 슈미트의 민주주의 유형을 바탕으로 민주주의는 국민주권주의, 시민의 자유와 정치적 평등, 권력분립의 원칙에 기초한 지배질서라는 크루아상(Croissant, 2002: 20 이하)은 〈표 1〉에서 자유민주주의 혹은 구현된 민주주의의 구성요소들로 민주주의 영역과 범주들을 구성하였다.

〈표 1〉에서 제시한 영역이나 범주 중 하나 이상의 구성요소가 훼손되고, 그로 인해 법치국가적 민주주의 구현이 방해받는다면, 이는 결함 있는 민주주의 체제가 된다는 것이다. 3영역과 10범주가 모두 작동하는 민주주의를 기능하는 법치국가적 민주주의라 한다면 결함 있는 민주주의는 이런 이상

〈표 1〉 민주주의 영역과 범주들

영역	범주
I. 수직적 정당성 영역	1. 능동적인 보통선거권
	2. 수동적인 보통선거권
	3. 선거의 규칙적인 시행
	4. 선거의 효과성
	5. 의사표현의 자유, 출판의 자유, 정보의 자유
	6. 결사의 자유
II. 의사일정의 통제 영역	7. 선출된 위임자의 효과적인 지배 권한
III. 자유로운 법치국가 및 헌법국가의 영역	8. 헌법적으로 뿌리내린 국가의 국가권력의 분립과 제한
	9. 국가나 사적인 행동자에 대항한 개인의 보호 권리
	10. 법 앞의 평등권

* Croissant, 2002; 이신용, 「민주주의가 사회복지정책에 미치는 영향」,
『한국 복지국가의 전망』, 한울, 2010, 365-402쪽에서 재인용.

적인 민주주의에서 파생된 한 하위유형이다. 결함 있는 민주주의는 민주주의적 지배를 위한 선거라는 최소한의 절차가 보장되기 때문에(O'Donnell, 1994: 60 이하, Merkel, 2003: 361; 이신용, 2010에서 재인용) 민주주의의 유형이 될 수 있다. 또한 크루아상(Croissant, 2002: 33)은 결함 있는 민주주의를 다시 하부유형으로 구분하여 〈표 1〉에서 "헌법적으로 뿌리내린 국가의 국가권력의 분립과 제한"이라는 범주 8이 훼손되었을 때 나타나는 결함 있는 민주주의의 하부유형을 위임민주주의라고 하였다. 오도넬(O'Donnell, 1994)은 위임민주주의란 민주화 이후 상당한 기간이 지났음에도 불구하고 노골적인 권위주의의 위험이나 회귀가능성은 없지만 그렇다고 진정한 의

미의 대의제 민주주의로 나아가지도 못하는 상황이라고 설명한다(현재호, 2017).

"위임민주주의 특징은 대통령이나 행정부가 입법부를 우회하고, 초헌법적으로 사법부에 영향력을 행사하여 법치국가의 원칙을 존중하지 않는다는 것"이다. 위임민주주의 국가들은 다음과 같은 특징을 보인다. 1) 권위주의적인 정권에서 물려받은 경제적·사회적 위기에 직면하여 대통령 선거에서 후보자들은 유권자들의 환심을 사기 위한 공약으로 해결사를 자처한다. 2) 대선에서 승리한 대통령은 위기에 대처하기 위하여 신속한 조치가 필요하다는 것을 알지만 그러한 조치들이 대중들에게 인기가 없어 딜레마에 빠지게 되며 위임민주주의는 결국 악순환이 된다(김선택, 2016)는 것이다. 위임민주주의의 가장 큰 문제점은 선거를 통해 선출된 대통령이 자신의 의지에 따라 국정을 운영한다는 점이며(이신용, 2010: 376), 위임은 존재하되 책임성은 부재한, 즉 선거를 통한 권력은 위임받았지만 정치 권력 행사에 대한 실질적 책임은 지지않고 있는 것이다(현재호, 2017). 보수와 진보 정당의 집권이 교차되고 있는 한국의 상황에서 위임민주주의의 문제는 2024년 12월 3일, 윤석열 대통령의 비상계엄선포로 적나라하게 드러나게 된다.

정치적 민주화 이후에도 한국에서 행정부가 여전히 강력

한 영향력을 행사할 수 있는 것은 행정입법권[3]이 유지되고 있기 때문이다. 한국에서 나타나는 위임민주주의는 입법부의 과도한 위임입법으로 인하여 행정부가 국가정책을 통제할 수 있는 '합법적 수단'을 소유하는 경향을 나타나게 된다(이신용, 2010: 376-378).

일례로 〈표 2〉는 역대 정부에서 제정된 법령의 수[4]이다. 제정된 법령 현황을 보면 2021년의 경우, 국회에서 제정된 법률 수는 1,580개인 반면 행정부에서 제정한 법규명령은 3,261개나 되어서 행정부에서 제정한 법규명령의 비율이 전체 법령에서 67%나 차지하고 있다. 법을 제정하는 고유의 역할을 가진 입법부보다 행정부에서 제정된 법률 수가 더 많은 것은 입법부에서 광범위하게 넘겨받은 위임입법 권한 때문이며, 한국의 행정부는 국가정책을 실질적으로 통제할 법적 수단을 소유하게 된다.

임기가 보장된 대통령이 견제장치 없이[5] 대통령의 정치이

---

3 위임입법권이란 행정부가 의회로부터 위임을 받아서 어떤 사항에 대하여 통제할 수 있는 권한을 의미한다. 주로 대통령령이나 부령이 위임입법에 속한다(이신용, 2016).

4 이 통계자료는 임기 마지막 년도 법령 수이며, 그 년도에 제정된 법령의 수가 아니라 계속 누적된 법령의 수이다.

5 헌법 제65조에 의하여 대통령에 대한 탄핵이 가능하지만 국회 제적의원 3분의 2 이상의 찬성(제65조 2항)으로 의결해야 해서 쉽지 않고, 헌법재판소에서 탄핵 결정을 예상할 수 없는 측면이 있다(김선택, 2016).

〈표 2〉 각 정부의 법령 건수

기간	대통령	법률(a)	대통령령(b)	총리 부령(c)	계(d)	a/d(%)
1988-1992	노태우	869	1,289	1,053	3,211	27
1993-1997	김영삼	952	1,319	1,129	3,406	28
1998-2002	김대중	1,026	1,372	1,251	3,649	33
2003-2007	노무현	1,169	1,563	1,410	4,142	28
2008-2012	이명박	1,286	1,492	1,151	3,929	33
2013-2016	박근혜	1,397	1,638	1,270	4,306	32
2017-2021	문재인	1,580	1,851	1,410	4,841	33

*자료: 이신용, 「민주주의가 사회복지정책에 미치는 영향」, 『한국복지국가의 전망』, 한울, 2010.
법제처, 법령통계에서 2008년 이후 자료 필자 보완 수정, 2025.1.

념으로 5년간 국정을 운영할 수 있게 되며, 결국 선거 때 집권 세력에 대해 표로 심판하는 것 외에는 정치적 책임을 물을 길이 없다는 김선택(2016)과 대통령제의 특성상 통제장치가 없는 경우 대통령은 언제든지 현대판 군주로 등장할 수 있다는 현재호(2017)의 주장은 현재 상황[6]에서도 시사점이 크다고 할 수 있다. 이런 특징들을 볼 때, 정치적 민주화를 거친 후 한국의 민주주의의 특징은 크루아상(Croissant)이 슈미트(Schmidt)와 오도넬(O'Donnell)의 결함 민주주의를 재정의한 위임민주주의에서 강력한 대통령제[7]의 탄생이라고 할 수 있다.

---

6 2024년 12월 3일 윤석열 대통령의 비상계엄선포 이후부터 헌법재판소에 탄핵 심사 중인 상황(2025년 2월 15일).

7 김종철(2025)은 87년 이후 한국형 민주공화제의 특징을 강력한(제왕적) 대통령제보다는 "의회와의 협치를 전제로 하는 분권형 대통령제"로, 윤석열

또 다른 차원으로 최장집(2010)은 민주화 이후 민주주의에 있어서 행정부에 대한 성찰을 가능하게 한다. 정권을 잡은 정부가 능력 있어야 한다는 것은 국가를 민주적으로 능력 있게 운영하는 것을 말한다. 국가의 민주화를 위해서는 민주적으로 선출된 정부의 능력이 필요하고, 민주 정부의 대표로서 요구되는 최고 지도자의 능력과 리더십의 문제와 민주주의의 작동 여부는 깊은 연관성을 가질 수밖에 없다(최장집, 2010: 276).

[그림 1]에서 최장집(2010: 277-278)에 의하면 민주주의 힘은 왼편에서 오른편으로 움직이고, 현상 유지를 원하는 기득이익의 힘은 오른편에서 왼편으로 움직인다고 가정하며 국가는 이 양자의 힘이 미치는 지점에 위치한다. 국가를 충분히 민주화하기 위해서는 선출된 리더십의 힘이 강하게 작용해

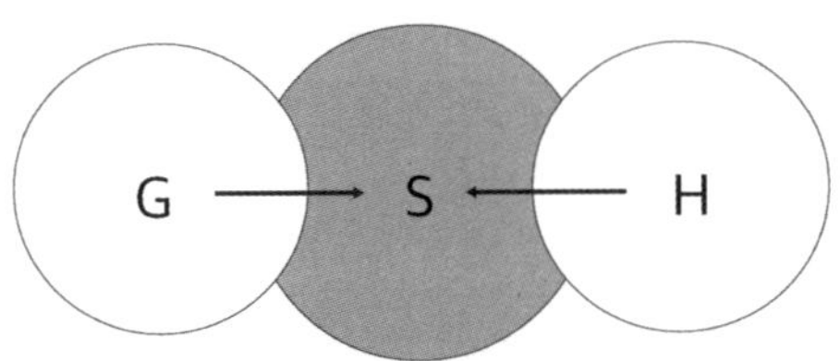

[그림 1] 민주화 이후 힘의 구조화 방향

G: 선출된 민주정부 S: 국가(행정 관료 체제 중심) H: 시민사회 이익의 헤게모니
*출처: 최장집, 『민주화 이후의 민주주의』, 후마니타스, 2010.

대통령의 비상계엄선포를 막을 수 있었던 국회의 탄핵소추권, 비상계엄해제권 등과 헌법재판소의 설치 등은 헌정질서 파괴에 대한 87년 헌법이 가진 긍정적 측면으로 설명한다.

야 하며, 그렇지 못할 때는 헤게모니의 힘이 국가에 큰 영향을 미칠 뿐만 아니라, 선출된 정부에까지 강력한 힘을 행사하게 된다는 것이다. 선출된 정부가 어떻게 사회로부터 민주적 동력을 끌어내고, 사회적 요구를 얼마나 잘 대변해 넓은 지지기반을 형성하느냐 하는 문제가 중요해진다.

비민주적 정치지도자가 집권을 하게 되면, 정당을 개인의 사당으로 장악하고 경쟁 관계에 있는 야당과 정치인들을 탄압하며 시민적 권리를 보장했던 제도를 파괴하고 권력 기관을 활용해 시민의 자유를 억압하며 국가기구를 개인의 사익 추구 목적으로 활용하여, 민주주의 정치체제 자체의 토대를 붕괴시키는 결과를 낳는다는 서복경(2024)의 진단도 같은 맥락이다. 그러나 최장집은 능력을 발휘하는 정부가 민주적일 수도 있고, 민주적이지 않을 수도 있기 때문에 어느 정부도 민주주의를 구현하기는 쉽지 않다고 본다. 그는 "민주적인 것이 곧 유능한 시스템을 만들며, 유능한 시스템이 다시 민주주의의 기반을 튼튼하게 하는 인과적 순환구조를 만드는 것이 중요하다"는 것을 강조한다. 민주주의가 건강하게 돌아가고 오랫동안 이어지기 위해서는 "정당이 상대 정당을 정당한 경쟁자로 인정하는 상호관용과 이해 그리고 제도적 권리를 행사할 때 신중함을 잃지 않는 자제"라는 두가지 규범이 필요하고 이 규범이 미국민주주의의 기반을 강화해왔지만 현재 미국민주주의는 이런 기능의 약화로 민주주의가 위기에 처해 있다는(스티븐 레비츠키·대니얼 지블렛, 2025) 미국의 상황 또한 우리는 트럼프 대통령을 통해 보고 있다.

　이신용(2010)과 최장집(2010)은 행정부에 대한 입법부의 위임권한 축소, 민주정부의 능력이라는 가치기준으로 이후 한국사회의 민주주의의 과제를 제시하였다. 현대 민주주의 역사를 1940년 이후로 본다면, 2000년을 기준으로 30년간 중단 없이 민주주의를 실천한 나라는 30여 개에 불가하다고 하며(박상훈, 2017), 현대 민주주의는 짧은 기간 동안 민주주의 제도가 안정화되는 과정에서 많은 실험을 거치고 있다고 볼 수 있다. 그렇기에 새로운 민주주의 즉 실질적 민주주의[8]에서 능력 있는 민주정부는 집단적인 시민의 힘이 참여정치를 이룰 때, 또 다른 민주주의의 모습을 만들 수 있을 것이다. [그림 1]은 능력 있는 정부와 헤게모니를 장악하려는 시민사회의 이익집단들과 힘의 관계 속에서 국가의 정책이 결정될 수 있음을 보여주는 모형이다. 하지만 '능력 있는 민주정부'를 만들기 위해 대통령이 민주주의를 광범위한 사회적 기반 위에 뿌리내리게 하는 민주적 리더십을 갖춰야 하는 것은 박근혜 대통령 탄핵과 윤석열 대통령 탄핵 정국으로 볼 때 분명해 보인다. 선거를 통해 모든 권력을 위임받았다는 위임민주

8　실질적 민주주의로 가는 경로의 세 가지 조건: 민주화는 시민의식의 확대와 더불어 정치문화를 변화시키는 전환의 계기가 되어야 한다. 소외계층을 조직하고 대표하는 정당이 기존의 보수양당체제에 대한 대안적 정당으로 존재하는 것이 필요하다. 선거를 통해 선출된 대통령과 정부가 그를 선출한 투표자에 대한 책임을 지며, 동시에 능력 있는 정부가 되어야 한다(최장집, 2010: 447-448).

주의적 대통령의 강력한 권한은 대의민주주의의 취약성과 함
께 행정부와 국회의 상호견제력이 충돌하는 정치적 환경을
조성해왔던 것이다(김용철, 2018).

민주주의가 깊게 뿌리내린 한국이라면 대통령의 계엄령
은 있을 수 없는 일이다. 이것은 87년 체제 이후 강력한 대통
령제의 기반이었던 위임민주주의를 통해 가능한 일이었다.
2024년 12월 3일 비상계엄은 강력한 대통령제를 원했던 대
통령이 다수당인 야당의 강한 견제와 부정선거 의혹을 해결
하고자 선포했다고 주장하지만 가장 큰 위험은 87년 이후 쌓
아온 민주적 헌정질서를 무너뜨린 것이다. 한국의 대통령은
국회에 의해 대통령의 권력 행사가 충분히 견제되고 있으니
결국은 문제가 박근혜나 윤석열 같은 대통령 개인의 문제라
는 식의 논의는 본질적이지 않다. 한나 아렌트가 아이히만의
재판 과정에서 "아이히만을 괴물로 규정하고 특별한 존재로
만들어 버리면 유대인 학살은 아이히만이라는 개인의 문제
로 끝나게 된다"(김선욱, 2023)고 말했던 것처럼! 행정부가 대
통령 한 사람의 자의적 통치에 휘둘린다는 대통령제 자체의
고유한 문제나 '권력 분립'의 논리로 이 행정부의 자의적 통
치 문제를 덮어서는 안 된다는 것이 장은주(2025)의 주장이
다. 민주적 헌정질서 파괴라는 큰 위기 상황에서 87년 체제
의 전면적인 혁신이 필요하다는 주장들이 전면에 등장하기
도 한다. 박근혜 탄핵은 언론(한겨레, JTBC, 조선)과 촛불시민
의 힘으로 가능했으나 그 성과는 민주당이 모두 가져갔던 경

험에 비추어(김동춘, 2025) 시민사회는 탄핵정국 이후 촛불과 응원봉으로 광장에서 싸운 시민들의 힘이 새로운 정부에 반영될 수 있도록 "사회대개혁 11대 과제"를 준비하고 있다. 민주주의 위기를 극복하기 위한 대안적인 논의들이 다양한 토론과 함께 개헌이나 정당구조 개편 등으로 활발하게 연구되고 추진되겠지만 양당 중심의 집권을 위한 프레임에 갇혀서 극단화되는 사회의 정치적 갈등에 대해 광장에서 민주주의를 지키기 위해 애썼던 시민들의 힘과 시민사회의 역할은 더욱 중요하다. 어떤 민주주의를 위해 우리는 무엇을 할 것인가?

2. 하버마스의 토의민주주의 재조명

2017년 8월 이후 조국 법무부장관 임명부터 10월 사퇴하기까지 서초동에서 진행됐던 촛불시위는 검찰개혁을 지지하는 시민들과 조국 법무부장관 후보자의 여러 가지 비리문제에 대한 규탄 집회로 극단적인 대립의 모습을 보였다. 이후 2024년 12월부터 윤석열 탄핵정국에 있어서도 주말마다 시민들은 도심에서 추위에도 불구하고 탄핵 찬성과 반대로 나누어져 시위를 계속하였으며, 극우 유튜버들과 보수기독교세력이 결합한 탄핵 반대시위는 점점 극우화되고, 탄핵 반대 지지자들은 윤석열 대통령 구속영장 발부 건으로 서부지방법원에 대한 폭동사태도 불사하였다. 이런 일련의 과정들에서 2025년 한국사회는 민주주의의 최대 위기를 맞고 있다. 이런 민주주의의 위기 상황은 원론적으로 돌아가 하버마스[9]의 토의민주주의를 재조명하게 한다.

오늘날 지배적인 정치 스타일을 특징짓는 여론조사가 조종하는 정치는 비민주적이다. 왜냐하면 이런 정치는 국가의 정치적 행위 능력에 의문을 제기하고 시민사회와 정치적 공론장에서 정치적 의견 및 의사 형성을 무용지물로 만들기 때문이다. 정치 엘리트들 사이에서 체계 이론에 의해 길러진 패배주의가 마비된 정치권력이 된다면 시민은 행위 능력과 행위 태세를 흉내만 내는 정부에 대한 믿음을 잃을 수 밖에 없다(하버마스, 2024b).

결론부터 말하자면 하버마스는 시민연대적 결합이 주체가 되어 공론을 형성하는 적극적인 민주주의가 필요하다고 해결책을 제시하고 있다. 하버마스는 『공론장의 새로운 구조변동』(2024b)에서 정치적 공론장의 붕괴는 의사소통의 콘텐츠를 더 이상 교환할 수 없게 하며, 정치적 공론장의 인식을 변

---

9   1987년 민주항쟁으로 절차적 민주화가 진행되고 1990년대 현실사회주의가 급격하게 몰락하면서 한국사회는 새로운 대안에 대한 사회적 관심이 급증하였고, 시민사회의 정치적 역할을 강조하는 하버마스의 사상이 새로운 대안으로 부상하였고, 1990년대는 한국의 시민운동이 급속하게 확대되는 시기로 사민사회의 공론장의 역할을 강조하는 하버마스에 대한 사회적 관심이 커질 수밖에 없는 상황이었다(김원식, 2015: 236-237).

형시키는 데 중요한 관점은 가짜뉴스의 축적이 아니라 참여자가 가짜뉴스를 더 이상 가짜뉴스라고 식별할 수 없다는 것이라고 지적한다. 정치적 공론장을 통해 질적으로 걸러진 의견의 포용과 수용이 보장되지 않으면 민주주의의 체제 전체가 손상되는 것이다. 진짜 정보와 구별할 수 없는 가짜뉴스가 만들어내는 혼란스런 사회갈등 속에서 헌법적 명령으로 포용적이고 토의적인 공론장의 성격을 가능하게 하는 미디어 구조를 유지하는 것은 정치노선의 결정과 무관하게 중요함을 강조한다. 사실을 구별할 수 없는 가짜뉴스와 미디어의 범람은 왜곡된 사유와 행동을 유발한다는 것을 지금 우리는 몸으로 경험하고 있다.

미디어 사회에서는 소셜미디어를 통해 누구나 자유롭게 접근할 수 있는 공적 공간이 만들어지고 이 공간은 모든 이용자를 즉흥적이고 어느 누구에 의해서도 검토받지 않는 개입에 초대하며, 그 밖에도 이미 벌써 정치인으로 하여금 국민투표적 공론장에 대해 개인화된 영향력을 직접 행사하도록 유혹한다. 좋아요와 싫어요 클릭으로 무장해제된 이 국민투표적 공론장은 기술적·경제적 성격을 띠고 있다(하버마스, 2024b: 67).

검색 엔진, 뉴스 포털 및 기타 서비스에 무료로 제공되는 정보와 거의 눈에 띄지 않게 교환되는 개인 고객 데이터의 불법 복제 디지털 처리는 유럽연합 경쟁위원장이 이 시장을 규제하고자 하는 이유를 설명해주고 있다(하버마스, 2024b: 71).

위에서 서술한 것처럼 현대사회에서의 정치적 공론장의 붕괴는 지금의 한국사회의 모습과도 흡사하다. 이는 가짜뉴스와 특정 유튜브에 확증편향되어 비판적 사고를 불가능하게 하고 민주주의가 제대로 작동할 수 없게 만들고 있다. 이렇게 되기까지 공론장의 재봉건화는 자본주의를 심화시키고 대중매체의 발달로 인해 공론장의 붕괴와 함께 공중의 의사소통 형식이 상실되어간다. 사회의 국가화된 영역과 국가의 사회화된 영역이 서로 교차되어 대중매체는 정치적 투표 행위와 경제체제에 깊숙이 침투하면서 공론장의 재봉건화가 일어나게 된다고 진단한다(하버마스, 2024a). 사적 개인들은 더 이상 문화를 논의하는 공중이 아니라 문화를 소비하는 공중이 된다. 이러한 공론장의 붕괴는 경쟁하는 이해관계의 시위 행사가 토론을 대체하고 공론장에서 논의에 의한 합의는 비공식적으로 싸워 얻거나 타협으로 정리된다. 하버마스(2024b)에 따르면 토의민주주의는 보잘것없는 현실을 측정해야 할 이상이 아니라 다원주의적 사회에 걸맞은 다양한 민주주의가 존재하기 위한 전제 조건이며, 지금도 민주주의의 문제해결에서 중심이 된다는 것이다. 민주주의의 수준을 높이기 위해서는 민주주의의 사회적 기반을 강화시켜야 하는데, 제도적으로 절차적 민주주의가 완성되었다고 민주주의가 저절로 작동되는 것은 아니다. 민주주의의 작동과 유지는 민주주의에 대한 일반 시민들의 관심, 기대감, 만족감 등으로 나타나며, 자신의 목소리를 낼 수 있는 기회를 갖게 하는 것은 민주주의를 근본적으로 성장시키는 원동력이 되기 때문에 이런 장(場)을 만드는 것은 시민사회의 중요한 역할이다.

한국사회의 문제로 되돌아가서 '2023년 사회통합 실태조사'(한국보건사회연구원, 2023)에 따르면 한국인은 사회갈등[10]이 심각해졌다고 느끼며, [그림 2]에서 보듯 2018년 이래로 진보와 보수 간의 갈등을 가장 심각한 갈등 유형으로 인식하고 있었다. 정치영역에서의 갈등은 자신과 정치 성향이 다른 이와 시민사회단체 활동을 할 의향이 없는 사람은 71.4%로 상당히 높은 비율을 차지하고, 정치성향이 다른 이와 연애 및 결혼을 할 의향이 없는 사람은 58.2%로 절반을 넘었으며, 정치성향이 다른 친구 및 지인과 술자리에 함께할 의향이 없는 사람은 33.03%로 나타났다. 정치적 성향이 다른 사람하고는 활동이나 연애, 술자리도 하기 싫다는 연구결과는 흥미롭게 느껴지기도 하지만 연구결과로 나타난 보수·진보 간의 사회갈등은 지금의 한국사회의 현실과 그 심각성을 고스란히 보여주고 있다. 그 갈등구조에는 하버마스의 주장처럼 분화된

---

10 사회갈등은 사회구조와 특정 맥락에서 희소하거나 양립할 수 없는 사회적 자원을 배분하는 과정에서 필연적으로 발생하는 집단 간 대립과 긴장, 그리고 이해관계와 신념, 가치관이 충돌하는 균열의 상태로 정의한다(곽윤경, 2024).

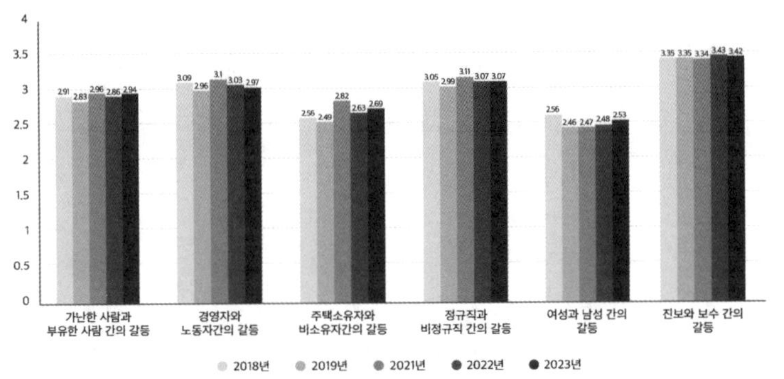

[그림 2] 사회갈등 유형별 인식 변화

출처: 곽윤경, 「사회갈등에 대한 한국인의 인식 변화와 시사점」, 〈보건복지 Issue & Focus〉 452호,
2024.11.25.

자본주의 사회에서 소셜미디어, 인터넷으로 대표되는 미디어 사회에서 정치적 공론장의 붕괴가 원인으로 작동하고 있는 것이다.

이런 사회갈등은 윤석열 대통령 탄핵정국에서 서울서부지방법원 폭동사태[11]로 나타났으며, 민주주의의 위기 이면에는 심각한 정치 양극화가 차지하고 있다고 볼 수 있다. 지금 드러나는 민주주의 위기를 당장 해결할 수는 없지만 윤석열 대통령의 탄핵 심판이 결정된 이후 붕괴된 헌정질서의 회복과 사회갈등을 완화하려는 시민사회의 노력이 함께할 때, 우리는 새로운 민주주의를 다시 만날 수 있을 것이다. 양극화된

---

11 2025년 1월 19일, 윤석열 대통령의 구속영장 발부에 반발해 극렬 지지자들이 서울서부지방법원에 처들어가 폭동 수준의 폭력적인 행동을 하였다.

사회통합을 위하여 시민사회는 어떤 장(場)을 통해 어떤 노력을 해야 할까?

해결하기 어려울 것 같은 이런 사회문제들은 다시 원론적인 이론을 부각시킨다. 하버마스(2024a)는 서구 자유민주주의의 발전에 결정적인 역할을 했던 '정치적 공론장', 즉 사적 개인들의 의견을 공적으로 토론에 부쳐 의사소통적 조건의 총체로 보고 개인이 공중으로 결합할 수 있는 가능성을 민주주의 성패를 가름하는 잣대로 보았다. 이런 의미로 코헨(1989)이 정의한 토의민주주의 개념을 활용하였다.

> 토의민주주의 개념은 민주적 결사에 대한 직관적 이상에 뿌리를 두고 있는데, 여기에서는 결사조건의 정당화가 평등한 시민들 간의 공적 논증과 논의를 통해 수행된다. 이런 질서 속에서 시민들은 집단적 선택의 문제를 공적 논의를 통해 해결하겠다는 약속을 분담하며, 기본 제도들이 자유로이 공적 토의를 위한 틀을 수립하는 한에서 그것들이 정당하다고 간주한다(하버마스, 2024a에서 재인용).

하버마스의 토의민주주의에 대한 구상은 1) 개인의 사적 자율성을 전제로 하면서도 동시에 정례적인 선거라는 형식적 절차를 넘어서 자유로운 시민들의 토의와 참여를 통한 공적 자율성 실현을 위한 실질적 민주주의의 내용을 확보하는 정치적 지배의 주체가 되어야 하는 것과 2) 엘리트 민주주의 이론과 완전히 대립되는 인민의 자율적 지배를 추구하는 것이었다(김원식, 2015: 198-199). 이것을 전제로 시민사회는 토의 공간으로서 민주주의가 구현되는 장소가 되고, 시민사회 내부에서 작동하는 의사소통의 장(場)으로 공론장이 되는 것이다.

　　2017년 8월부터 10월까지 "원자력 발전소 건립을 중단할 것인가, 아니면 진행 중인 건설을 계속할 것인가" 신고리 5·6호기 공론조사가 이루어졌다. 표본으로 추출된 시민참여단 471명이 참석한 최종 2박 3일 합숙토론회는 총론 토의, 원전 관련 안정성, 경제성 토의, 종합토의로 구성했으며, 각 섹션은 찬·반 양측 전문가 발표와 조별 분임토의, 질의응답의 순으로 진행했다. 이 공론조사의 최종 목적은 시민의 의견을 반영한 정책적 의사 결정이었다. 시민참여형 조사를 살펴보면 공론화 과정 이전에 실시한 1차조사에서는 건설중단 27.6%, 건설재개 36.6%, 유보 35.8%였다. 반면에 사전 학습과 공론화 과정에 모두 참여한 시민참여단의 최종 4차조사에서는 건설중단 의견이 40.5%, 건설재개 의견이 59.5%로 집계되어 건설재개로 결론이 났다. 이 과정에서 결과와 무관하게 우리가 주목해야 할 것은 시민참여단의 의견 변화이다. 공론화 이전과 공론화 이후에 41.4%가 의견의 변화를 보였다. 그리고 시민참여단에서 찬성과 반대의 의견을 유보했던 사람이 공론화 이전에는 161명이었는데 공론화 이후에는 15명으로 대폭 줄었다는 것이다. 이 과정에 대해 김춘석(2018)은 신고리 5·6

호기 시민참여형 조사에서 직접 참여한 시민참여단의 90% 이상은 자신과 생각이 다른 결과가 나와도 공론화 결과를 존중하겠다는 입장을 보였으며, 이것은 시민참여단이 공론화 과정이 공정하다고 인식하였기 때문에 사회적 수용성이 매우 높았기 때문이라고 분석하고 있다.

이 공론조사 과정에서 우리는 하버마스(김원식, 2015)가 제기한 "과연 공론장이 진정 지배로부터 자유로운 공간인가? 다양한 이해관계로 분열된 현대사회 공론장을 통한 사회적 합의의 모색이란 것이 과연 가능한가?"라는 질문에 일정 정도 답을 찾을 수 있다고 생각하며 공론장 내부의 합의 가능성 문제를 해결한다.

> 토의 과정이 그 내적 논리를 통해서 시민들이 가지고 있는 기존의 선호도나 판단을 변화시킬 잠재력을 지녔다는 점을 기억할 필요가 있다. (…) 토의에 참여하는 당사자들은 더욱 합리적인 논거를 수용할 자세가 되어 있으며, 이는 합리적 논거를 통해 자신의 입장을 변화시킬 수 있음을 의미하기 때문이다(김원식, 2015: 205).

신고리 5·6호기 공론조사 과정은 시민들이 가지고 있는 기존의 입장들을 변화시켜가면서 더 합리적인 방향으로 논의를 이끌어나갈 수 있다는 하버마스의 토의민주주의의 전제를 입증한다.

한국의 시민들, 대부분 사람들은 토론을 배우거나 들어보기는 하였지만 훈련받지 못하고 실제 참여해 본 경험이 많지 않다. 공론장을 통해 서로의 불안전성을 인정한 상태에서 대화와 토론을 통해 최선의 대안을 창출해나가는 과정은 동원의 수단으로 전락하기 쉬운 시민들이 참여능력과 공동체성을 배양할 수 있는 기회구조가 된다(이황직, 2005). 임동윤·나윤영(2021) 또한 토의민주주의의 공론화 과정은 형식적 정당성이나 빠른 해결방안을 찾는 것을 넘어서 다양한 참여방식, 토론방식, 소통방식으로 참여와 토론의 질을 높이며, 일반 시민들의 삶과 공식적인 제도에 모두 자연스럽게 숙의의 문화와 실천이 가능할 수 있도록 해야 한다고 제안한다.

신고리 5·6호기 공론조사에 참여했던 한 참가자의 인터뷰 내용이다.

"저는 처음 참여할 때 신고리 5·6호기 건설을 중단해야 된다고 생각했고, 공론조사 과정이 끝날 때도 그 생각은 변하지 않았습니다. 하지만 결과에 대해 수용하는 자세를 가져야 된다고 생각했는데, 그것은 '유연함'이 아니라 '민주적 힘'이라는 생각이 들었습니다. 저 스스로 입장변화는 없었지만 시민참여단으로 참여하여 숙의, 경청, 분임토의 과정을 함께 하면서 결과수용 자세를 배우고 익힌 것이 힘이 된 것입니다. 결과가 나왔을 때, 상대에 대한 혐오감정이 생긴 것을 부인할 수는 없지만 민주적 의사결정 과정에서 꼭 필요한 것은 문제에

대한 깊이 있는 이해, 상대에 대한 존중입니다".[12]

참여자의 인터뷰 내용은 토의민주주의가 공공선 존재와 차이의 인정, 공통 인식의 최대화를 통해 창의적 대안을 형성할 수 있다(이황직, 2005)는 것을 보여준다. 이것은 시민들이 자신의 삶 속에서 자신의 목소리를 내며, 공공의 문제에 대해 판단 능력을 갖춘 주체가 되는 것이며, 생활 속에서 일상의 민주주의를 만들어가는 과정이 된다.

3. 사회통합을 위한 민주시민교육 사회적 합의 사례

한국사회의 정치적 양극화가 점점 심해지던 시기 민주시민교육 사회적 합의를 위한 거버넌스 구성 및 활동[13]이 본격화되었다. 정부기관, 공공기관, 시민사회단체, 학계 등 보수·진보를 아우르는 다양한 영역에서 참여하여 거버넌스를 구성하였고, 참여단체는 〈표 3〉과 같다.

---

12 인터뷰 대상자: 정○○(남, 56세)로 시민참여단 476명 중 1인.

13 민주시민교육을 위한 사회적 합의는 2009년에서 2013년을 1기라고 본다 민주화운동기념사업회와 선거연수원이 보수·진보를 아우르는 "민주시민교육 거버넌스(민주시민교육기관·단체 협의체)"를 구성하여 민주시민교육의 필요성, 운영원칙 등을 담은 사회적 합의 및 제도화를 위한 활동을 전개하였다. 이후 2018년도부터 2020년까지를 2기로 구분한다.

〈표 3〉 민주시민교육 거버넌스 참여 단체

영역	단체명
정부기관	선거연수원(~2018년) * 2019~ 독자추진
공공기관	민주화운동기념사업회
시민 사회단체	경제정의실천시민연합, 새마을운동중앙회, 한국자유총연맹(2019년 참가), 전국교육희망네트워크, YMCA, 흥사단, 바르게살기운동중앙협의회(2019년 참가), 전국민주시민교육네트워크(2019년 참가)
학계	한국민주시민교육학회, 사회와철학연구회

*출처: 민주화운동기념사업회 외, 「민주시민교육 사회적 합의 선포식 자료집」, 2019.11.18.

민주시민교육 사회적 합의 과정을 살펴보기 전에 먼저 민주시민교육 제도화와 관련하여 '민주시민교육지원법' 제정을 위한 시민사회의 노력을 이해할 필요가 있다. 한국에서 민주시민교육지원법 제정을 본격적으로 추진한 시기는 1990년대이다. 1995년 국무총리 소속 세계화추진위원회는 '시민정치의식 세계화'라는 국정과제의 세부과제로 민주시민교육의 제도화에 관해 최초로 정부 차원의 논의가 시작된 것으로 확인된다(최성환, 2020). 그러나 대체로 1997년 '민주시민교육포럼'과 '민주시민교육협의회의'가 결성된 후 '민주시민교육지원법(안)'을 발의한 시기를 민주시민교육 제도화 추진의 시작 단계라고 할 수 있다. 1997년에서 2024년까지 학교민주시민교육을 포함한 민주시민교육 관련 법안은 총 14차례(민주시민교육법안 11회, 학교민주시민교육법안 3회) 발의되었다. 그러나 15대, 19대, 20대 국회 발의 법안은 제대로 논의조차 이루어지지 못하였고, 기대감을 높였던 21대에서조차 입법화되지 못한 채 임기만료로 자동폐기되었다. 정상호(2024)는 자유민주주의 이념의 약화를 이유로 반대했던 보수정당과의 공동발의나 이들을 대상으로 설득하려는 노력이 부족하여 '민주시민교육지원법안' 같은 쟁점 법안이 국회 상임위원회의 문턱을 통과할 수 없었다고 평가한다. 또한 민주시민교육지원법의 쟁점이 되는 어떤 민주시민을, 어디에서, 어떻게 교육할 것인가 하는 각론에 대한 공론화와 합의가 부재하기 때문에 의회 내와 의회 밖 시민사회에서 상호 교차하는 공적 토론 과정을 통해 정책을 결정하는 토의정치가 절실하다는 평가를 잘 수용할 필요가 있다.

이러한 상황에서 민주시민교육 제도화를 이루기 위한 중요한 과제 중 하나로 민주시민교육의 기본원칙에 대한 사회적 합의가 대두되었다. 사회적 합의를 통해 민주시민교육 원칙을 정립하는 것이 민주시민교육 추진체계를 구축하는 사작이기 때문에 보수·진보를 아우르는 다양한 입장을 포괄하여 민주시민교육의 기본 방향, 필요성 및 공감대 형성, 활성화를 위한 사회적 합의가 선행되는 것이 필요했다. 2018년 11월, 16개 광역 민주시민교육네트워크(준비위 포함)를 포괄하는 전국민주시민교육네트워크가 출범하였고, 민주화운동기념사업회와 협력으로 국민운동 3단체(새마을운동중앙회, 바르게살기운동중앙협의회, 한국자유총연맹)가 함께 4개의 권역(수도권, 충청권, 영남권, 호남권)으로 나누어 사회적 합의를 위한 공론장을 6

개월 정도 진행하였고, 공론장을 통해 민주시민교육의 필요
성과 운영원칙에 대한 사회적 합의를 이루었다.[14] 사실 시민
운동단체들은 국민운동 3단체(새마을운동중앙회, 바르게살기운
동중앙협의회, 한국자유총연맹)에 대한 시선이 좋지 않았다. 이
단체들을 관변단체로 명명하며, 정부의 운영보조금을 받는
정부기관의 하부조직처럼 생각하였고, 국민운동 3단체 또한
시민운동단체들에 대해 정부에 비판적이고 비협조적이라 생
각하여 상호 비판적 시각으로 인해 협력사업을 수행하기는
쉽지 않았다. 권역별로 3회 정도 기획회의를 진행하여 서로
알아가고 존중하는 분위기를 만들어 친밀감을 형성하였고,
최종 공론장을 통해 토의를 진행하여 민주시민교육의 3가지
필요성과 5개 기본원칙의 사회적 합의문을 도출하였다. "…
이에 공감하는 전국의 시민들은 이념, 지역, 성별, 세대를 뛰
어넘어 한자리에 모여 대화를 나누었고, 민주시민교육이 우
리 사회에 절실히 필요하다는 것에 합의를 했습니다. 이제 더
많은 시민과 호흡하고 논의해가는 지속적인 첫걸음으로 다
음과 같이 선언합니다." 이렇게 민주시민교육에 대한 사회적
합의를 위한 첫걸음을 내딛게 되었다.

민주시민교육의 3가지 필요성은 1) 시민은 주권자로서 권

---

14   전국민주시민교육네트워크에 충북민주시민교육네트워크가 참여하고 있으
며, 필자는 충북민주시민교육네트워크의 운영위원장으로서 이 과정에 함
께하였다.

<표 4> 2019년 권역별 공론장 현황

구분	기획단 구성 및 기획회의	간담회 또는 포럼	공론장(원탁회의)
수도권	5.29.(수) 1차 기획회의	수도권 포럼 7.15.(월) 23명	수도권 원탁회의 9.4.(수) 80여 명
	6.13.(목) 2차 기획회의		
	8.22.(목) 3차 기획회의		
충청권	5.14.(화) 1차 기획회의	충청권 간담회 7.22.(월) 24명	충청권 원탁회의 10.1.(화) 50여 명
	5.27.(월) 2차 기획회의		
	6.19.(수) 3차 기획회의		
영남권	4.26.(금) 기획회의	확대 기획회의 7.2.(화)	영남권 원탁회의 9.3.(화) 190여 명
	5.28.(화) 확대 기획회의		
호남권	7.11.(목) 1차 기획회의	전남권 포럼 8.19.(월)	호남권 원탁회의 9.30.(월) 150여 명

*출처: 민주화운동기념사업회, 「민주시민교육 사회적 합의 전국 공유대회 자료」, 2020.11.20.

리와 의무를 다하며, 문제를 해결하는 능력을 키워 스스로 주인이 되는 사회를 만들어야 합니다. 2) 차이와 다름, 다양한 가치를 존중하고, 참여와 소통으로 갈등을 조율하여 더 나은 공동체를 만들어야 합니다. 3) 개인이 행복하고, 사회가 조화롭게 발전하기 위해서는 모든 시민이 민주적 자질과 역량을 가져야 합니다. 5개 원칙은 1) 존중과 배려로 다름을 인정하고, 경청과 공감으로 참여하고 소통합니다. 2) 모든 시민은 누구나 민주시민교육에 참여할 수 있습니다. 3) 서로 가르치고 배우는 참여형 학습을 지향합니다. 4) 민주시민교육의 교육자는 자신의 생각을 강요하지 않는 중립적 자세를 가집니다. 5) 서로 합의한 내용을 지키고 실천하기 위해 노력합니다

(민주화운동기념사업회 외, 2019)이다. 보수·진보를 아우르며, 이념, 지역, 성별, 세대를 뛰어넘어 민주시민교육에 대한 필요성과 기본원칙을 공론장을 통해 합의한 것은 가장 기본적인 내용이지만 그동안 정치적 양극화가 심한 사회갈등을 민주시민교육이란 이름으로 해결하기 위한 시작이라는 데 의의가 있다(민주화기념사업회 외, 2020).

2020년 또한 2019년에 이어 민주화운동기념사업회, 바르게살기운동중앙협의회, 새마을운동중앙회, 전국민주시민교육네트워크, 한국자유총연맹이 공동 주최하여 민주시민교육 사회적 합의를 위한 공론장을 10개의 광역지자체[15]별로 진행하였다. 코로나19라는 어려운 사회적 조건에서도 현장과 온라인으로 병행하여 공론장을 열었고, 대화와 토의, 합의라는 토의민주주의 과정을 경험하였다. 2019년보다 한 걸음 더 나아가 민주시민교육을 통해 일상의 민주주의의 토대를 강화하고 2021년을 위한 3가지 실천과제를 결정하였다. 3가지 실천과제로 민주시민교육 참여단체 간에 교류와 협력을 강화하고, 전국민주시민교육 축제를 개최하고, 지역 민주시민교육 센터 공간을 마련하자는(민주화운동기념사업회 외, 2020) 보수·진보의 경계를 좁혀내는 활동을 넓히는 능동적인 민주시민교육에 대한 사회적 합의가 이루어졌다.

---

15 2020년 민주시민교육 사회적 합의 공론장을 만들어낸 10개 광역 단위: 서울, 인천, 강원, 충남, 세종, 대전, 대구, 경북, 부산, 전남

장명학(2003)은 하버마스의 공론장이론에서 담론의 논증을 위한 핵심적인 규칙들을 제시한다. 원칙적으로 누구도 배제되지 않는 담론참여의 기회가 주어지는 개방성, 모든 참여자들이 자신의 입장을 표명하고 이의를 제기할 수 있으며, 담론참여자들은 그 누구도 내적인 그리고 외적인 강제로부터 방해받지 않고, 일반적으로 합리적인 동의를 목표로 토론한다는 것이다. 민주시민교육을 위한 사회적 합의 공론장의 과정에서도 보수·진보의 성향을 넘어 사적 개인이 토론을 통해 공중으로 결집되는, 그래서 이러한 규칙들을 통해 합의에 이르는 과정을 경험하고 참여자들은 스스로 민주적인 삶의 양식을 공고히 하게 된다. 공론장을 통한 토의민주주의의 경험은 이념이나 정치적 견해의 차이를 넘어 사회갈등을 해소하며 사회통합에 일조한다고 볼 수 있다.

통일 전 분단국가 독일에서도 교육 문제를 두고 우리와 비슷한 사회갈등이 있었다. 독일에서는 민주시민교육을 정치교육이라고 한다. 독일은 나치로부터 해방된 직후 새로운 독일연방공화국을 세우자마자 다시는 나치 같은 세력이 집결하는 일이 없도록 만들겠다며 연방정치교육원을 설립하고 시민들과 학교에서 체계적인 민주주의 교육을 시작하였다. 하지만 1960년대 말 시작된 학생 운동의 여파로 정치교육을 둘러싸고 격심한 좌우대립이 일어났고, 서독 내 좌우 이념대립은 더 격렬했다. 1976년 바덴뷔르템베르크 주정치교육원 지그프리트실레 원장은 좌우진영을 망라하여 독일에서 가장 영

향력 있는 정치교육 학자들과 관련자들을 보이텔스바흐에 초
대하여 학술행사를 개최하고 죄우 진영의 정치교육 관련자들
모두가 동의할 수 있는 3원칙에 대한 합의가 이루어지는데,
이것이 바로 '보이텔스바흐 합의'이다. 이 3원칙[16]은 강압금
지의 원칙, 논쟁성에 대한 재현 원칙, 이해관계 지각 원칙이
다. 독일은 이 합의에 따라 교육현장에서 심각한 이념 대립을
극복하고 전 국가적인 차원에서 체계적인 정치교육 시스템을
만들어내는 데 성공했으며, 이 합의로 독일 통일 이후 오늘날
까지 성공적인 사회통합과 민주주의에 기반한 번영의 토대를
구축할 수 있게 되었다(심성보 외, 2018: 22-24).

민주시민교육 사회적 합의가 독일의 보이텔스바흐 합의처
럼 전 국가적으로 체계적인 정치교육 시스템을 만들기에는
아직 역부족이다. 그리고 현재 윤석열 대통령 탄핵정국에서
보여지는 극우 반공주의와 복음주의 기독교의 결합으로 나타
나는 폭력적인 헌정질서 파괴라는 당장의 급한 불을 끌 수는
없다. 하지만 보수·진보 이념 논쟁을 넘어 사회갈등을 해소하

---

16 1. 강압(교화)금지: 어떤 수단을 통해서든 학생들에게 특정한 견해를 주입
하고, 그럼으로써 그들이 독립적인 의견을 형성하지 못하도록 방해해서는
안 된다. 2. 논쟁성에 대한 요청(논쟁성): 학문과 정치에서 논쟁적인 것은
수업에서도 역시 논쟁적으로 드러나야 한다(교화는 다양한 관점들을 숨기
고 다른 선택지들을 내팽개치며 대안들을 해명하지 않을 때 일어나는 것이
기 때문). 3.이해관계 인지(행동지향, 학생지향): 학생들은 특정한 정치적
상황과 자신의 이해관계의 상태를 분석할 수 있어야 할 뿐만 아니라 자신의
이해관계에 비추어 주어진 정치 상황에 영향력을 행사할 수 있는 수단과 방
법을 찾을 수 있어야 한다(심성보 외, 2018: 23-24).

기 위한 민주시민교육 사회적 합의를 이루어낸 공론장의 경험은 상호존중으로 대화와 토의를 통해 일상에서 민주적 삶으로 축적될 때, 사회통합의 길과 마주할 수 있다는 것을 보여주고 있다.

마치며

민주주의의 위기는 어디서 오는 걸까? 민주주의는 인민에 의한 지배라고 정의하는데 시민들이 직접 뽑은 대통령이나 국회의원들이 당선 이후에는 시민들과 무관하게 정치활동을 하기 때문일 것이다. 그럼 대의민주주의에서 대통령이나 국회의원들을 통제하려면 어떻게 해야 하는 걸까? 시작하며 했던 이런 질문들을 다시 한번 되짚어본다.

2016년 말 박근혜 대통령 탄핵과정에서 악의 평범성의 개념이 국정농단과 관련해 주목을 받게 되었다. 권력의 줄에 서서 생각 없이 자신에게 주어진 역할에만 충실했던 관료들의 행태를 보면서 자신들이 하는 일의 옳고 그름과 자신들의 행위의 결과에 대해 고민하지 않고 그저 주어진 일에만 충실했기 때문이라는(김선욱, 2021), 대통령과 관료의 문제로 민주주의 위기를 진단하기도 한다. 지금의 윤석열 대통령의 민주적인 헌정질서 파괴 사태 또한 같은 맥락이지만 소셜미디어와 유튜브를 통한 여론정치, 사실, 진실보다는 감정과 분노의 팬

덤 정치 등이 정치적 공론장과 전통미디어 매체를 붕괴시키
고 있다.

　가짜뉴스에 대한 사회적 인식 조사(이미숙·진형익, 2022)에서
응답자들은 소셜미디어를 이용하거나 과거에 이용한 적이 있
냐는 질문에 96.9%가 이용 경험이 있다고 응답하였고, 신뢰도
가 가장 높은 매체는 텔레비전(57.9%), 신뢰도가 가장 낮은 매
체는 소셜미디어(18.8%)였다. 소셜미디어의 부정적 영향을 묻
는 질문에는 불필요한 정보 증대로 혼란이 증가했다는 응답
이 75.1%로 가장 많았으며, 정치의 양극화 심화(71.3%), 프라
이버시 침해(67.7%) 등의 순이었다. 다음으로 가짜뉴스를 접
한 경험을 묻는 질문에 86.7%가 경험이 있다고 응답하였으며,
가짜뉴스를 경험한 응답자들 중 18.7%가 해당 뉴스를 다른
사람에게 전달한 경험이 있다고 응답하였다. 또한 우리나라
에서 가짜뉴스로 발생하는 문제가 얼마나 심각하다고 생각하
는지에 대한 조사결과는 응답자의 85%가 심각하다고 응답하
였으며, 문제가 심각하지 않다고 응답한 비율은 1.1%에 불과
했다. 분야별 가짜뉴스의 비중은 정치 분야(45.5%), 사회 분야
(32.1%), 경제 분야(31.5%), 연예·스포츠 분야(31.4%)순으로 나
타났다. 추가적으로 스스로 가짜뉴스를 얼마나 식별할 수 있
다고 생각하는지 질문한 결과 식별할 수 있다(37.9%), 보통 수
준이다(41.5%), 식별할 수 없다(21.6%)로 나타났다. 가짜뉴스
를 식별할 수 있다는 비율이 다른 응답과 비교할 때 그리 높은
수준은 아니라는 결과이다. 이미숙·진형익(2022)의 연구는 가

짜뉴스, 특히 정치 분야에서의 심각성을 보여주고 있다. 이 연구와 함께 참여연대 참여사회연구소와 한겨레 경제사회연구원에서 공동주최한 〈한국정치와 적대주의: 이해와 해법의 모색〉이란 토론회에서 김현(연세대학교 정치학과) 교수는 가짜뉴스를 밑거름 삼아 적대주의 정치가 강화되는 까닭은 대중의 비판 능력 결여가 아닌 정서적 동조에 있다고 말한다. 또 다른 발제자 한상원(충북대학교 철학과) 교수는 기존 신념을 강화하는 쪽으로 작동하는 '필터 버블'이나 '확증 편향'은 진실을 뒷받침하는 증거의 부족이나 부재에 있지 않다고 한다. 되레 신념에 반하는 증거를 알게 될 때 신념을 바꾸기보다 더욱 굳히는 '동조 편향'이 나타나면서 증거의 발화자, 특히 언론을 불신하는 방향을 선택하게 만들 수 있다고 지적한다. 또한 김현 교수는 적대적 정서에 대항할 수 있도록 하는 대안적 정서를 함양하기 위해 "민주적 공동체의 일원으로서 공통의 감각과 정서를 육성하는 민주시민교육이 필요하다"라고 밝혔다. 한상원 교수도 "공동체의 감각 창출은 공포라는 집단 정념을 극복할 수 있는 집단지성의 존재를 요청한다"라며 "공동체가 위기에 처했을 때 민주주의 주체들은 공통의 지성적 성찰에 참여함으로써 자신이 속한 정치 공동체에 소속감과 결속력, 연대감을 획득할 수 있다"라고 대안을 제시했다. 가짜뉴스를 통해 적대 정치가 강화되는 현실에 대한 현실 진단과 대안을 제시하는 이 두 연구 결과는 한국 민주주의 위기와 함께 아직 진행 중인 윤석열 대통령의 탄핵 심판에 있어 탄핵찬반 시위로 나타나는 정치적 사회갈등 상황에서 중요하게 고려해야 할 지점이다.

　87년 체제 이후 강력한 대통령제를 성립하게 한 위임민주주의와 그로 인한 정치적 양극화와 사회갈등, 그 속에 더해진 윤석열 대통령의 민주적 헌정질서 파괴, 이런 민주주의 위기를 겪으면서 드러난 문제를 해결하기 위해 많은 사람은 민주시민교육의 필요성과 중요성을 강조한다. 사회통합을 위한 민주시민교육 사회적 합의 과정의 경험은 하버마스의 토의민주주의를 통해 일상의 민주주의를 만들어가는 과정에서 시민들이 공통의 지성적 성찰에 참여함으로써 자신이 속한 정치공동체에 소속감과 결속력, 연대감을 만들어갈 수 있음을 보여주었다. 한때 국가나 지방자치단체, 교육청 등의 중요한 정책을 결정할 때, 시민의 참여를 통해 의견을 수렴하고 정책을 결정하기 위한 100인 원탁토론 등 다양한 이름의 공적 토론회가 열렸지만, 지금은 주춤한 상태이다. 다시 한번 "토의정치는 보잘것없는 현실을 측정해야 할 터무니없는 이상이 아니라 다원주의적 사회에서 민주주의라는 이름에 걸맞은 모든 민주주의가 존재하기 위한 전제 조건이라는" 하버마스의 토의민주주의를 통해, 그 길이 쉽지만은 않겠지만, 시민들의 민주적 잠재력을 바탕으로 연대에 의한 사회통합적인 힘을 만들어갈 때이다.

　루돌프 폰 예링의 『권리를 위한 투쟁』의 마지막 구절이다.

지혜의 마지막 결론은 이렇다.

무릇 생활이건 자유이건,

지성 되게 싸워 얻은 것이라야,

매일 같이 올차게 누릴 수 있는 것이다(루돌프 폰 예링, 2015: 136).

한국의 민주주의 위기를 극복하기 위한 민주주의 재구성 전략이 필요할 수도 있겠지만 지금까지 그래왔던 것처럼 민주주의는 여전히 싸워 얻은 것이라야 올차게 누릴 수 있는 것일지도 모른다. 또한 다가올 민주주의는 역시 미완성일지도 모른다. 하지만 〈다시 만난 세계〉의 "특별한 기적을 기다리지마. 눈앞에선 우리의 거친 길은 알 수 없는 미래와 벽 바꾸지 않아, 포기할 수 없어"라는 가사처럼 다가올 민주주의는 한국사회의 저항과 소통 그리고 희망을 만들어갔던 능동적인 시민들의 민주주의에 대한 마음[17]으로 채워져나갈 것으로 기대한다.

---

17 원고를 마무리하는 시점에서 헌법재판소는 "주문 피청구인 대통령 윤석열을 파면한다"(2025년 4월 4일 오전 11시 22분)라고 국회가 청구한 윤석열 대통령에 대한 탄핵소추안을 만장일치로 인용했다. 이에 광장에서 꾸준히 탄핵찬성 집회에 참여했던 유하영(28) 씨는 "빛의 혁명은 윤석열 파면이 아니라 일상의 민주주의를 만들어야 완성된다고 생각한다. 다음 정부는 차별금지법을 제정해 성소수자를 처벌하지 않고 양곡관리법 등으로 민생을 책임지고, 여성들이 불법촬영을 걱정하지 않을 수 있는 세상 등 일상에서의 민주주주의를 강화할 수 있는 과제를 위해 노력해 줬으면 좋겠다"라는 바람을 말했다(최용락, 2025).

자본축적체제를 넘어
탈축적 사회로의 전환 모색
: 노동계급을 중심으로

김민정

1. 서론

19세기 인도·중국·브라질의 자본주의 세계경제로의 통합이 엘니뇨 주기와 맞물려 혹독한 기근을 낳았음을 설명한 『엘니뇨와 제국주의로 본 빈곤의 역사』와 2002~2004년 사스 팬데믹을 통해 거대한 생물학적 재난을 경고하며 농·축산업의 산업화와 세계화를 그 원인으로 지목한 『조류독감: 전염병의 사회적 생산』의 저자 마이크 데이비스(Mike Davis)는 스스로를 '구식 노동계급 사회주의자'로 규정했다. 이러한 전통을 이어받아 이 글은 '신식이자 구식 노동계급 사회주의' 관점으로 생산영역의 공해 발생과 소비영역의 환경 악화를 연결해서 설명하고 사회 전환의 변혁 주체를 논의한다.

구체적으로 이 글은 다중적 파국의 시대를 인식하고 해결

방안을 둘러싼 흐름에 대한 핵심적인 두 가지 점을 비판적으로 고찰한다. 첫째로 진보적 시민사회단체 이데올로그가 중심이 된 '체제전환운동'에서 제시한 다음과 같은 진단이 나오게 된 배경을 이해하지만 문제제기 및 해결 방안에 대한 비판적 논의가 필요하다.

자본주의 체제에 대한 우리의 비판은 사적 소유에 기반한 '자본에 의한 노동 착취' 문제의 중요성을 수긍하지만, 이에 국한되지 않는다. 오히려 이것으로만 다양한 사회 문제의 원인을 설명하고자 했던 과거 일면적이고 환원주의적 접근을 경계하고자 한다. 자본주의 체제는 생산과 분배라는 전통적인 경제의 영역을 넘어 사회의 물질적, 문화적 재생산이나 생태 등 비경제적인 영역까지 포괄하는 '제도화된 사회질서'를 통해 구현된다는 설명을 선호한다. 또한 자본주의 체제를 대적하고 넘어서고자 하는 여러 사회운동들은 과거의 자본주의 비판으로는 자신의 운동이 가지는 맥락과 문제의식을 충분히 드러내지 못하고 있다는 감각이 적지 않다. 따라서 '성장주의 자본주의 체제'나 '가부장적 자본주의 체제'와 같이 수식어를 붙여야 할 필요성을 느끼는 운동가도 많다. 이런 상황에서 우리가 넘어서고자 하는 '얼룩덜룩한' 자본주의 체제에 대한 비판은 사적 소유에 기반한 이윤 추구의 자본 논리뿐만 아니라, 여러 사회운동들이 대적하고 있는 체제의 다양한 모순을 충분히 포착할 수 있어야 한다(https://www.gosystemchange.kr/ssch).

소위 '자본주의 환원론'이라는 비난의 결과가 물질적 토대의 상부구조에 대한 규정성에 대한 포기로 이어질 수 없다. 이는 마르크스의 『정치경제학 비판을 위하여』 "서문"의 현대적 해석, 즉 사회 전체의 구조에서 복합적 위기(이로부터 발생된 여러 차원의 사회운동)의 다양한 차원에 대한 구체적 분석과 실천이라는 과제로 이어질 수 있다. 자본주의의 작동 원리와 현상의 여러 층위를 세밀하고 구체적으로 혹은 충분하게 설명하지 못(안)했던 이전 이론과 실천에 대한 평가가 필요하다. 이런 점에서 이 글은 총체론의 중요한 의미를 제시하며 적용을 시도한다. 종합화 및 전체화라는 방법론은 현재 직면한 다양한 위기의 측면을 하나의 구조적 전체로 통합하는 과정의 일환이다. '진리의 구체성'을 설명하기 위해서 각 사안을 나열하는 방식이 아닌 역사 및 사회적 맥락에서 풍부하게 그려내는 작업이 '사회생태 전환'에서 필요하다.

아인슈타인의 언명인 "상상이 지식보다 중요하다"처럼 과학에는 상상력이 필요하다. 물리학자인 최무영(2020)도 과학적 사고, 곧 합리적이고 비판적인 사고와 함께 자유로운 상상력, 통합적 사고와 창발적 사고의 중요성을 다음과 같이 설명한다.

뛰어난 창의성을 발휘하기 위해 한 차원 위에서 고찰하는 것은 과학의 발전뿐 아니라 올바른 방향으로 나아가는 데도 중요하다. 전문 영역으로 세분화된 현대사회에서 종종 과학 분야의 전문가 집단은 자신의 세계에 매몰되어 자기가 연구하는 좁은 영역만 생각하는 경향이 있다. 그런데 세부 전공에 함몰된 학문으로는 전체를 파악하기 어려우며, 전체성을 배제한 조각내기는 영재성과 창의성의 상실을 가져온다. 조각난 세계에 매몰되어 있으면 전체를 볼 수 없어 잘못된 방향으로 나아가기 쉬우며, 세부적인 과학 지식이 중요한 것이 아니라 한 단계 위에서 조각이 아닌 전체를 보는 과학적인 성찰이 중요하다(2020: 70).

이 글에서는 서로 별개 현상으로 보이는 개별 사안들의 사회구조적인 연결 고리를 설명하면서 모든 것이 연결되어 있다는 사실을 '사회과학적 상상력'을 통해 생산영역의 공해 및 산업재해와 소비영역의 공해 불평등을 입증한다. 이를 통해 '공해 사슬 구조'라는 분석틀을 제시하면서 공해와 산업재해, 사회적 참사가 서로 연결되어 있다는 점을 설명한다.

두 번째로 파국 시대의 해결 방안에 대한 논의이다. 이병천(2023)은 "어떤 민주적 전환실험이 성공할지, 어디서 새로운 선도적 실험이 나타나 '성장없는 번영'의 모범을 보일지, 민주적 실험의 실패로 권위주의적 전환실험이 우세할지, 전진 없는 퇴행에 갇힐지, 누구도 장담하기 어렵다. 그럴수록 어떤 하나의 '진리'에 얽매이지 말고 겸허하게 다양한 실험주의로 우리를 개방하는 사유가 절실하다"라고 주장한다. 이러한 주장에는 실용주의적 관점에서 과학의 진리 논쟁을 폄훼하는 논조가 강한 듯하다. 무엇보다 그는 여러 다양한 전환실험을 허용하면서도 19세기부터 진행된 노동계급의 투쟁과 프롤레타리아 독재, 러시아 혁명 등은 그 실험에는 포함시키지 않는 듯하다.

과정보다는 결과라는 색채가 강한 김병권(2024)의 해법은 다음과 같다.

그러면 어떻게 하자는 것인가? 기후대응이라는 복잡한 문제의 해결을 위한 실천적 해법은 시장의 활동, 산업정책을 통한 국가의 산업전환, 공동체의 참여, 거시경제의 방향 전환을 통한 경제시스템의 변화, 물질적 소비에 복지를 의존하는 삶의 방식 전환 등을 입체적으로 고려해야지 어떤 특정 접근법만을 고집해서는 안 된다. 이런 다차원적 접근법을 강조했던 이가 바로 정태인이다. 그는 "수많은 참가자들의 혁신 능력을 끌어내는 시장은 생태 전환에서 여전히 중요"하다며 탄소세 도입 등 시장적 해법의 필요성을 강조했다. 물론 여기에 그치지 않고 더 나아가 산업정책을 통한 국가의 적극적 탈탄소 산업전환이나 대규모 공공 인프라 투자정책으로서 그린뉴딜 역시 기후대응과 생태전환에서 빠질 수 없이 중요한 과제라고 강조했다. 결국 시장기제 활용, 산업정책, 근본적인 성장체제의 전환을 다차원적으로 추진할 때 전환은 성공할 것이라고 봤다(김병권, 「기후위기, 시장해법과 체제전환 해법 사이에서」, 〈매일노동뉴스〉, 2024.03.19.).

여기에서도 전환 주체와 방향에서 노동계급은 찾아볼 수 없다. 사회과학의 궁극적 목적은 인간의 자유를 회복하는 인간해방의 길이다. 인간의 자유란 자연과 사회의 필연적 법칙을 객관적으로 인식하고 이를 인간 생활에 유용하도록 사용할 수 있을 때에야 비로소 실현된다. 계급의 문제는 사회과학적 인식이 실천과 치열하게 접목되어 있음을 가장 극명하게 보여주는 연구 대상이다. 계급은 사회의 물질 관계에서 도출하여 사회의 기본구조를 반영하고 있으며 따라서 변혁의 실천적 주체이기 때문이다.

변혁 주체로서의 계급정립이라는 관점에서 계급 구성 및 역량을 검토해야 한다. 특히 계급구성이나 역량을 계급의 심리 및 특정 현상으로 파악해 과소평가하거나 추상적으로 과장함으로써 선언적인 주장의 근거를 삼으려는 시도를 피해야 한다. 변혁의 계획에서 보다 엄밀하고 과학적인 세력 배치를 위해 세밀한 분석이 필요하다. 현재 한국사회에서 노동계급을 둘러싼 주요 쟁점을 구체적으로 설명하는 작업은 그람시 이론의 현재성과 연결된다는 점에서 고찰할 수 있다.

2. 자본축적체제와 공해 사슬 구조

영업상의 비밀 원칙과 재산권이 인정되는 사회에서 공해 입증은 한계가 있다. 공해 사슬 구조는 국가의 경제성장과 기업의 영업 행위가 구조적으로 공해를 배출할 수밖에 없다는 점을 사회과학적으로 제시한다. 이러한 분석은 공해 발생의 일차적인 책임이 국가와 기업에 있다는 사실을 명확하게 전한다. 이는 공해 발생이 시장 외부 효과 및 비정상적인 행위이거나 부도덕한 행위의 산물이 아니라 정상적인 자본주의 발전에서 필연적으로 발생하는 합리적 행위의 산물이라는 점이다.

이 연구는 이제까지 개별 사안으로 다루어졌던 피해 사례를 통합적인 시각에서 조명하는 관점을 제안하려는 시도이다. 다시 말하면 공해 사슬 구조 관점의 도입을 위한 밑그림을 그려본다. 생산 영역 안에서 공해와 산업재해 사이의 연결고리와 생산영역과 소비영역 사이의 연결고리를 파악해 공해 사슬 구조의 얼개를 파악한다(〈그림 1〉 참조).

자본주의의 계급 관계는 인간과 자연 관계에서 자신만의 특수한 특징을 부과하는데, 이는 직접 생산자 또는 노동자가 생산에 필수적인 자연 조건으로부터 사회적으로 분리되어 있기 때문이다. 생산과정에서의 직접생산자와 생산수단의 분리는 인간과 자연의 물질대사의 균열을 가져온다. 생산의 목적이 자연환경의 고려와 무관한 가치 생산에 있기 때문에 환경의 외부화를 낳는다. 자본가들은 자연자원을 포함한 생산 수단을 불변 자본으로 취급한다. 자본은 부를 균질적이고 나눌 수 있고 양적으로 무한한 것처럼 취급하기 때문에 자연의 질적 다양성과 생태적 상호연관, 양적인 한계와 모순된다. 이는 자신들의 생산에 필요한 자연자원의 황폐화와 고갈은 고려의 대상이지만 그 밖에 있는 자연생태계는 가치화되지 않는다.

사용가치와 가치의 모순관계가 생산영역에선 공해를 발생시킨다(김민정, 2024 참조).

노동자와 생산수단의 분리는 결과적으로 생산의 무계획성을 낳고 이는 상품의 실현에서 과잉 생산 및 과잉 소비를 가져온다. 상품과 화폐의 변환을 통한 자본의 가치증식은 생산과 소비의 불일치를 증폭시키며 공황을 통한 사회적 위기를 내포한다. 계획되지 않은 과잉 상품 생산은 인간의 욕구를 충족시키는 데 쓰이는 것이 아니라 가치가 실현되지 않아 대량으로 폐기처분되는 현상이 자연자원의 낭비를 낳는다. 자본의 끊임없는 잉여가치 생산 과정은 확대 재생산을 낳고 이는 전 세계적인 자본관계의 확대를 수반함으로 환경 문제는 전 지구화된다.

자본주의에선 '절약'과 '낭비', '개선'과 '악화'가 모순적으로 작용한다. 개별 자본들은 자기 사업장 안에서 일정 정도 계획을 하며 고정 자본의 절약을 통한 이윤율 증가를 도모한다. 하지만 개별 자본가들의 계획의 합은 총자본에선 무계획성으로 나타나는 모순에 처한다. 개별 자본가들의 고정자본의 절약은 사회적으로 공해의 외부화로 나타난다. 이는 자본주의에서 부의 화폐적 표현인 추상적 노동 시간과 구체적 노동 사이의 긴장이 환경 외부화로 나타난다. 개별 이익과 공동 이익의 모순은 공해를 더욱 증폭시킨다. 개별 사업장의 환경 개선 효과가 사회적으로 공해의 악화를 낳을 수 있다는 것이 자본주의적 생산의 특징이다.

자본주의적 생산 양식은 필연적으로 환경 문제를 심화시킨다. 자본가 계급이 노동자 계급을 착취하는 생산 방식은 자본에 의한 자연의 황폐화와 긴밀하게 연결되어 있다. 이것이 바로 자본에 의한 환경 문제의 발생이자 심각성이고 이러한 특성이 환경 문제의 계급적인 문제다. 생산영역에서 환경 문제의 계급적인 특성이 나타난다. 하지만 환경 문제의 결과는 유통영역에서 환경 불평등으로 나타난다. 자본주의적 생산 양식이라는 동일성에도 불구하고 생산영역에서 노동자로서의 착취와 유통영역에서 소비자로서의 불평등은 구별된다.

노동자계급의 상태는 기본적으로 자본의 축적 양식이 규정하며 구체적인 영역은 노동과정의 상태(생산영역의 상태)와 노동력 재생산 과정의 상태(생활영역의 상태)로 구분할 수 있다. 노동력의 재생산 과정은 자본축적에 따른 노동과정의 변형(임금, 노동시간, 노동강도 등)으로 결정되며 노동과정의 변형 또한 노동력의 재생산 양식인 노동자계급의 생활양식에 영향을 준다. 마르크스의 논의를 발전시켜 노동의 순환은 노동력의 판매과정=노동시장, 노동력 소비과정=노동과정, 노동력의 재생산=노동자의 소비생활로 정의한다. 이처럼 자본과 노동의 관계에서 노동력이라는 상품의 속성은 자본에 따른 지속적인 소모와 그에 대한 노동력의 재생산을 필요로 한다. 노동력의 재생산비용으로 소비되는 노동력이 가치인 임금에는 고용 기간 중의 노동자의 단순 재생비, 휴업 및 질병 등에 따른 실업 유지비, 자녀 양육에 대한 세대 간 재생산비를 포함한다.

 자본축적은 노동과의 관계에서 공간적 차별성을 활용한
다. 자본축적은 불균등 지역발전을 통한 자본의 이동 능력 증
대와 노동의 공간적 차별화에 기초한 노동의 공간 분업을 형
성한다. 생산 과정이 공간 조직과 직업적 사회 공간 조직에
대한 규정성은 공간 및 지리적 차원으로 확장하여 사회경제
적 계층에 영향을 미친다. 자본의 공간 재구조화 과정은 이
동, 거리와 분리, 고유한 장소성까지 진행된다. 다시 말하면
축적체제와 관련한 노동의 공간분업구조와 공간적 공해가 연
결되어 있다.

 자본의 논리로 공간 배치가 결정되면 동일한 오염원의 입
주 형태와 기존의 환경소비자층의 형태에 따라서 환경 불평
등이 발생한다. 우선, 초기에 발생한 환경 문제는 오염원의
입주 형태에 따라서 상대적으로 열악한 공해 지역과 덜 열악
한 공해 지역으로 구분된다. 각각의 거주 지역 내부에는 사회
적인 소비자 계층이 존재한다. 각 지역의 소비자 계층에 따라
서 오염원으로부터 유발된 환경 불평등에서 정도의 차이가
발생한다. 이러한 두 가지 요인에 의해서 환경 불평등이 발생
한다. 사회적인 관계에 의해 발생된 환경 불평등은 그 정도의
차이가 재조정된다. 재조정되는 요인에는 국가의 환경정책,
기업의 환경 경영, 반공해 운동 등이 있고, 사회적 세력관계
에 따라서 환경 불평등이 심화되거나 약화된다. 환경 불평등
의 차이에 영향을 미치는 사회적 요인들은 다시 환경 불평등

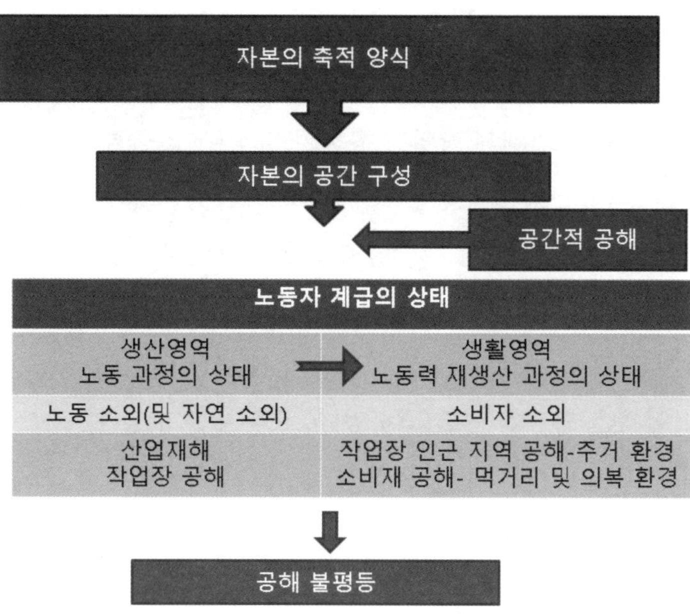

〈그림 1〉 노동력 재생산 구조와 공해 발생 간의 관계

의 발생 요인에 영향을 주면서 피드백이 된다. 환경소비자층과 오염원의 입주형태가 좀 더 객관적인 요인이라 한다면 국가의 환경 정책과 기업의 환경 경영, 반공해운동은 주관적인 요인이라고 할 수 있다. 하지만 두 가지 요인들은 사회적 관계에 따라 상호 영향을 주고받으면서 원인과 결과처럼 끊임없이 순환을 반복한다(김민정, 2008).

노동계급 상태연구의 일반 원리를 기초로 노동력 재생산 구조를 분석하면 다음과 같다. 첫째, 노동력 재생산 구조를 규정하는 자본의 축적과정 및 그 성격이다. 예를 들어 포항과 광양 지역에서 포스코의 운영은 이 지역의 노동력 재생산 구조에 핵심이다. 포스코의 집적과 집중이 강화될수록 노동력 재생산 구조의 구조적 힘은 강화된다. 생산 영역에서는 노동의 소외와 산업재해 작업장 공해가 발생한다. 둘째, 포스코의 고용 형태와 노동 조건은 소비구조를 비롯한 생활영역에 중대한 영향을 끼친다. 생활영역에서는 소비자 소외와 작업장 인근 지역 공해 및 소비재 구매로 인한 공해가 발생한다. 따라서 노동력 재생산 과정이 노동의 재생산 과정에서 노동과정 및 노동시장과 연결되어 있다. 노동계급의 상태는 노동의 세 가지 순환 영역인 노동과정, 노동력 재생산 과정, 노동시장을 모두 포괄하는 개념이다.

3. 그람시의 노동계급 중심성에 대한 현재적 해석[1]

'사회운동'에 대한 연구 동향 추세를 보면 1987년 6월 항쟁에 대한 연구가 과잉 해석(민주화 승리론)이라면, 그에 비해 1991년 5월 투쟁의 평가는 과소 해석(비관론적 전망)한 측면이 강하다. 1990년 후반 에릭 홉스봄은 브라질과 한국 등이 보여주듯이, 신흥 산업 국가에서 노동운동은 성장기에 있으며 그곳에서는 산업 노동자층이 축소되었다고 이야기할 수 없다고 했다. 한때 전투성으로 세계가 주목했던 한국 노동운동이

---

1 이 글은 김민정(2022)의 일부 내용을 수정 보완하여 작성했다.

'노동귀족'으로 지목되면서 2000년대 초반부터 위기론의 원인에 대해 논쟁한다. 사회운동에서 주요한 입장은 산업 구조의 변화에 따른 노동계급 구조의 변동이 새로운 계급 및 새로운 운동에 대한 제시라는 것이다. 다른 입장은 조직 노동조합의 성격이 노동귀족화와 노조 집단이기주의로 변질되었기에 다른 돌파구를 찾아야 한다는 주장이다. 이 글은 이러한 입장이 가진 한계와 일면성을 비판하면서 주요하게 논의해볼 과제로 노동조합 관료 성격과 개혁주의에 대한 이해 등을 강조한다. 이러한 분석은 노동계급 중심성을 유지한 그람시의 사상의 핵심을 현실화하는 과정이다.

신자유주의의 이면에는 불평등의 심화가 있다. 지배계급은 불평등의 원인을 계급 내 특히 정규직과 비정규직의 고용 형태에 따른 차이라고 강조한다. 하지만 통계 자료는 계급 간 불평등의 심화를 주목한다. 2018년 1분기 저소득층과 고소득층의 소득 불평등이 심화되면서 불평등 지표인 시장소득 지니계수도 최악을 기록한 것으로 나타났다. 2018년 노동연구원의 『노동리뷰』 8월호 「최근 소득불평등의 추이와 특징」 보고서에 따르면 1분기 시장소득 기준 지니계수는 0.401로 전년 동기(0.375)보다 0.026 올라 최대치를 기록했다.

하지만 주류 언론에서는 계급 간 차이보다는 계급 내 차이를 주목하면서 정규직 노동자를 불평등의 원인으로 주목했다. 이러한 이데올로기는 정규직 노조의 임금 인상 투쟁을 이기주의 등으로 매도하면서 비정규직의 열악한 노동 조건, 산재, 저임금 등의 책임을 정규직 노동자에게 물었다. 불평등의 원인을 둘러싼 이데올로기적 논쟁은 사회운동의 주체 및 방향성, 정규직 노조의 역할 등에서 쟁점이 되었다.

1) 구조적 변화에 따른 새로운 계급인 프레카리아트

흔히 신자유주의가 계급 구조의 세분화를 가져왔다고 주장한다. 노동계급은 신자유주의 정책으로 소득 원천과 고용 관계의 변화로 양극화나 내부 분할의 심화를 가져왔다고 한다. 계급의 변화를 주장하는 대표적인 예는 불안정 노동 증대와 관련한 프레카리아트론이다. 가이 스탠딩은 프레카리아트는 형성 중인 계급으로 주거, 노동과 작업, 사회보장이 불안한 특징을 가지고 있다고 본다.[2] 또한 프롤레타리아트의 주요 적대가 고용주인 반면, 프레카리아트의 적대자는 글로벌 금융과 불로소득의 이익을 대표하는 국가라고 본다. 그는 프롤레타리아트 개념을 제조업을 중심으로 한 공업노동자를 지칭하고 표준 고용계약을 맺는 육체노동으로 한정한다. 프레카리아트의 불안정성을 크게 과장하면서 프레카리아트와 노동계급을 대립시키는 관점에는 기존 노동운동에 대한 반감이

---

2   스탠딩의 주장에 대한 명확한 비판으로는 정진영(2022)의 석사논문인 「불안정 노동: 마르크스주의적 설명」이 있다. 그는 프롤레타리아트 계급 개념의 오해, 산업예비군의 오해, 자본에 의한 노동의 형식적 포섭론의 오해, 자본주의적 생산관계 분석의 결여, 노동자계급의 분열을 조장하는 반노동조합주의, 유럽중심주의와 글로벌 남반구 불안정 노동 현실의 무시 등으로 프레카리아트론을 비판한다.

깔려 있다. 이러한 주장은 노동운동의 온건한 개혁주의 관료에 대한 분노로 보일 수 있고, 이러한 점 때문에 급진적 청년의 관심을 끌 수 있다.

한국판 프레카리아트론으로는 알바연대와 알바노조, 청년유니온 등이 있다. 알바노조와 청년유니온의 활동은 신자유주의로 인해 새로운 계급인 프레카리아트가 등장했다는 인식에 기초한다. 창립총회에서 청년유니온은 "청년 노동조합의 새로운 이름"이라 자칭하며, "청년 세대의 권익을 위해 행동하고 의견을 대변하는 청년 공동체이자 청년들이 스스로 만들어가는 조직"으로 소개하였고, "기업별 노조가 아닌 지역, 직종 등의 공통성을 중심으로 취업자를 비롯한 불안정 취업자, 실업자 등 청년노동자의 개별 가입이 가능한 노동조합", 즉 일반노조 형태의 "커뮤니티 유니온을 지향"한다고 밝혔다.

알바는 단지 아르바이트 형태로 고용된 노동자뿐 아니라 프레카리아트를 상징하는 용어이다. 프레카리아트는 전통적 의미의 노동자가 아닌 노동시장에서 배제된 장애인, 실업자, 빈민, 취업준비생 등과 노동시장에서 차별받는 비정규직, 아르바이트 노동자, 정리해고의 위험에 있는 정규직 노동자 등이다. 이러한 규정은 계급을 결정하는 요인이 마르크스주의의 착취 관계가 아니고 고용과 임금의 불안정성과 금융 수탈이다. 다시 말하면 착취가 아니라 수탈로 계급 관계를 이해한다. 프레카리아트 개념을 수용하면 노동계급의 중요성을 간과하고 정규직 노동자를 체제에 복종하는 특권 집단으로 보게 되는 주장과 이어질 수 있다.

허영구(2012)는 『새로운 시대의 총연맹, 좌파노총』에서 "신자유주의와 금융자본주의 체제는 노동자에 대한 착취와 수탈의 체제이다. 불안정 고용이 증가하고 양극화와 빈곤이 확대되고 있다. 운동에 대한 자본의 공격이 강화된다. 운동이 파괴되거나 자본에 편입되어, 체제 속에 안주하고 우경화된다. 한국에서 IMF 외환 위기를 거치며 민주노조운동은 쇠퇴기에 직면했고 노동정치는 급격하게 우경화의 길을 걷고 있다"(2012: 22)고 말한다. 그는 "민주노조운동이 지향해 온 변혁성, 민주성, 자주성, 투쟁성, 연대성은 약화되었거나 사라지고 있다. 민주노조운동의 구심인 민주노총은 지도력을 상실하였고, 변혁적 정치 노선을 포기한 채 신자유주의 정치세력에 의존하고 있다"(2012: 23)고 평가한다. 그리고 다음과 같은 대안을 제시한다. "신자유주의와 금융자본주의 체제를 근본적으로 철폐시키는 운동을 펼쳐나가기 위해서라도 좌파의 깃발, 곧 좌파노총의 깃발을 올릴 때다. 이를 위해서는 신자유주의와 금융자본주의 시대에 맞는 좌파의 선언과 강령을 마련해야 한다"(2012: 48). "좌파노총은 기본적으로 70만 민주노총 조합원을 포괄하는 2,500만 비정규불안정노동자(다양한 형태의 비정규직, 실업자, 알바, 장애인, 이주노동자, 노점상, 철거민, 영세 소농 등)와 금융 피해자를 조직 대상으로 한다"(2012: 52). "신자유주의와 금융자본주의 정세 속에서 광범위하게 양산되고 있는 비정규불안정노동자를 중심에 놓아야 한다. 이를 위해서는 민주노조 창립 당시의 강령과 기본과제에서 밝힌 '미조직노동자'는 비정규불안정노동자와 금융피해자여야 한다. 그리고 빈곤, 금융, 생태, 지역, 평화, 반핵 등 당면한 과제를 주요 투쟁 과제로 삼아야 한다"(2012: 56).

불안정한 일자리를 찾는 미조직 청년이나 실업자, 학생의 저항은 이윤 체제에 도전하는 강력한 힘을 발휘할 수 있는 노동자의 투쟁과 연결되어야 한다. 조직 노동운동이 불안정한 처지에 있는 쟁점에 대한 연대가 저조하다고 해서 조직 노동운동의 지닌 힘을 여타 운동이 대신할 수 없다. 계급 내 이질성을 강조하는 정치는 운동의 단결보다는 분열에 약화되는 위험을 낳을 수 있다. 조직 노동계급에 대한 적대감을 기초한 새로운 사회운동은 자본주의의 근간인 자본과 노동관계를 균열 낼 수 있는 저항적 힘을 약화시켜 지배계급이 청년과 조직 노동자 사이의 반목을 부추기는 이데올로기를 강화할 수 있다는 점을 주목해야 한다.

정성진(2015)은 불안정한 노동에 대해 다음과 같이 정리한다.

1990년대 이후 전 세계적으로 급증한 비정규직 저임금 불안정 노동자들은 이제 하나의 구별된 사회 계층으로 구조화된 듯하다. (…) 노동자계급의 분화, 차별화가 심화되는 것을 배경으로, 일부 진보진영은 21세기 반자본주의 변혁적 주체를 조직 노동, 혹은 고전 마르크

스주의의 프롤레타리아트 대신 '불안정' 무산 노동자인 프레카리아
트에서 찾고 있다. 하지만 프레카리아트라는 신조어를 탄생시킬 정
도로 노동자계급의 분화가 차별화가 심화된다고 해서, 반자본주의
의 투쟁에서 조직 노동의 중심적 의의가 삭감되거나 고전 마르크스
주의 계급분석의 현재성이 상실된 것은 아니다. 2007~2008년 세계
대공황 이후 세계적으로 양극화와 빈곤화가 심화되면서 「타임」과
같은 주류 매체조차 '마르크스의 복수', '프롤레타리아트의 귀환'을
말하고 있을 정도다. 그렇다면 진보진영은 정규직 조직노동을 기각
하고 프레카리아트를 이른바 '다중활동', '문화사회'의 해방적 주체
로 특권화하기보다, 조직노동과 프레카리아트의 연대를 통한 프롤
레타리아의 계급적 통일과 급진화를 위해 노력할 필요가 있다(정성
진, 2015: 10~13).

2) 노동귀족론

대기업 정규직 노동자가 "생활세계의 중산층화"를 보인다
는 주장은 생산이 아니라 소비 영역에서 계급 형성을 강조한
다. 특히 "울산 대공장 노동자들은 한때 '골리앗 전사'로 불리
며 민주노조운동을 견인해가는 투사로 칭송받다가, 불과 몇
년이 지나지 않아 자본가와 담합하는 '귀족'의 반열에 오르
기 시작했으며, 오늘날에는 자기들끼리 공장 안에서 똬리를
틀고 미래 전환을 가로막는 기득권 세력의 표상처럼 취급되
고 있다"(유형근, 2022: 6). 이런 주장은 대기업 정규직 노동자
의 투쟁이 이제는 사회 변혁과 아무 관계가 없다는 정치적 함

의를 갖는다. 이 주장에 따른 실천의 귀결은 정규직 노동자의 임금 인상 및 노동 조건 방어와 개선 투쟁을 부정적으로 평가하거나 반대하는 방향으로 흐를 가능성이 높다.

대기업 노동자의 고임금이 다른 노동자의 희생을 대가로 한다는 주장은 '노동귀족' 비난의 대표적인 예이다. 귀족 노조의 이기주의 투쟁이라는 단어도 이와 연결된다. 한국에서 노동귀족 비난이 높아진 것은 1980년 이후 서구처럼 노동자 투쟁이 침체해 있던 시기가 아니다. 노동귀족은 생활 수준이 높아진 노동계급 일부가 투쟁을 하지 않거나 체제에 협력하는 상황을 설명하는 용어였다. 노무현 정권은 대기업 정규직 조직 노동자를 '노동귀족'으로 비난했다.[3] 이는 노동운동이 침체하거나 정부에 협력해서가 아니라 투쟁하거나 정부와 대치하려는 태도에 대한 반응이다. 좀 길지만 다음 인용문은 노동귀족에 대한 언급의 상황을 보여준다.

월간 말지 8월호는 노 대통령의 변신을 이렇게 적고 있다. "'파업노동자의 정당한 권리를 찾아야 한다.' 2002년 12월 18일 노무현 당

---

3   2023년 윤석열 정부는 신년사에서 '귀족노조'를 언급했다. "기득권 유지와 지대 추구에 매몰된 나라에는 미래가 없다"라며 "대한민국의 미래와 미래 세대의 운명이 달린 노동, 교육, 연금 3대 개혁을 더 이상 미룰 수 없다"고 밝혔다. 그러면서 "직무 중심, 성과급 중심의 전환을 추진하는 기업과 귀족 강성 노조와 타협해 연공 서열 시스템에 매몰되는 기업에 대한 정부의 지원 역시 차별화되어야 한다"라고 강조했다. 윤석열 정부의 귀족노조도 노무현 정부와 유사하다. 이는 노동운동의 저항을 사전에 저지하기 위한 조치로 윤석열 정부가 강력하지 않음을 보여준다.

시 민주당 대선후보가 명동에서의 마지막 거리유세 중 한 말이다. 그로부터 6개월 후, '포브스'지 편집장과 만남에서 노 대통령은 '노동자도 자율권을 갖고 활동할 기회가 주어졌으니, 특혜도 해소돼야 한다'고 일갈했다. 지난 6개월간 무슨 일이 있었기에, 이런 심경의 변화를 보인 것일까.…노무현대통령, 들고 있는 몽둥이를 일단 내려놓으시길." 6월 28일 철도노조가 전면파업에 돌입한 지 불과 2시간 만에 공권력이 투입되어 노동자들을 개 패듯 두들겼다. 이날의 공권력에 의한 폭력을 두고 동아일보는 '참여정부의 노동정책이 제 갈 길을 잡은 것 같아 다행'이라고 썼다. 그 때문인지 노 대통령은 파업노동자의 구속과 100억에 가까운 손해배상액으로 노동자들을 압박했다. 그리고 귀족노조 운운하며 대기업 노동조합의 도덕성과 윤리를 질타했다. 이런 흐름에 부응하듯 대통령이 가장 적대시하는 조선일보마저 노대통령의 노동관을 홍보하기에 이르렀다. 8월 27일 자 조선일보는〈"物流같은 국가기능 볼모는 용납 못해" 盧대통령, 勞에 연일 초강수〉에서 다음과 같이 적고 있다. "노 대통령은 8월25일 경제신문들과의 회견에서 '노동자 대표들이 노동자들에 대한 대표성과 지도력을 충분히 갖추지 못하고 있다'며 '지금 같은 노동운동 갖고는 노동운동을 지속하기 어렵다'고 노동계를 강도 높게 비판했다. '노동운동 지도부가 일반 노동자들에게 끊임없이 타협 없는 투쟁을 강조해왔기 때문에 타협하려는 순간 그 지도부가 구조적으로 무너지도록 해놨다'는 부분은 노 대통령의 일련의 노동 관련 발언 중 가장 강경한 것이다."잘나가던 노동 인권 변호사 출신 노 대통령이 몰라서 이런 주장을 펼치는 것인지 아니면 알면서도 뭉개며 보수언론과 보수세력들의 눈치를 보고 있는 것인지 알만한 사람들은 다 알고 있다. 하지만 이 경우는 좀 심하다. '토론의 달인'답지 않게 전혀 논리가 없기 때문이다. "노동자 대표들이 노동자들에 대한 대표성과 지도력을 충분히 갖추지 못하고 있다"는 주장이다. 어떻게 대통령이 노동자 대표들의 대표성을 문제 삼을 수 있는가. 어불성설이다. 그리고 노동자대표에게 지도력이 문제가 있다면 노 대통령의 지도력은 더 심각하게 봐야 할 문제다. '파업노동자의 정당한 권리를 찾아야 한다'고 주장해서 노동자를 포함한 서민들의 전폭적인 지지를 받아 대통령 자리에 오른 분이 파업노동자의 정당한 권리는 고사하고 몽둥이로 노동자를 때려잡는 것이 지도력인가. 남의 눈에 들어앉은 티끌은 보면서 자신의 눈에 들어 있는 대들보는 못 보는 사람을 성경에서 예수는 '나쁜 사람'의 유형으로 분류했음을 전하고 싶다. 노 대통령은 8월 26일 화물연대 운송거부 사태와 관련, "물류와 같은 국가경제의 주요 기능을 볼모로 삼아 집단이익을 관철하려는 기도는 결코 용납돼서는 안된다"며 "물류마비에 대해 지속적으로 단호하게 대처하라"고 지시했다. 노 대통령은 이날 청와대 국무회의에서 "이번 파업에 민주노총이 밀접히 개입된 것으로 보는 시각이 있다"며 "그러나 이번 일은 정당한 파업이 아니고 일방적인 불법행위인 만큼 민노총의 활동은 정당성이 없어 보인다"고 했다. 민주노총이 밀접히 개입된 것이 아니라 민주노총이 주도하고 있다는 것은 세상이 다 안다. 달변은 달변이다. '국가경제의 주요 기능을 볼모로 삼아'라는 수사는 이미 군사독재시절부터 독재자와 수구언론으로부터 수십 년간 들어온 흘러간 노래의 후렴구처럼 기억이 생생하다. '단호하게 대처하라'는 지시사항도 지겹도록 들어온 후렴구이다. 차라리 파업주동자를 '발본색원하라'고 하는 것이 훨씬 낫지 않을까. 솔직히 요즘은 대통령이 발언할 때마다 두렵다. 오늘은 또 어떤 약속들이 뒤집어질까 하는 걱정 때문이다. 말 바꾸는 노 대통령이 갈수록 무섭다(양문석, 「'말'을 통해 본 노대통령 노동정책 변화-노대통령이 무섭다」, 『언론노보』 제361호, 전국언론노동조합, 2003년 9월 3일)

대기업 노동자의 투쟁이 노동자 내부의 격차만을 키울 것이라는 인식으로 노동귀족 방어가 잘못된 방향으로 가기도 한다. 노동조합은 조합원의 이익을 대변하기보다는 인민의 이익, 보편적 사회정의를 추구해야 한다는 포퓰리즘 정치가 대표적인 예이다. 2000년 리처드 하이만은 「노동운동 진로 모색」에서 고용 보장 같은 전통적 노동조합 의제는 신자유주의에서 실천적 유효성과 이념적 설득력을 상실했다고 주장했다. "공공부문 노동자들이 민간부문에서 10년 전에 상실한 고용보장기제를 위해 투쟁한다면 공공부문 노조는 분파적 특권의 방어자로 비칠 수 있다"(2000: 38). "기업 차원의 고용안정 투쟁은 성공할 경우 '내부자'의 지위를 안정화시킴으로서 '외부자'를 노동시장에서 더 불안정하게 만들 수 있다"(2000: 42). 그는 대안으로 조합원과 시민 성원 모두를 설득할 수 있는 의제를 내놓고 유기적 연대를 추구하여 "정의의 칼" 구실을 하는 노동조합을 제시한다.

노동조합이 비정규직과 청년, 미조직 노동자의 문제에 관심을 가져야 한다는 주장에는 동의한다. 하지만 조합원의 노동 조건을 개선하거나 방어에 거리를 두고 조합원의 요구를 '인민', '시민사회', '민주주의', '정의' 이름으로 종속시키는 방식은 노동자의 이익을 적극적으로 지지하지 못하는 결과를 낳을 수 있다. 또한 노동조합이 소수 조합원의 이익을 전투적으로 대변하기보다는 인민의 이익을 추구해야 한다는 주장은 노조 관료가 조합원의 요구를 거부하거나 정부와 기업과의 타협을 정당화하는 변명이 되기도 한다. 2015년 공무원 노조 이충재 위원장은 공무원 연금 개악을 거부하는 조합원의 요구를 거슬러 박근혜 정부의 개악안에 합의했다. 그는 국민연금 개선이라는 대의로 포장하여 조합원의 요구를 저버렸다.

조합원의 이익을 요구하는 투쟁이 비정규직과 미조직 노동자의 처지를 개선하는 투쟁과 연결되었다는 점을 설득시키면서 노조가 계급적 이해관계를 수행해야 한다. 정규직의 임금 투쟁에 주저하는 노조는 전반적인 다른 노동자의 이익을 대변하기를 기대할 수 없다.

3) 노동조합 관료와 개혁주의

1987년 노동자 대투쟁에서 생겨난 전투적이고 급진적인 노동조합이 왜 투쟁을 회피하는가? 혹은 왜 그들의 투쟁이 저조한가? 이 질문에 답은 노조 관료층과 개혁주의로 설명할 수 있다. 1987년 전투적 노동운동이 성장하는 동시에 노동조합 관료층과 개혁주의 정치도 함께 발전했다. 권위주의 체제에서는 노동운동이 정치와 경제의 분리가 뚜렷하지 않았고 잠재된 형태로 존재했다. 폭발적인 노동자 투쟁이 성장한 이래 한국에서 부르주아 민주주의로의 전환과 함께 개혁주의가 성장했다. 한국의 경우 사회민주주의 정당이 집권하지 못했지만 노동조합 지도자가 국회의원이 되는 데 10년밖에 걸리지 않았다. 1997년 민주노총의 합법화로 노동운동 안에 개혁주의의 성장을 가속화시켰다. 노동운동의 성장이 민주화를 이끌었지만 동시에 노동운동 내 개혁주의의 성장을 가져왔다. 개혁주의의 성장은 민주적 권리 확대의 전진임과 동시에 노동계급의 혁명적 전진을 억제하기도 한 모순을 이해하는 것이 필요하다.

안정된 자본주의 국가는 인민(적어도 일부 인민)의 동의와 지지를 조직하는 방법을 찾아야 한다. 자본가계급이 "허용한" 노동계급 인민조직, 즉 조직 노동계급의 세력을 인정해야 하는 상황에서 국가관료는 주류 정치 구조 안에 국가의 정치 구조 안에 통합하는 자본주의 국가 형태를 발전시켰다. 그 특징은 정치와 경제의 분리인 개혁주의 정당과 노동조합을 인정하는 것이다. 정치와 경제의 분리는 국가를 활용하고 장악해서 자본주의를 벗어날 수 있다는 생각을 자라게 할 여지를 만든다. 진보정당은 노동조합운동의 약점을 극복하기는커녕 더 높은 수준에서 국가의 중립성을 수용함으로써 자본주의적인 국가 틀을 (암묵적으로) 내면화한다. 다음으로 노동조합 관료의 존재와 그들을 국가(자본) 정치 구조로 포섭해서 중재 역할에 의존한다. 노동계급의 조직과 운동이 국가에 통합되는 과정은 지배계급의 길들이기 과정이다. 국가 안에 노동계급의 요구를 공식 의제로 다루는 동시에 변혁적 저항과 투쟁은 불필요한 것으로 보이게 할 수 있는 경향이 커진다.

1987년 전투적 노동운동이 1990년대 부르주아 민주주의로 전환하는 과정에서 노동조합 관료층이 함께 발전했는데 이들이 개혁주의의 사회적 기반이다. 자본주의에서 벌어지는 노동자 투쟁은 자기 제한적 경향을 보인다. 노동조합은 노동자를 대표해서 타협을 이끌어내는 협상 단체이다. 노동자 대표는 노동과 자본 간의 타협 조건을 둘러싸고 협상을 전담하는 노동자 대표층이다. 노동조합의 관료의 구실은 노동조합의 협소한 경제주의 및 부문주의적 특징에서 나온다. 사용자와 협상하는 일을 전문으로 하는 관료와 노동 인민 사이에 분업이 나타난다. 노동조합 관료는 노동자와 사용자를 중재한다. 이러한 구실 때문에 노동조합에서 관료의 권위가 강화된다. 노동조합 관료층은 노동자 조직에 기반을 두고 있지만 자본과 노동 사이의 중재자 구실 때문에 조합원과 다른 사회적 지위에 놓이게 되면서 자신의 독자적인 이해관계를 발전시킨다.

그러나 노동조합 관료 분석을 '전투적인 조합원' 대 '조합원을 배신하는 변절자' 식으로 봐서는 안 된다. 노동조합 관료층의 이중적이고 모순적인 구실을 주목하는 것이 중요하다. 노동조합 관료는 조합원을 체제 안에 가두기도 하지만 동시에 그 안에서 제한된 이득을 안겨주기도 한다. 투쟁을 억누르기도 하지만 조합원의 압력 때문에 혹은 압력이 없을 때조차도 주도력을 발휘해 투쟁한다. 노동조합 관료층의 양면성은 노동자에게 매어 있는, 자본과 노동 사이의 중재자라는 사회적 지위에서 비롯한다. 그들은 투쟁이 너무 나아가 노동조합 조직 자체를 위협하는 것을 원치 않는다. 노동조합 관료층은 언제나 자신의 독자적인 이익을 추구하려 노력하기 때문에 어떤 경우에도 조합원을 온전히 대변한다고 믿을 수 없다.

노동조합 상근 간부들이 모두 똑같은 것은 아니다. 조합원과의 거리도 상이하고 시기와 부문별로 아래위에서 받는 압력과 정치 이데올로기가 서로 다르다. 상근 간부 사이의 이와 같은 분열 때문에 사회주의자는 일부 노동조합 지도자와 연합할 수 있다. 그러나 동맹의 목적은 연합 관계를 활용해 광범위한 행동을 건설하고 그 속에서 현장조합원의 주도력과 자신감과 독립성을 높이는 것이다. 노동계급의 잠재력과 노동자가 하나의 계급으로 동일한 이해관계를 갖고 있다는 사실을 이해하는 것은 노동계급의 잠재력을 현실화하는 중요한 첫걸음이다.

4. 결론에 대신하여

안현효(2007)는 1990년대의 그람시 수용의 문제점을 다음과 같이 지적한다.

우리나라에서는 현실사회주의 몰락과 마르크스주의 위기론의 배경 하에서 그람시가 수용됐기 때문에 1990년대의 그람시 수용 과정에서도 이 점이 유난히 강조됐다. 그러나 이 역시 자본주의 자체의 변화, 즉 이행 사상 자체에 관한 질문인 구조적 차원을 강조하는 것으로서 정세적 문제의 분석 수단을 제공한 그람시는 여전히 간과되고 있다. 따라서 그람시는 마르크스주의 철학의 근본 문제를 제기한 철학자로서 인용되고 이용됐지, 정세 분석, '국면적 운동(conjunctural movement)'에 대한 정치이론가로서 그람시는 부각되지 못했다. 그람시에 의하면 정치 전략의 논의가 유기적 위기(구조적 모순) 또는 혁명의 본질에 관한 논의로 해석될 때 경제주의로 빠지게 된다(2007: 49).

그는 구조적 차원이 아닌 국면적 차원에서 접근하기 위해 그람시 이론의 형성 과정을 국제공산주의운동(공장평의회 시기), 이탈리아 정치 상황(남부주의), 마르크스주의 사상사(경제주의 비판)의 세 가지 맥락에서 분석한다. 이를 통해 각 시기를 관통하는 "주도 세력으로서의 노동계급의 중심성, 동맹계급에 대한 헤게모니 전략, 반경제주의적 사상을 공산주의 혁명에 필요한 필수적 요소로서 이끌어내고, 마키아벨리적 의미에서 유능한 근대적 군주로서의 정당(혁명 정당—인용자)을 통해 체화됨으로써 이러한 세 가지 요소가 성공적으로 결합"이라는 점을 도출한다.

안현효(2007)에 제시한 그람시 사상의 해석은 그람시가 혁명가였다는 점에서 좀 더 적극적으로 해석해야 한다. 크리스 하먼(1995)은 개량주의적 그람시 해석을 비판하면서 그람시의 생애를 통한 혁명 사상의 실천을 보여준다.

그람시는 1916년부터 죽을 때까지 직업적 혁명가였다. 이 기간 동안 그는 자본주의 국가의 전복을 통한 사회의 혁명적 요구에 일관되게 충실했다. 이것이 그를 자본주의와 투쟁하면서, 그리고 1916~1918년간의 전쟁에서 이탈이아 사회당에 혁명적 행동을 요청하는 선두 대열에서 많은 사회주의 신문의 저널리스트로 활동하게 한 것이다. 이것이 그를 1919년과 1920년의 토리노 공장평의회 운동의 중심에 있게 한 것이었다. 이것이 그를 1921년에 개량주의적 사회당과 분리하게 하고 진정으로 혁명적인 공산당을 창건하게 한 것이었다. 이것이 1924~1926년 동안 그를 이 당을 책임지도록 이끈 것이었다. 이것이 마침내 그를 무솔리니의 감옥으로 이끌고, 거기서 이탈리아 사회와 국가권력을 향한 투쟁의 전략과 전술, 혁명정당의 건설, 그리고 혁명적 신문에 대한 그의 고유한 사상을 노트의 형태로—그 유명한 『옥중수고』—발전시키도록 했던 것이다. 그는 노트가 그와 같은 혁명적 목표를 가진 다른 사람에게 어떤 도움을 줄 수 있기를 희망했다(크리스 하먼, 1995: 285).

이러한 혁명가의 영혼적 편력은 주세페 피오리(1991)가 그람시가 주고받은 편지와 가족과 지인 및 동지로부터 수집한 자료를 바탕으로 그람시의 생애를 생생하게 재현한『그람시: 한 혁명가의 생애와 사상』에서도 발견할 수 있다.

그람시 사상의 혁명적 해석은 그간 그람시 논의를 곡해하거나 왜곡하거나 아전인수 격으로 차용한 것에 대한 비판적 잣대가 될 수 있다. 이는 자구 해석을 둘러싼 지엽적인 방식으로 그람시의 독해를 비판하는 것에 머무는 것이 아닌 그람시 사상의 종합적 이해를 통한 그람시 사상의 진실성을 회복하고 그람시 사상의 혁명성을 복원하는 것이다. 그동안 한국의 그람시 수용을 반면교사 삼아서, 이제는 그람시 독해의 혁명성을 부활시키는 작업이 확대되어야 한다.

그람시는 '과학적으로 예견할 수 있는 것은 투쟁뿐'이고, 실제로 우리가 활동하는 범위까지만 그리고 임의적인 노력을 가하는 데까지만 '예견'할 수 있고 설명한다. 다시 말하면 예견은 과학적인 지식활동으로 드러나는 것이 아니라 실행한 노력의 추상적인 표현으로서 집단의지를 창출해내는 실천적 방법으로 나타난다. 한국사회의 그람시 독해에 있어서도 치열한 투쟁이 필요하다.

최근 좌파 진영에서 회자되는 낸시 프레이저의『좌파의 길: 식인 자본주의에 반대한다』를 번역한 장석준은 이 책의 의미를 다음과 같이 전한다.

과거에 고전 마르크스주의들이 그랬던 것처럼, 프레이저는 노동운동, 여성운동, 생태운동, 흑인운동 등이 굳건한 동맹을 발전시켜야 할 근거를 '자본주의'라는 토대 자체에서 찾아내려 한다. 다만, 이 '자본주의'라는 토대는 더 이상 고전 마르크스주의자들이 이야기하던 그 '자본주의'와 같지 않다. 자본-임금노동 관계만으로 환원되지 않은, 더 복잡한 제도적 실체이다. (…) 프레이저에 따르면, 자본주의는 단순한 경제 시스템이 아니며, 자본-임금 노동 관계만도 아니다. 비-경제 영역이라 치부되는 사회적 재생산, 인간과 비인간 자연 간 관계, 인종화된 집단에 대한 수탈, 공적 권력의 작동 등이 없이는 착취도, 축적도, 성장도 이뤄질 수 없다. 따라서 자본주의는 이러한 배경조건들까지 포함한 특정한 '제도화된 사회 질서'로 이해되어야 한다. 자본주의관이 이렇게 바뀌면, 당연히 시스템의 모순과 위기 역시 새로운 눈으로 바라보게 된다. (…) 계급투쟁뿐만 아니라 프레이저가 '경제투쟁'이라 부른 투쟁들. 즉 사회적 재생산, 인간과 비인간 자연의 관계, 착취와 결합된 수탈, 정치 등의 영영을 둘러싸고 벌어지는 투쟁 역시 중요해진다. (…) 또한 프레이저는 대항헤게모니 블록의 기반이 될 '새로운 상식'이 어디에서 비롯되는지에 관해서도 우리의 눈을 열어준다. 그것은 생산 현장의 계급투쟁에서만 나오는 것은 아니며, 그렇다고 '외부' 지식인이 생산에 주입해줘야 하는 것도 아니다(낸시 프레이저, 2023: 305~312).

장석준은 고전 마르크스주의를 계급투쟁만을 제기한 것으로 국한시킨다. 그러면서 자본-임금 관계를 지탱하는 배경조건을 형성하는 영역의 투쟁을 강조한다. 이 주장은 고전 마르크스주의를 협소하게 해석한 것도 문제이지만 더 큰 쟁점은 노동계급 중심성을 부정한다는 점에 있다. 그는 로자 룩셈부르크와 제임스 오코너, 칼 폴라니, 제임스 무어 등의 주장을 짜깁기하여 고전 마르크스주의를 반복하지 않은 프레이저의 입장을 통해 노동계급 중심성에 대해 비판한다.

이와 마찬가지로 프레이저 자신이 제시한 21세기를 위한 확장된 사회주의관의 장점은 사회주의관의 경제주의를 극복할 가능성이고 전통적 노동운동의 중심 주제를 넘어선 광범위한 당면 쟁점들, 즉 사회적 재생산, 구조적 인종주의, 제국주의, 탈민주주의화, 지구 온난화 같은 쟁점에 대해 사회주의가 시의성을 지님이라고 설명한다. 그가 말한 사회주의관의 경제주의는 '현실' 사회주의에 대한 규정과 평가가 필요한 지점이다. 다만 여기서 언급하고자 하는 점은 '전통적 노동운동의 중심 주제'이다. 그가 말하는 전통적 노동운동의 중심 주제가 생산 영역, 즉 작업장의 운동만 중요하고 다른 사회 쟁점은 부차적이라고 취급한 제조업 중심의 경제주의적 현장중심주의라고 한다면 비판할 지점이 있다. 노동운동의 중심이 편협한 현장주의나 노동조합운동, 생디칼리즘(syndicalism)은 아니기 때문이다. 경제투쟁과 정치투쟁은 결합되어야 한다. 노동계급운동은 국가 권력 장악 문제에 회피성과 경제주의 혹은 부문주의에서 벗어나야 한다.

하지만 프레이저가 언급한 전통적 노동운동의 중심이 노동계급이 혁명적 주체로 주요한 역할을 부정 혹은 삭감이라면 이는 논의가 필요하다. 자본주의의 작동 원리인 잉여가치를 생산하는 담당자로서의 노동계급의 물질적 기반이 자본주의의 무덤을 파는 핵심 주체라는 점은 역사적으로 자본주의가 발전했더라도 자본주의의 핵심 기제이다. 경제위기뿐 아니라 기후위기, 팬데믹 위기 등의 다중적 혹은 복합적 위기가 결합된 자본주의체제라도 자본주의의 기본 원리는 동일하기 때문이다. 다층적 위기 상황에서 노동계급이 핵심 주체로 다양한 사회 운동을 결합시키는 자본주의적 숙명은 당면 과제로 등장했다. 이러한 객관적 상황에서 다양한 사회 운동 주체의 수평적 결합이 아닌 노동계급 중심성 테제는 과거의 잔재가 아니라 현실성을 구현해야 한다는 필연성을 더욱 촉진 시킨다. 이런 점에서 그람시의 사상의 핵심인 아래로부터의 노동계급 중심성은 지켜야 할 중요한 원리이자 마르크스의 유산이다.

급변하는 국제질서와 한국 민주주의의 위기

개리 피사노·윌리 시, 고영훈 역, 『왜 제조업 르네상스인가』, 지식노마드, 2019.

게오르그 루카치, 한기상·안성권·김경연 역, 『이성의 파괴 3』, 심설당, 1997.

공민석, 『미중 갈등의 구조』, 스리체어스, 2019.

_____, 「미중 탈동조화의 현황, 함의, 전망: 미중 상호의존 구조의 역사적 진화를 중심으로」, 『한국정치학회보』 58(1), 한국정치학회, 2024, 103~134쪽.

구본우, 「미중 무역분쟁과 지구적 가치사슬: 지적재산권 체제의 동요」, 『경제와사회』 125, 비판사회학회, 2020, 40~84쪽.

김경아, 「한국 코뮌주의자들의 '계급이론'에 대한 방법론적 비판」, 『마르크스주의 연구』 16(4), 경상국립대학교 사회과학연구원, 2019, 60~85쪽.

김우현, 『세계정치질서』, 한울아카데미, 2001.

김정주, 「신자유주의, 세계경제불균형, 그리고 달러 헤게모니」, 『민주사회와 정책연구』 15, 한신대학교 민주사회정책연구원, 2009, 45~78쪽.

마이클 허드슨, 조행복 역, 『문명의 운명: 금융자본주의인가 산업자본주의인가』, 아카넷, 2023.

마크 레빈슨, 최준영 역, 『세계화의 종말과 새로운 시작』, page2, 2023.

마틴 업처지, 김동욱 역, 「세계화는 끝나는가?」, 『마르크스21』 26, 2018, 39~84쪽.

문정인, 『문정인의 미래 시나리오: 코로나19, 미·중 신냉전, 한국의 선택』, 청림, 2021.

박지원, 「우크라이나 사태 이후 러시아의 탈달러화국제통화 시스템 구축 배경과 추진 방향」, 『중소연구』 제47권 2호, 한양대학교 아태지역연구센터, 2023, 229~259쪽.

백승욱, 『연결된 위기: 우크라이나 전쟁에서 한반도 핵위기까지, 얄타체제의 해체는 무엇을 의미하는가』, 생각의힘, 2023.

상염걸, 「러시아-우크라이나 전쟁이 중국의 국제무역에 미치는 영향에 관한 연구」, 『한중경제문화연구』 제27권, 한중경제문화학회, 2024, 107~118쪽.

신재길, 「러시아-우크라이나 전쟁의 성격」, 『정세와 노동』 193, 노동사회과학연구소, 2023, 43~51쪽.

오학수, 「9장. 일본의 동아시아 분업구조 전개와 일자리 변동」, 『글로벌 생산네트워크와 동아시아의 일자리 변동』, 한국노동연구원, 2016, 314~354쪽.

이상환, 「세계화와 탈세계화: 민족주의, 보호무역주의의 확산과 글로벌 거버넌스」, 『계간 외교』 제135호, 2020, 91~105쪽.

이해영, 『우크라이나전쟁과 신세계질서』, 사계절, 2023.

이호건·김영진, 「러시아의 탈달러화 정책 및 요인 연구: '금융외교전략' 론을 적용하여」, 『중소연구』 제45권 2호, 한양대학교 아태지역연구센터, 2021, 211~249쪽.

이재영, 「미중 전략 기술경쟁 시기 미국의 견제에 대한 중국의 대응 이론과 사례: 신고전현실주의의 과다균형과 경제안보를 중심으로」, 『아시아리뷰』 제14권 1호, 경남대학교 극동문제연구소, 2024,

3~33쪽.

임을출, 「2024년 북러 간 경제·사회교류협력: 전개, 특징과 전망」, 『한
반도 리포트』 2024-2025년, 경남대학교 극동문제연구소, 2024,
245~272쪽.

조반니 아리기, 백승욱 역, 『장기 20세기』, 그린비, 2014.

정빛나, 「변방에서 주류 넘보는 유럽 극우」, 『관훈저널』 제172호, 관훈
클럽, 2024, 175~180쪽.

정준호, 「8장. 미국 제조업 르네상스 정책과 리쇼오링 현상 분석」, 『글로
벌 생산네트워크와 동아시아의 일자리 변동』, 한국노동연구원,
2016, 265~313쪽.

채만수, 「제국주의의 다극화, 혹은 다극의 제국주의에 대하여(하)- 단순
히 '세계질서의 다극화', 혹은 '다극의 세계질서'인가, 제국주의의
다극화, 혹은 다극의 제국주의인가?」, 『정세와노동』 205, 노동사
회과학연구소, 2024, 21~35쪽.

크리스 밀러, 노정태 역, 『칩 워: 누가 반도체 전쟁의 최후 승자가 될 것인
가』, 부키, 2024.

한영빈, 「'탈세계화 현상' 패러다임 전환인가 패러다임 내의 변화인가?:
무역 영역에 대한 국제정치경제학적 분석」, 『한국정치연구』 제
33권 3호, 서울대학교 한국정치연구소, 2024, 127~156쪽.

홍호펑, 하남석 역, 『제국의 충돌: '차이메리카'에서 '신냉전'으로』, 글항
아리, 2022.

Barnett, Thomas, *The Pentagon's New Map: War and Peace in
the Twenty-fitst Century*, Berkley Books, 2004.

혐오정치: 혐오와 포퓰리즘의 이형 민주주의

강원택, 「포퓰리즘 정치와 한국 민주주의의 개혁 방안」, 『월간 헌정』 통

권 445호, 대한민국헌정회, 2019, pp.54-58.

김만권, 「'우파 포퓰리즘'의 부상으로서의 '이준석 현상'」, 『황해문화』 통권113호, 새얼문화재단, 2021, pp.55-73.

김종갑, 『혐오, 감정의 정치학』, 은행나무, 2021.

김주호, 「포퓰리즘과 민주주의: 양가적 관계 이해하기」, 『시민과 세계』 제35호, 참여연대 참여사회연구소, pp.103-136.

도묘연, 「한국 포퓰리즘의 변화 추이와 영향 요인: 경제적 및 정치적 위기의 관점」, 『평화연구』 제28권 1호, 고려대학교 평화와민주주의연구소, 2020, pp.241-285.

박인찬, 「포스트트루스 시대의 혐오정치: 워드 켄델의 『오늘을 견뎌라』를 중심으로」, 『현대영미소설』 제28권 제3호, 한국현대영미소설학회, 2021, pp.47-73.

박혁, 「공공문제해결을 위한 민주적 합의 모델의 새로운 발견-신고리원전 공론화가 남긴 것」, 『민주연구원』, 2017.

윤광일, 「한국 유권자의 민주주의 인식 평가」, 『선거경쟁과 참여한국인은 어떤 민주주의를 원하는가?』, 서울대학교 국가미래전략원, 한국의회발전연구회 공동주최 연구발표 발제문, 2024.

이광일, 「보수-수구 독점의 한국적 정치구조와 포퓰리즘: 고통받는 이와 함께하는 더 많은 포퓰리스트의 출현을 바라며」, 『황해문화』 통권 113호, 새얼문화재단, 2021, pp.36-54.

이연호·고주현, 『포퓰리즘: 유럽의 포퓰리즘이 한국에 주는 함의』, 연세대학교출판문화원, 2024.

정병기, 「포퓰리즘의 개념과 유형 및 역사적 변화: 고전 포퓰리즘에서 포스트포퓰리즘까지」, 『한국정치학회보』 54집 1호. 한국정치학회, 2020.

정성진, 「트럼프는 어떻게 민주주의를 위협하는가 : 원한의 정치와 우파식 행동주의, 헌정 파괴」, 『사회진보연대』 통권 제188호, 사회진보연대, 2024, pp.11-64.

______, 『포퓰리즘』, 커뮤니케이션 북스, 2021.

조기숙, 『포퓰리즘의 정치학』, 인간사랑, 2016.

조석주, 「포퓰리즘과 테크노크라시: 윤석열 정부 평가」, 『정치와 공론』 33권, 한국정치평론학회, 2023, pp.85-110.

조영호, 「한국의 민주주의와 포퓰리즘: 어디로 가야 하는가」, 『동아시아 재단 정책논쟁』 제171호, 동아시아재단, 2022.

조은희, 「정치혐오의 하위요인과 정치참여의 관계 연구」, 『정치커뮤니케이션연구』 통권 52호, 한국정치커뮤니케이션학회, 2019, pp.49-88.

주미영, 「정치불신과 포퓰리즘이 민주주의에 미치는 영향: 선진민주주의 국가를 중심으로」, 『국제지역연구』 제25권 제3호, 한국외국어대학교 국제지역연구센터, 2021, pp.153-188.

주정립, 「포퓰리즘의 개념적 규정을 위한 시도」, 『대한정치학회보』 제13집 제1호, 대한정치학회, 2005, pp.245-268.

중앙선거관리위원회, 「제22대 국회의원선거 유권자 의식조사」, 2024.

진태원 편, 『포퓰리즘과 민주주의』, 소명출판, 2017.

채진원, 「포퓰리즘의 이해와 이재명 현상에 대한 시론적 논의」, 『사회과학논집』 제50집 1호, 연세대학교 사회과학연구소, 2019, pp.53-76.

하홍규, 「혐오의 현상학: 감정과 가치에 대한 아우렐 콜나이의 접근」, 『사회이론』 통권 제63호, 한국사회이론학회, 2023, pp.235-267.

마사 C. 누스바움, 조계원 옮김, 『혐오와 수치심』, 민음사, 2015.

아우렐 콜나이·베리 스미스, 캐롤린 코스마이어 엮음, 하홍규 옮김, 『혐오의 현상학』, 한울아카데미, 2022.

얀 베르너 뮐러, 노시내 옮김, 『누가 포퓰리스트인가: 그가 말하는 '국민' 안에 내가 들어갈까』, 마티, 2017.

제임스 S. 피시킨, 박정원 옮김, 『숙의민주주의』, 한국문화사, 2020.

카롤린 엠케, 정지인 옮김, 『혐오사회』, 다산지식하우스, 2018.

카스 무데·크리스트발 로비라 칼드바서, 이재만 옮김,『포퓰리즘』, 교유
　　　서가, 2019.
폴 태카트, 박영민 옮김,『포퓰리즘: 기원과 사례, 그리고 대의민주주의
　　　와의 관계』, 한울아카데미, 2017.
한스 포어랜더, 나종석 옮김,『민주주의: 역사, 형식, 이론』, 북캠퍼스,
　　　2023.
김영철,「"美 51번째 주지사" 트뤼도 캐나다 총리 사퇴 발표」,〈헤럴드경
　　　제〉, 2025.01.07.
김현경,「터키 '반에르도안' 집회에 수십만명... '정의의 행진' 완주」,〈헤
　　　럴드경제〉, 2017. 07.10.
박광온,「트럼프 눈치 보나?…美 대형 은행들, '탄소중립' 협약 탈퇴 러
　　　시」,〈뉴시스〉, 2025.01.03.
박종원,「'브라질 트럼프' 지지자들, 2년 만에 의회 난동 재현」,〈파이낸
　　　셜뉴스〉, 2023. 01.09.
손현수,「청년 셋 중 하나, 표심 못정해 '최대변수'」,〈한겨레〉,
　　　2024.04.03.
장보인,「"막말·혐오정치에 염증"…2030 청년층 표심 어디로」,〈연합뉴
　　　스〉, 2024.04.04.

대의제는 민주주의인가?

강대현,『한국 시민사회와 시민교육』, 한국학술정보, 2006.
강정인,「루소의 정치사상에 나타난 정치참여에 대한 고찰: 시민의 정치
　　　참여에 공적인 토론이나 논쟁이 허용되는가?」,『한국정치학회
　　　보』, 한국정치학회, 2009.
＿＿＿,「대안 민주주의: 참여민주주의를 중심으로」, 참여사회연구소 편,
　　　『참여민주주의와 한국 사회』, 창작과비평사, 1997.

김동춘, 「신자유주의의 세계화와 참여민주주의」, 참여사회연구소 편, 『참여민주주의와 한국 사회』, 창작과비평사, 1997.

김용민, 「루소와 공화주의」, 『한국정치연구』 제25집 제1호, 서울대학교 한국정치연구소, 2016.

류청오, 「공화주의, 민주주의, 그리고 루소의 사회계약론」, 『진보평론』, 뉴 래디컬 리뷰, 2010, 224-251.

류태건, 「참여민주주의의 이론과 현실」, 『한국시민윤리학보』 제17집, 한국시민윤리학회, 2004, 79-100.

민주화운동기념사업회 연구소, 『민주주의 강의 3: 제도』, 오름, 2009.

민주화운동기념사업회 연구소, 『민주주의 강의 4: 현대적 흐름』, 민주화운동기념사업회, 2009.

이동수, 「대의제 민주주의의 위기: 마넹의 논의를 중심으로」, 『시민사회와 NGO』 제3권 1호, 한양대학교 제3섹터연구소, 2005.

정원규, 「민주주의의 두 얼굴: 참여 민주주의와 숙의 민주주의」, 『사회와 철학』 제10호, 사회와철학연구회, 2005, 281-329.

조르조 아감벤 외, 김상운·양창렬·홍철기 역, 『민주주의는 죽었는가』, 난장, 2010.

최장집, 「한국 민주주의의 현주소-제도적 실천으로서의 민주주의」, 『기억과 전망』 15권, 민주화운동기념사업회, 2006, 81-115.

최정일, 「직접민주주의와 국민에 의한 입법-독일에서의 논의와 입법경험을 중심으로」, 『토지공법연구』 제80집, 한국토지공법학회, 2017.

최진석, 「아나키의 시학과 윤리학-신동엽과 크로포트킨」, 『비교문학』 제71호, 한국비교문학회, 2017, 117-152.

한국정치연구회사상분과 편저, 『현대민주주의론 Ⅱ』, 창작과 비평사, 1992.

데이비드 헬드, 박찬표 역, 『민주주의의 모델들』, 후마니타스, 2010.

로버트 달, 김왕식 역, 『민주주의』, 동명사, 1998.

_______, 김용호 역, 『민주주의 이론 서설』, 법문사, 1956.

________, 최준호·박신영 역, 『포리아키』, 거목, 1987.

________, 조기제 역, 『민주주의와 그 비판자들』, 문학과지성사, 1999.

마이클 사워드, 강정인·이석희 역, 『민주주의란 무엇인가』, 까치, 2018.

버나드 마넹, 곽준혁 역, 『선거는 민주적인가: 현대 대의민주주의의 원칙
　　　에 대한 비판적 고찰』, 후마니타스, 2004.

벤자민 바버, 박재주 역, 『강한 민주주의: 새 시대를 위한 참여적 정치』,
　　　인간사랑, 1992.

부르노 카우프만·롤프 뷔치·나드야 브라운, 이정옥 역, 『직접민주주의로
　　　의 초대』, 리북, 2008.

샤를 드 몽테스키외, 하재홍 역, 『법의 정신』, 동서문화사, 2007.

세실 라보르드·존 메이너, 곽준혁·조계원·홍승헌 역, 『공화주의와 정치
　　　이론들』, 까치, 2009.

장 자크 루소, 김영욱 역, 『사회계약론』, 후마니타스, 2018.

__________, 정영하 역, 『사회계약론』, 산수야, 2005.

존 S. 드라이젝·패트릭 던레이비, 김욱 역, 『민주주의국가이론』, 명인무
　　　화사, 2014.

존 스튜어트 밀, 서병훈 역, 『대의정부론』, 아카넷, 2012.

퀜틴 스키너, 박동천 역, 『근대 정치사상의 토대』, 한길사, 2004.

패트릭 J. 드닌, 이재만 역, 『왜 자유주의는 실패했는가』, 책과함께,
　　　2019.

한나 아렌트, 이진우·태정호 역, 『인간의 조건』, 한길사, 1996.

C. D. 맥퍼슨, 이상두 역, 『자유민주주의에 희망은 있는가』, 범우사,
　　　1992.

근대 민주주의의 역설과 랑시에르 민주주의 논의의 함의

[기초자료]
엄태화 감독, 영화 〈콘크리트 유토피아〉, 2023.

[논문]
구은정, 「다원주의 사회과학 모색: 돌봄 연구의 한계를 초점으로」, 『경제와사회』 제137호, 비판사회학회, 2023, 133-164쪽.

구은정, 「돌봄 가치를 반영하는 개헌을 위하여: 개인의 권리와 의무로서의 돌봄」, 『경제와 사회』 제127호, 비판사회학회, 2020, 134-169쪽.

김겸섭, 「랑시에르의 민주주의론」, 『현대사상』 제29호, 대구대학교 현대사상연구소, 2023, 189-216쪽.

김대환, 「참여의 철학과 참여민주주의」, 참여사회연구소 편, 『참여민주주의와 한국사회』, 창작과비평사, 1997.

김미지, 「한국 근대문학 연구에서 랑시에르의 '문학 정치' 개념 적용에 관한 일고찰」, 『한국근대문학연구』 제19권 제1호, 한국근대문학회, 2018, 161-192쪽.

서민경·오창섭, 「TV 광고를 통해 본 한국 아파트의 문화적 의미: 래미안, 자이, 롯데캐슬 광고를 중심으로」, 『디자인학연구』 제83호, 경희대학교 예술디자인연구원, 2009, 213-228쪽.

양창렬, 「자크 랑시에르: 제도도 이념도 아닌 민주주의론」, 『진보평론』 제68호, 뉴 래디컬 리뷰, 2016, 59-87쪽.

오인용, 「감각작용의 정치성: 랑시에르 미학에서의 민주주의와 평등의 기입」, 『비평과이론』 제26권 제2호, 한국비평이론학회, 2021, 113-142쪽.

정미선, 「1970~80년대 주거의 문화사와 아파트-스케이프의 다중적 로컬리티: 박완서 단편소설을 사례로」, 『로컬리티 인문학』 제18호,

부산대학교 한국민족문화연구소, 2017, 101-146쪽.

정영희, 「텔레비전 드라마 속 모성 판타지에 대한 여성주의적 고찰: KBS 드라마 〈동백꽃 필 무렵〉을 중심으로」, 『한국언론학보』 제64권 제4호, 한국언론학회, 2020, 132-166쪽.

정의진, 「문학의 역사성, 특수성, 정치성: 민주주의와 문학에 대한 비교 연구 시론 (1)」, 『비교한국학』 제25권 제2호, 국제비교한국학회, 2017, 15-42쪽.

정희우, 「아파트가 만들어낸 사고(思考), 풍경, 그리고 미술」, 『미술문화연구』 제4호, 동서미술문화학회, 2014, 137-158쪽.

조흡, 「[조흡의 영화이야기]< 콘크리트 유토피아>: 합리적 선택에 따른 의사결정의 문제점」, 『대한토목학회지』 제72권 제2호, 대한토목학회, 2024, 80-82쪽.

채희숙, 「붕괴한 사회와 시스템의 존속은 우연이 아니었음을: < 콘크리트 유토피아>(2023)」, 『월간 한국노총』 제598호, 한국노동조합총연맹, 2024, 40-41쪽.

Blühdorn, I., & F. Butzlaff. "Rethinking Populism: Peak democracy, liquid identity and the performance of sovereignty." *European Journal of Social Theory*, Vol 22. No. 2, 2019, pp.191-211.

Canovan, M., "Trust the People! Populism and the Two Faces of Democracy", *Political Studies*, Vol. 47, No. 1, 1999, pp.2-16.

Deutsch, M., "Equity, equality, and need: What determines which value will be used as the basis of distributive justice?", *Journal of Social issues*, Vol. 31, No. 3, 1975, pp.137-149.

Kamola, I., "QAnon and the Digitial Lumpenproletariat", *New Political Science*, 2021, pp.231-234.

Mamonova, N., & J. Franquesa, "Populism, Neoliberalism and Agrarian Movements in Europe. Understanding Rural support for Right-Wing Politics and Looking for Progressive Solutions," *Sociologia Ruralis*, Vol 60, 2020, pp.710-731.

Taggart, P., "Populism and 'unpolitics'". In: Fitzi, Gregor, Mackert, Juergen and Turner, Bryan (eds.), *Populism and the crisis of democracy. Routledge Advances in Sociology, 1*, Routledge, 2018, pp.79-87.

[단행본]

그레고리 J. 시그워스 외, 최성희 외 옮김, 『정동 이론』, 갈무리, 2015.

김민철, 『누가 민주주의를 두려워하는가』, 창비, 2023.

다비트 판 레이브라우크, 양영란 옮김, 『국민을 위한 선거는 없다』, 갈라파고스, 2016.

버나드 마넹, 곽준혁 옮김, 『선거는 민주적인가: 현대 대의 민주주의의 원칙에 대한 비판적 고찰』, 후마니타스, 2004.

스티븐 레비츠키·대니얼 지블렛, 박세연 옮김, 『어떻게 민주주의는 무너지는가: 우리가 놓치는 민주주의 위기의 신호』, 어크로스, 2018.

얀 베르너 뮐러, 노시내 옮김, 『누가 포퓰리스트인가』, 마티, 2017.

이지문, 『추첨민주주의 이론과 실제』, 이담북스, 2012.

장-뤽 낭시, 박준상 옮김, 『무위(無爲)의 공동체』, 인간사랑, 2010.

제임스 피시킨, 김원용 옮김, 『민주주의와 공론조사』, 이화여자대학교출판부, 2003.

콜린 크라우치, 이한 옮김, 『포스트 민주주의: 민주주의 시대의 종말』, 미지북스, 2008.

피터 코닝, 박병화 옮김, 『공정 사회란 무엇인가』, 에코리브르, 2011.

Barker, C., *Making Sense of Cultural Studies*, California: SAGE,

2002.

Budgeon, S., *Choosing a Self: Young Women and the Individualization of Identity*, Westport: Praeger, 2003.

Laclau, E. & C. Mouffe, *Hegemony and Socialist Stratege: Towards a Radical Democratic Politics*, London: Verso Books, 1985.

Payne, D., A. Stagnell, & G. Strandberg (eds.), *Populism and The People in Contemporary Critical Thought*, Bloomsbury, 2023.

Ranciere, J., *Hatred of Democracy*, (Translated by S. Corcoran) Verso Books, 2014.

Ranciere, J., *Dissensus: On Politics and Aesthetics*, Bloomsbury, 2015.

Ranciere, J., *On the Shores of Politics*, Verso, 2021.

Taylor, C., *Sources of the Self: The Making of the Modern Identity*, Harvard University Press, 1989.

[기타자료]

김민정, 「장애인 이동권 시위…이준석 "서울시민 아침 볼모로 잡아"」, 〈이데일리〉, 2022. 3. 25.

김시연, 「"최저임금이 높다? 2500배 최고임금부터 낮춰야"」, 〈오마이뉴스〉, 2019. 6. 19.

류이근, 「독일 '임원보수 적정법' 시행…프랑스 '최저 연봉자의 20배' 상한」, 〈한겨레〉, 2013. 8. 15.

박의래, 「[인니대선 D-5] ③ 흔들리는 민주주의…장남 부통령 만들기 위해 법 바꾼 대통령」, 〈연합뉴스〉, 2024. 2. 9.

송경원, 「'콘크리트 유토피아', 우리는 영탁을 부정할 수 없다」, 〈씨네21〉, 2023. 9. 6.

신진욱, 「은밀하게 민주주의가 사위어간다」, 〈한겨레 21〉, 2022. 10. 3.

신현보, 「[팩트체크] SKY 나온 55세 남자들⋯21대 국회 300명 스펙 보니」, 〈한국경제〉, 2020. 5. 29.

위근우, 「영화 '콘크리트 유토피아' 속 정치의 부재, 그래서 대안은 어디 있나」, 〈경향신문〉, 2023. 8. 18.

정덕현, 「이병헌이 부르는 '아파트'에 담긴 쓸쓸한 광기의 정체('콘크리트 유토피아')」, 〈엔터미디어〉, 2023. 8. 11.

최영주, 「[EN:터뷰]엄태화 감독이 생각한 '콘크리트 유토피아'의 '핵심'」, 〈노컷뉴스〉, 2023. 8. 16.

한국 민주주의 위기와 토의민주주의

[논문]

김성우, 「한국에서 촛불 시민혁명 이후의 민주주의」, 『시대와 철학』 제32권 제1호, 한국철학사상연구회, 2021, 8-35쪽.

김선택, 「헌법과 혁명: 시민입헌주의(Civic Constitutionalism)」, 『東亞法學』 58, 동아대학교 법학연구소, 2016, 1-39쪽.

김용철, 「한국 민주주의의 품질: 민주화가 정체된 결함 있는 민주주의」, 『현대정치연구』 제9권 제2호, 서강대학교 현대정치연구소, 2016, 31-62쪽.

박정연, 「민주화 이후 사회복지정책 및 사회복지법의 변화에 관한 연구: 사회권을 중심으로」, 성공회대학교 박사학위논문, 2018.

이미숙·진형익, 「가짜뉴스에 대한 사회적 인식과 불편비용 추정 연구」, 『한국혁신학회지』 제17권 제1호, 한국혁신학회, 2022, 153-173쪽.

이상환, 「자유민주주의의 위기와 민주주의의 두 가지 대안: 숙의민주주의와 급진민주주의 연구」, 『大同哲學』 제101집, 대동철학회, 2022, 205-231쪽.

이신용, 「위임민주주의에서 사회복지의 발전과 한계: 노무현과 이명박 정부를 중심으로」, 『마르크스주의 연구』 제13권 제1호, 경상국립대학교 사회과학연구원, 2016, 166-210쪽.

이황직, 「의사소통적 참여를 통한 민주주의적 습속화」, 『사회이론』 제28호, 한국사회이론학회, 2005, 70-94쪽.

임동균·나윤영, 「숙의민주주의의 한계와 가능성 그리고 방법론적 개선방향」, 『사회과학연구』 제32권 2호, 충남대학교 사회과학연구소, 2021, 221-244쪽.

장명학, 「하버마스의 공론장 이론과 토의민주주의」, 『현대정치연구』 제12권 제2호, 서울대학교 한국정치연구소, 2003, 1-35쪽.

정상호, 「민주시민교육 관련 법안의 입법 실패 요인에 관한 연구」, 『Analyses & Alternatives』 제8권 제1호, 코리아컨센서스연구원, 2024, 137-167쪽.

최성환, 「지방자치단체 민주시민교육의 의의 및 법정책적 제언」, 『法과 政策研究』 제20권 제4호, 한국법정책학회, 2020, 309-334쪽.

현재호, 「위임민주주의 관점에서 본 대통령제와 정당정치: 민주적 책임성을 중심으로」, 『東西研究』 제29권 제4호, 연세대학교 동서문제연구원, 2017, 39-68쪽.

[도서-국내서]
김선욱, 『한나 아렌트와 차 한잔』, 한길사, 2021.
김원식, 『하버마스 읽기』, 세창미디어, 2015.
박상훈, 『민주주의의 시간』, 후마니타스, 2017.
심성보·이동기·장은주·케르스틴 폴, 『보이텔스바흐 합의와 민주시민교육』, 북멘토, 2018.
이신용, 「민주주의가 사회복지정책에 미치는 영향」, 『한국 복지국가의 전망』, 한울, 2010, 365-402쪽.
최장집, 『민주화 이후의 민주주의』, 후마니타스, 2010.

[도서-번역서]

루돌프 폰 예링, 정동호·신영호 역, 『권리를 위한 투쟁』, 세창출판사, 2015.

스티븐 레비츠키·대니얼 지블렛, 박세연 역, 『어떻게 민주주의는 무너지는가』, 어크로스, 2025.

위르겐 히버마스, 한승완 역, 『공론장의 구조변동』, 나남, 2024a.

위르겐 히버마스, 한승완 역, 『공론장의 새로운 구조변동』, 세창미디어, 2024b.

[신문기사]

곽윤경, 「사회갈등에 대한 한국인의 인식 변화와 시사점」, 〈보건복지 ISSUE & FOCUS〉 452호, 2024.11.25.

김동춘, 「비상시국 극복과 민주진보 진영의 과제」, 〈김천일보〉, 2025.2.5.

김춘석, 「신고리5·6호기 공론화조사 '누가, 어떻게 참여하였나'」, 〈원자력신문〉, 2018.2.26.

류이근, 「가짜를 믿는 사람들, 몰라서가 아니라 원해서 받아들이는 것」, 〈한겨레〉, 2023.10.23.

장은주, 「파시즘이 온다」, 〈the columnist〉, 2025.2.6.

최용락, 「'尹 파면' 이뤄낸 진짜 주인공들…123일간 '폭싹 속았'던 이들의 이야기」, 〈프레시안〉, 2025.4.5.

[기타]

국회시민정치포럼 외, 「민주시민교육의 필요성과 제도화 국회토론회 자료집」, 2024. 11. 26.

김종철, 「12.3내란의 헌법적 의미와 민주시민교육의 과제」, (사)민주시민교육포럼 3월 월례포럼 자료, 2025.3.26.

법제처, 법령통계: 연도별 법령현황, 2025.1.

민주화운동기념사업회, 민주시민교육 사회적 합의 전국 공유대회 자료, 2020.11.20.

민주화운동기념사업회·바르게살기운동중앙협의회·새마을운동중앙회·전국민주시민교육 네트워크·한국자유총연맹, 「민주시민교육 사회적합의 선포식 자료집」, 2019.11.18.

민주화운동기념사업회·바르게살기운동중앙협의회·새마을운동중앙회·전국민주시민교육 네트워크·한국자유총연맹, 「민주시민교육 사회적합의 전국 공유대회 자료집」, 2020.11.20.

박정연, 「신고리 5.6호기 공론조사 참여자 인터뷰 자료」, 2025.2.17.

서복경, 「글로벌 민주주의 위기와 한국? 강의 자료」, 2024.12.10.

[해외논문]

Croissant, Aurel, *Von der Transition zur defekten Demokratie: Demokratische Entwicklung in den Philippinen, Südkorea und Thailand*, Wiesbaden: Westdeutscher Verlag, 2002.

J. Cohen, "Deliberation and Democratic Legitimacy." in: A. Hamlin. Ph Pettit(Eds.), *The Good Polity*, Oxford, 1989, pp.12-34.

Merkel, Wolfgang, "Defekte Demokratie", in: derselbe und Andreas Busch (Hrsg.), *Demokratie in Ost und West*, Frankfurt a.M.: Suhrkamp, 1999, pp.361-381.

O'Donnell, Guillermo A., "Delegative Democracy", *Journal of Democracy* 5(1): 1994, pp.55-69.

O'Donnell, Guillermo A., "Horizontal Accountability in New Democracies", *Journal of Democracy* 9(3): 1998, pp.112-126.

Schmidt, Manfred G, *Sozialpolitik im Demokratiscben and im Autokratiscben Staat*, Zes-Arbeitspapier 14, 1996.

자본축적체제를 넘어 탈축적 사회로의 전환 모색

[논문]

김민정, 「포스코 광양제철소 인근 지역의 환경문제와 주민들의 환경권」, 『사회과학연구』 제16권 제1호, 서강대학교 사회과학연구소, 2008.

김민정, 「그람시의 한국적 단층들」, 『현대사상』 26, 대구대학교 현대사상연구소, 2022.

리처드 하이만, 김성희 역, 「노동운동 진로 모색: 노동조합을 위한 새로운 의제?」, 『노동사회』 제43권 제30호, 한국노동사회연구소, 2000.

안현효, 「왜 다시 그람시인가?: 그람시 이론의 유용성과 한국적 수용」, 『마르크스주의연구』 4(2), 경상국립대학교 사회과학연구원, 2007.

정진영, 「불안정 노동: 마르크스주의적 설명」, 경상국립대학교 석사논문, 2022.

[단행본]

김민정, 『존 벨러미 포스터』, 커뮤니케이션북스, 2024.

낸시 프레이저, 장석준 역, 『좌파의 길: 식인 자본주의에 반대한다』, 서해문집, 2023.

유형근, 『분절된 노동, 변형된 계급』, 산지니, 2022.

정성진, 『마르크스와 세계경제』, 책갈피, 2015.

주세페 피오리, 신지평 역, 『그람시: 한 혁명가의 생애와 사상』, 두레,

1991.

최무영, 『과학, 세상을 보는 눈: 통합학문의 모색』, 서울대학교출판문화
　　원, 2020.

크리스 하먼, 「개량주의적 그람시 해석 비판」, 페리 앤더슨 외, 김현우
　　역, 『안토니오 그람시의 단층들』, 갈무리, 1995.

허영구, 『새로운 시대의 총연맹, 좌파노총』, 박종철출판사, 2012.

[기타자료]

김병권, 「기후위기, 시장해법과 체제전환 해법 사이에서」, 〈매일노동뉴
　　스〉, 2024.03.19.

양문석, 「'말'을 통해 본 노대통령 노동정책 변화-노대통령이 무섭
　　다」, 『언론노보』 제361호, 전국언론노동조합, 2003.09.03.

이병천, 「생태·사회적 한계, 화석자본주의, 포스트성장의 다양한 경로」,
　　〈프레시안〉, 2023.07.15.

12.3   105
87년 체제   183-184, 194, 216

ㄱ

감정   69, 71-74, 78, 88, 123, 147-
    148, 164, 175-176, 204, 213
강력한 대통령제   190, 194, 216
개혁주의   231, 233, 241-243
계급투쟁   248
공론장   122, 139-140, 196-198, 200-
    204, 207-211, 213-214
공해 불평등   222
공해 사슬 구조   222, 224, 225
공허   76, 85, 88, 103
공화정   118, 136-137
구별   142, 148, 152, 163, 166, 197,
    227, 235
국민   68, 72-73, 75, 77-88, 90-92,
    95-104, 111, 114-117, 153-154,
    160-161, 165-168, 171-172, 176,
    184, 197, 207-208, 241
국민주권   116, 152-153, 161, 165,

168-169, 177, 180, 186
국지전   38, 60-61, 63
그람시   224, 231, 244-247, 250
근대 민주주의   151, 153-155, 159,
    161, 169, 172, 177

ㄴ

내란과 외환   62
네오콘   23-25, 37-39, 41-45, 47-53,
    55-56, 59, 63-64
노동계급   31, 142, 219, 223-224,
    229-233, 235, 237, 242-245, 249-
    250
노동귀족   231, 237, 240
노동력 재생산 구조   229-230
노동조합 관료   231, 241-244
능력주의   68, 152, 162, 166-167,
    169-170, 174, 177

ㄷ

다극화   43, 50, 63-64, 66
대의민주주의   64, 75-77, 103, 134,